호적중초와 19세기 후반
제주도 마을의 사회구조

김창민

역락

　필자는 1988년부터 제주도 문화에 대한 인류학적 관심을 가지게 되었다. 그때까지 제주도를 한 번도 방문한 적이 없었던 필자는 한상복 · 전경수 두 분 선생님께서 진행하시던 '제주 농어촌의 지역 개발'이라는 프로젝트의 연구보조원이 되어 제주도에 첫발을 내디뎠다.

　그 프로젝트는 한상복 선생님의 지적 호기심에서 출발하였다. 한상복 선생님께서 학생 신분이었던 1959년 당시 한국지역사회학술조사기구가 주관하는 제주도종합학술조사가 실시되었다. 서울대 총장을 단장으로 하여 14개의 조사반으로 구성된 대규모 학술조사단은 제주도에 대한 종합적인 학술조사를 실시하였다. 서울대학교 사회학과 학부생이자 산악부 회원이었던 한상복 선생님은 산악안전대의 대원으로 이 조사에 참여하셨고, 사회학반은 제주도의 4개 마을을 대상으로 설문조사를 실시하였다. 당시 설문조사가 실시된 4개 마을은 구좌면 동복리, 표선면 토산리, 중문면 달밭마을(가명) 그리고 애월면 금성리로서 제주도를 지리적으로 4분하여 각 지역별로 한 마을을 선택한 것이었다. 그러나 제주도종합학술조사단은 보고서를 작성하지 않았고 자연 이 설문조사 결과도 공표되지 못하였다(한상복 1984 참고).

놀라운 사실은 이 조사가 실시된 지 30년이 지난 1988년까지 한상복 선생님의 연구실에 이 설문조사 결과지가 보관되어 있었다는 사실이었다. 한상복 · 전경수 두 분 선생님께서는 1959년에 조사한 설문지와 동일한 설문지로 당시 조사 마을을 대상으로 설문조사를 실시하여 30년 사이 제주도 마을의 변화를 비교 분석하는 연구를 계획하셨다. 그러나 불행하게도 토산리와 동복리는 1959년에 조사한 설문지의 수가 너무 적어 통계적 유의성을 갖기 어려웠다. 결국 금성리와 달밭마을을 대상으로 설문조사를 다시 실시하여 30년 사이의 차이를 확인하고 그 차이가 발생한 원인을 조사하는 연구 계획이 수립되었다. 이 프로젝트에 필자는 연구보조원으로 참여할 수 있는 기회를 얻게 되었고, 1988년 12월 달밭마을을 방문하여 2개월 동안 설문조사와 30년간의 마을 변화를 추적하는 작업을 하게 되었다. 그리고 그 연구 성과는 『제주도농어촌의 지역개발』이라는 저서로 발표되었다(전경수, 한상복 1999).

달밭마을에서 자료 조사를 하는 과정에서 필자는 마을회관에 소중히 보관되어 있던 '도갑'의 존재를 알게 되었다. 도갑은 옻칠을 한 나무 상자를 말하는데 그 안에는 마을의 중요한 문서들이 보관되어 있었다. 조선시대에 조선왕조실록을 비롯한 사료를 보관하던 사고에서도 도갑 안에 사료를 보관하였다는 것을 나중에 알게 되었다. 국가 차원에서 중요한 사료를 도갑이라는 나무 상자에 보관하는 전통이 마을 차원까지 적용된 흔적이라고 생각한다. 도갑 안에는 마을 재산 거래 증서, 이웃마을과의 경계를 확정한 문서, 입동례와 동접례 명부를 비롯하여 조선시대 마을 단위의 호구를 조사하였던 호적중초가 여러 개 보관되어 있었다. 도갑에 보관되어 있던 문서들은 달밭마을의 역사와 문화를 이해하는 중요한 자료로 이용되었다. 조사 당시 호적중초를 조선시대의 문서라고만 인식하였을 뿐 그 가치를 제대로 알지 못하였다. 다만 필자는 호적중초가 마을의 사회구조를 이해하는 데 중요한 자료가 될 것이라고 생각하고 일습을 복사하여 두었다. 그리고 호적중초 자료를 본격적으로 분석하는 데는 오랜 시간이 흘렀다.

1988년 이후 달밭마을은 필자의 연구마을이 되었다. 금년으로 필자는 달밭마을과 연구의 끈을 이은 지 33년이 된다. 그동안 달밭마을은 박사학위 논문을 위한 연구마을이 되었으며 이후에도 지속적인 연구 아이디어를 제공한 마을이 되었다. 달밭마을은 민족지적 현재의 관점에서 제주도 문화를 이해하는 연구 현장이었으며 제주도 출신 재일교포의 삶을 연구하는 출발점이 되기도 하였다. 달밭마을을 통한 제주도 문화 연구를 시작한 지 한 세대가 지나면서 달밭마을도 많은 변화가 있었다. 가장 중요한 변화는 마을 구성원의 변화이다. 초창기 필자의 중요한 제보자들은 거의 대부분 고인이 되셨다. 필자의 '형님'과 '삼춘'들은 이제 초로의 나이에 접어들었고, 필자의 친구들은 중년이 되었다. 마을에 빌라와 같은 집단 주거 시설이 들어서면서 새롭게 마을 사람이 된 낯선 사람들도 다수 생겨났다. 필자가 조사하던 당시에는 서울을 비롯한 육지 또는 일본에 거주하던 자들이 귀향하여 새로운 마을 구성원이 되기도 하였다.

달밭마을에 나타난 두 번째 변화는 공간구조의 변화이다. 30년 사이에 달밭마을에는 새로운 도로와 건물이 생겨났다. 새로운 도로는 공간의 구조를 바꾸었으며 새로운 건물의 등장은 마을 경관 변화의 원인이 되었다. 새롭게 개설된 해안일주도로는 인근 마을과의 교류를 증대시켰을 뿐 아니라 마을의 관광 매력도를 증가시켰다. 제주도의 전반적인 관광산업 활성화로 마을 내에도 펜션이 다수 생겨났으며 올레길이 마을을 지나가면서 관광객의 수도 증가하였다. 산업에도 변화가 생겨 경제체계가 변화되었으며 그 여파로 마을 경관에도 변화가 생겼다. 노지 밀감 위주의 농업은 비닐하우스를 이용한 시설재배로 전환되어 마을 농경지 대부분이 비닐하우스 시설이 되었다. 30년 전만 해도 전통 화장실인 돗통이 사용되고 있었고, 결혼식도 집에서 가문잔치로 행해졌다. 장례식도 마을 주민들이 합심하여 치렀고, 마을 공동묘지에 안장되었다. 그러나 지금은 이런 전통은 더 이상 유지되지 않고 있다. 결혼식은 예식장 인근의 식당에서 손님 접대를 하는 방식으로 변화되었고, 장례식은 장례식장에서 조문객을 받은 뒤 화장하는 것으로 변화되었다.

급격한 마을 변화를 보면서 이런 변화에도 불구하고 필자는 제주도 사람의 생각과 행동의 근거를 이루는 본질적인 요소는 무엇인가에 관심을 가지게 되었다. 제주사람들의 외면적인 행동은 많이 변화되었지만 그런 변화에도 불구하고 제주도 사람들의 행동과 생각을 지배하는 원리가 있을 것이라고 기대하였다. 흔히 '삼무정신[1]', '조냥정신[2]' 등이 제주도 문화의 기본 원리로 거론되지만 이는 추상적이고 형이상학적인 것으로 여겨졌다. 사회구조의 관점에서 사회를 이해하고 인간의 행위를 설명하

---

1   삼무는 제주도에 거지, 도둑, 대문이 없다는 것을 말하며, 삼무정신은 거지가 없다는 점에서 자립, 도둑이 없다는 점에서 정직, 대문이 없다는 점에서 신뢰를 의미한다.

2   조냥정신은 절약정신이다. 어렵거나 위기가 올 때를 대비하여 평소에 절약으로 준비하는 것을 의미하며 이는 제주도 사람들이 타인에게 신세지는 것을 기피하는 것과 연관된다.

고자 한 필자는 제주 사회의 가장 중요한 사회조직의 원리로 '궨당'에 주목하게 되었다.

궨당은 혈통과 혼인으로 맺어진 친척을 의미하는 말로써 제주사람들이 일상적으로 하는 말이다. 제주사람들은 친척관계에 있는 사람을 지칭하거나 부를 때 5촌이나 8촌 등 촌수나 외삼촌이나 재종숙 등과 같은 관계의 내용으로 말하는 것이 아니라 궨당이라는 일반 명사를 이용한다. 외부자의 입장에서는 궨당이라고 지칭된 사람과 화자가 어떤 친척관계인지 구체적으로 알고 싶어 하지만 제주사람들은 그냥 '궨당'이라고 한다. 처음 만난 사람이라도 동성동본임이 확인되거나 혼인관계가 매개되어 있음을 확인되면 '궨당'이라고 부른다. 촌수의 거리나 친척관계의 구체적 내용과 상관없이 모든 친척에 궨당이라는 하나의 친족호칭을 사용하는 것이다. 모든 친척을 궨당이라고 호칭 또는 지칭하면 모든 친척들은 동일한 거리 또는 관계로 인식된다. 즉, 친척이면 모두 동일한 친척이지 더 가까운 친척과 먼 친척의 구분이 없다고 인식하는 것 같았다. 이 궨당이 어떤 사회관계인지, 그리고 모든 친척을 궨당이라는 하나의 범주로 인식하는 이유는 무엇인지가 필자의 궁금증이었다.

마을내혼의 전통이 강한 제주도 마을에서 궨당관계로 맺어진 네트워크를 파악하는 것은 매우 복잡하고 어려운 일이었다. 관계를 맺고 있는 사람의 수가 산술급수적으로 증가하면 관계의 끈은 기하급수적으로 증가하기 때문이었다. 마을의 규모가 작으면, 다시 말해 관계를 맺고 있는 사람의 수가 적으면 혼인과 혈통으로 맺어진 네트워크를 파악하는 것이 다소 쉬워질 것이라고 판단한 필자는 마을 형성의 초기 단계에 주목하게 되었다. 인구가 적고 혼인 네트워크가 단순할 때의 마을을 분석하면 궨당 네트워크를 파악하기 쉬울 것이며, 따라서 궨당을 통하여 제주 문화를 이해하는 것이 용이할 것이라고 판단한 것이다. 이 과정에서 그동안 들여다보지 않았던 호적중초에 다시 주목하게 되었다. 호적중초는 조선시대 자료로서 당시는 지금보다 마을의 규모가 작아 마을 구성원들 사이의 궨당 네트워크를 분석하는 것이 용이할 것으로 기대되었기 때문이다. 또한 조선시대의 궨당 네트워크는 현재 마을 사람들의 사회적 관계와 비교되어 분석됨으로써 분석의 정확성도 높일 수 있다고 판단되었다. 호적중초가 궨당관계 분석을 가능하게 한 돌파구가 된 것이다.

　호적중초는 조선시대 호적의 일종으로서 마을 단위로 호구를 기록한 문서이다. 호적중초에는 호구별로 마을 주민들이 등재되어 있으며, 호의 상황과 인구의 상황에 관한 여러 가지 정보를 담고 있다. 특히, 혼인관계를 파악할 수 있는 정보가 기록되어 있다. 예를 들면 호를 기록할 때 호주와 배우자가 등재되고 아들과 며느리도 등재되어 있어서 기본적인 혼인관계를 파악할 수 있다. 뿐만 아니라 호주와 배우자는 증조부까지의 이름과 본관이 기록되어 있으며 며느리의 경우 또한 아버지의 이름과 본관이 기록되어 있어 과거의 혼인관계도 파악할 수 있다. 이런 자료를 통시적 그리고 시계열적으로 분석하면 마을 주민들 사이의 혼인관계를 파악할 수 있고 이는 궨당관계를 이해하는 중요한 근거가 될 수 있었다. 즉, 호적중초를 통한 궨당관계의 분석은 역사적 기록물을 통한 제주문화 이해라는 새로운 연구 영역 또는 연구방법론이 될 수 있다.

　이런 맥락에서 이 연구는 호적중초를 통하여 19세기 후반 달밭마을의 사회구조를 궨당에 초점을 두고 분석한 것이다. 지금까지 제주도 문화는 민족지적 현재의 관점에서 현지조사를 통하여 자료를 수집하고 그 자료를 분석함으로써 연구하였다. 장남까지 분가하는 핵가족, 딸에게도 상속하는 상속제도 등 육지부와는 다른 독특한 제주문화는 이런 연구과정을 통하여 분석되었다. 그러나 이런 문화가 언제부터 나타난 것인지에 대한 관심은 상대적으로 부족하였다. 필자는 조선 후기의 제주 사회를 분석함으로써 제주문화의 연속과 변화를 밝혀보고자 하였다. 필자는 호적중초에 관심을 가지고 단편적인 논문을 3편 발표하였으며* 이 논문들이 본 연구의 출발점이 되었다. 그러나 달밭마을의 호적중초를 종합적으로 분석하는 과정에서 자료의 내용을 재검토하였고 시계열적으로 교차검토도 하였다. 그에 따라 자료에 대한 해석이 기존에 발표한 논문과 달라진 곳도 있다. 논문을 쓸 때 세심하게 고려하지 못한 부분이 있었던 것을 자인한 셈이 되었다.[3]

호적중초를 통한 제주도 마을의 사회구조를 연구하는 과정에서 한국연구재단의 연구비 지원으로 큰 도움을 받았다. 3년에 걸친 저술사업 지원으로 필자는 시간에 쫓기지 않고 자료를 세심하게 분석할 수 있었다. 이런 장기적인 연구 지원이 연구의 질을 높이는 기초가 되었다고 생각한다.

무엇보다 감사한 것은 전경수 선생님의 지도와 편달이었다. 제주도 문화에서 궨당에 최초로 관심을 환기시킨 분이 전경수 교수이다. 그는

3   * 1. 2010, "호적중초를 통해서 본 19~20세기 제주도 마을의 궨당 관계", 『비교문화연구』 16집 1호, pp.195-214, 서울대학교 비교문화연구소.
  2. 2010, "호적중초에 나타난 19세기 제주도 가족과 가구의 성격", 『지방사와 지방문화』, 제13권 2호, 역사문화학회.
  3. 2011, "제주도 마을의 호적중초에 나타난 궨당 관계의 변화", 『한국문화인류학』, 제44권 3호, 한국문화인류학회.

최재석 교수가 집필한 제주도의 친족조직(최재석 1979)에서 궨당이라는 용어가 한 차례도 등장하지 않는다는 점을 들어 최재석 교수의 연구가 가진 한계를 지적함으로써(전경수 1983) 제주도 문화를 이해하는 데 궨당이 필수적임을 주장하였다. 또한 전경수 선생님께서는 이 연구를 진행하는 과정에서 궨당은 여성들의 연대라는 관점에서 이해해야 한다는 조언을 주셨다. 궨당을 혼인을 통한 집단 간 연대라는 관점에서만 이해하는 것은 여전히 연대의 당사자가 부계친족집단이라고 인식하는 한계를 가질 수 있다는 점에서 이 조언은 이 연구에서 중요한 지침이 되었다. 전경수 선생님은 필자가 제주도를 연구 지역으로 선택할 수 있도록 지도하셨을 뿐 아니라 스스로 제주도 연구에 선도적 역할을 하심으로 필자에게 학문적 자극과 연구 주제 선택에 아이디어를 제공하셨다. 필자가 제주도에서 인류학적 연구를 시작할 수 있었던 것도 선생님의 프로젝트에 연구보조원으로 참여한 것이 계기가 되었다. 이런 면에서 이 연구는 30년에 걸친 선생님의 지도와 편달에 대한 작은 응답이라고 할 수 있다.

또한 이 연구는 필자보다 앞서서 호적중초를 분석한 역사학자, 사회학자들의 도움도 컸다. 그간 호적중초는 역사학자들의 연구 주제였다. 그리고 사회학자들도 일부 호적중초를 통하여 통혼권, 계층 등의 문제를 다루었다. 이들의 선도적 연구는 역사자료의 분석 능력과 역사적 지식이 일천한 필자의 연구에 많은 도움을 주었다. 일일이 그 이름을 다 열거할 수는 없지만 참고문헌을 통하여 호적중초 연구에 선도적 역할을 한 학자들의 이름과 연구 주제를 확인할 수 있을 것이며, 이 연구는 이들 선학자들의 연구에 크게 의존하고 있다는 점을 밝혀둔다.

이 연구를 비롯한 필자의 제주도 연구 성과는 사실 달밭마을 사람들의 것이다. 필자가 가진 제주도에 관한 지식은 모두 달밭마을 사람들의 기억과 말 그리고 이들의 행동으로부터 얻은 것이다. 사실 달밭마을 사람사람들은 지식의 보고였다. 이들은 제주도와 달밭마을이라는 환경에 적응하는 과정에서 환경에 대한 실재적 지식을 가진 사람들이었다. 그리고 바다와 농경지를 이용하는 과정에서 도시 사람들이 가지지 못한 기술과 지식을 가지게 되었다. 이들은 세대를 거쳐 누적된 자신들의 역사에 대한 기억을 가지고 있었으며 대인관계의 기술, 신을 비롯한 초자연적인 존재에 대한 개념을 가지고 있었다. 이런 지식을 '토착 지식(Local Knowledge)'이라고 하며 인류학자는 이런 토착 지식을 학습함으로써 문화간 소통을 도모하게 된다. 인류학자 그리고 참여관찰자로서 필자는 달밭마을에서 이들의 일상적인 대화를 듣고 그들의 행동을 관찰하고 대화를 통하여 그들의 기억을 확인함으로써 이들이 가진 지식을 학습하고 도출하는 역할을 하였을 뿐이다.

필자가 가진 지식의 원천이자 현지연구의 파트너가 되어준 달밭마을 사람들에게 감사를 드린다. 특히 초창기 필자가 제주도라는 지식의 바닷가에서 노닐던 시절 필자에게 자신들의 토착 지식을 학습시켜 주고 대화와 행동을 통하여 무수히 많은 영감을 주었지만 이미 고인이 되신 이태권, 김영길, 김병집, 강영구, 박창무 '삼춘'의 고마움은 잊을 수가 없다. 이들은 필자를 '조케'로 불러줌으로써 마을 사람들과의 관계를 열어주었으며 필자를 현장에서 지도하는 역할을 흔쾌히 담당해주셨다. 또한 현지연구 기간 동안 필자에게 거처할 수 있는 공간을 내어주고 자신의 삶을 공개한 고기봉 형님의 가족이 베풀어 준 고마움도 잊을 수 없다.

인류학자는 지식의 원천이 되어준 현지 주민들에게 늘 빚진 마음을 가지고 있다. 그리고 현지 주민을 위한 삶을 살아야 한다고 생각한다. 그동안 필자가 달밭마을을 위한 삶을 살았는가에 대해서는 늘 부족한 마음뿐이다. 이 연구 성과가 달밭마을 사람들에게 작은 보답이 되길 바라는 마음 간절하다.

2019년
모악산이 바라보이는 연구실에서

목차

표 목차

그림 목차

서론 :
역사와 문화의 만남

1) 역사와 문화의 관계

역사와 문화는 가까운 개념이면서 동시에 좀처럼 접점을 찾기 어려운 개념이다. 가까운 개념이라고 하는 이유는 두 개념 모두 사람들의 삶과 생활을 이해하고자 하는 개념이기 때문이며, 접점을 찾기 어려운 개념이라고 하는 이유는 역사가 주로 과거에 초점을 맞추는 반면 문화는 현재에 초점을 맞추고 있어서 관심의 대상이 되는 시점이 서로 다르기 때문이다.

문화는 사람들의 삶의 방식을 의미하므로 기본적으로 사람들의 생활을 연구의 대상으로 한다. 사람들의 생활은 집단에 따라 다르므로 문화 연구는 기본적으로 집단을 분석의 단위로 한다. 각 집단마다 고유한 문화를 가지고 있다는 전제 위에서 개별 문화에 관심을 가지는 것은 보아스(F. Boas) 이래 문화 연구의 전통이 되었다. 또한 집단마다 문화가 다르다는 것은 비교의 중요성을 강조한다. 서로 다른 집단의 문화를 비교함으로써 문화의 보편성과 특수성을 파악하는 것이 문화 연구의 기본적인 전략이고 방향이다. 역사도 인간의 생활에 관심을 가지고 있다. 역사는 시대사나 정치사에 대한 관심뿐 아니라 일상생활사에도 관심이 있다. 그리고 시대사나 정치사를 하더라도 궁극적으로는 특정한 과거에 사람들이 어떤 방식으로 살았는가에 관심이 있다. 이런 측면에서 보면 역사와 문화는 공통적으로 인간의 삶을 이해하는 것을 지향한다는 공통점을 가지고 있다.

한편, 문화 연구는 기본적으로 현재 시점의 문화를 연구한다. 문화 연구자들이 사용하는 참여관찰이라는 방법은 자신이 직접 눈으로 관찰하고 대화를 통하여 듣고 현지에서 경험한 것을 분석의 대상으로 한다. 물론 자신이 직접 경험하고 관찰한 것이라 하더라도 시간이 지나면 그 사실은 과거의 사실이 된다. 그래서 문화 연구에서는 '민족지적 현재(Ethnographic present)' 개념을 강조한다. 이 개념은 문화 연구자들은 자신이 관찰한 문화 현상을 현재적 관점으로 해석한다는 것을 의미한다. 즉, 문화 연구를 위하여 연구자가 현지조사를 하는 시점과 그 조사결과를 글로 발표하는 시점에는 시간적 차이가 존재하지만 조사한 시점을 과거로 인식하지 않고 현재화하여 인식하는 것이다. 이런 인식에서 모든 문화 현상은 현재적이며 과거의 문화는 설 자리를 찾기 어렵다.

이러한 인식은 구조기능주의자들로부터 연유되었다. 구조기능주의자들은 사회구조의 관점에서 문화를 연구함으로써 모든 문화 요소는 기능적 또는 구조적 정합성을 가지고 있다고 인식하였다. 이들은 하나의 문화 요소는 다른 문화 요소와 밀접히 연관되어 있으며 잘 짜여진 구조를 이루고 있다고 생각하였다. 이 인식에 의하면 모든 문화 요소들은 시간적 동일성을 가지고 있어야 하며 따라서 공시성이 강조되어야 한다. 즉, 문화 현상에 대한 조사와 관찰은 시차를 가지고 있지만 분석과 해석을 할 때에는 시간적 차이가 무시되어야 한다. 시차를 가진 문화 요소들은 구조적 정합성의 모델에 적합하지 않기 때문이다. 이런 인식이 '민족지적 현재'라는 관점을 만들었다.

민족지적 현재라는 관점은 문화가 변화하는 것이라는 점을 간과하고 있다. 문화 요소들이 구조적으로 정합성을 가지고 있다면 변화는 불가능하다. 모든 문화는 극도로 안정적이며, 존재하는 모든 문화는 그 사회의 유지에 적합한 기능을 가지고 있다고 인식하기 때문에 민족지적 현재라는 관점은 시간의 흐름이나 시간의 차이를 무시한 것이다. 물론 이런 관점의 한계를 인식하고 이를 극복하고자 하는 노력이 없었던 것은 아니지만 인류학계에서 이런 노력은 주류적인 흐름은 아니었다. 요컨대, 문화 연구는 현재에 초점을 두고 있다.

반면, 역사는 문헌자료와 유물을 통하여 과거를 재구성하고자 한다. 그래서 역사 연구에는 사료가 가장 중요한 자료이다. 사료는 과거의 사실을 기록하고 있어서 역사 연구는 기본적으로 과거를 지향한다. 그리고 사료와 유물 그리고 유적을 통한 과거 연구는 과거의 사건을 객관적으로 존재하는 것, 또는 불변하는 사실로 인식한다. 유물과 유적은 과거의 사건을 객관적으로 증언하고 있는 것이며 사료 역시 과거에 대한 기록으로서 그 권위가 인정된다고 인식한다. 역사 해석의 변화는 새로운 사료나 유적의 발굴을 통해서 일어난다. 이전까지 알지 못했던 새로운 역사 해석의 자료가 등장하면 기존의 역사 해석은 재정립됨으로써 보다 더 역사적 진실에 가까운 해석이 가능해진다고 인식된다. 즉, 문화 연구가 현재에 초점을 맞춤으로써 삶의 다양성과 변형을 폭넓게 인정하는 반면 역사 연구는 객관적으로 존재하는 진실 규명을 지향한다.

사실 이 지점이 역사와 문화의 가장 큰 차이라고 할 수 있다. 역사는 과거를 재구성하는 과정에서 역사적 진실을 규명하는 것에 초점을 둔다. 과거에 어떤 사실이 있었는지를 규명하는 일에 초점을 둠으로써 사료와 유물을 적극적으로 활용한다. 사료에 기록된 내용은 절대시하며 그것을 자신의 역사 해석의 근거로 삼는다. 따라서 역사적 진실에는 다양성이 있을 수 없다. 오직 하나의 역사적 진실만 존재한다고 인식하기 때문에 더 정확한 역사적 진실을 규명하기 위하여 새로운 유적이나 유물 그리고 새로운 사료의 발굴에 집중한다. 반면 문화는 사람의 행동을 이해하는 과정에서 행위 그 자체보다 행위의 의미에 초점을 둔다. 의미는 개인마다 다르게 가질 수 있다. 따라서 하나의 사건이 어떤 의미를 가지는지는 의미 부여의 주체에 따라 달라지게 마련이다. 문화는 진리가 공존 가능하다고 생각하는 반면 역사는 진리란 유일하다고 인식한다. 이 차이가 역사와 문화가 접점을 찾기 어려운 가장 핵심적인 이유였다.

물론 이런 역사 인식을 극복하려는 노력도 있었다. 카아(E. H. Carr)는 역사를 단순히 과거의 사건으로 이해하지 않고 역사가와 사실의 부단한 상호작용, 그리고 현재와 과거의 끊임없는 대화로 이해하였다(카아 1985 : 38). 그는 경험주의 역사가들과는 달리 역사적 사실은 객관적 또는 순수한 형태로 존재하지 않고 역사가의 해석에 의해 존재하는 것이라고 주장하였다. 역사는 사실이 아니라 해석이기 때문에 과거의 사실보다 과거를 해석하는 역사가가 더 중요하며, 역사적 사실에 대한 해석

호적중초와 19세기 후반 제주도 마을의 사회구조

은 역사가가 살고 있는 현재의 눈을 통해서만 가능하다고 인식한 것이다. 즉, 과거에 일어난 모든 사건이 역사적 사실인 것은 아니며 무수히 많은 과거의 사실 중에서 역사가들에 의해 가치 있는 과거라고 선택된 것만 역사적 사실이 된다. 이런 맥락에서 보면 역사에서는 과거의 사실 그 자체가 중요한 것이 아니라 역사가들이 가지고 있는 선험적(a priori) 결정이 더 중요하게 된다. 카아에 의하면 역사적 사실은 객관적으로 존재하는 것이 아니라 역사가의 해석 그리고 역사가가 살고 있는 현재의 상황에 의해 구성되고 재구성되는 것이다.

카아의 역사 인식에 의하면 과거는 고정적인 것이 아니며 역사 해석 역시 불변의 것이 아니다. 과거는 현재에 의해 지속적으로 그 의미가 재해석될 수 있으며 역사가에 의해 달리 호명되어진다. 특히 이 인식에 의하면 역사는 구성되는 것(constructed)이다. 과거에 일어난 무수히 많은 사건 중에서 현재의 상황을 설명하고 해결하는 데 의미 있는 것만이 역사가에 의해 역사적인 것으로 구성된다. 즉, 역사가가 역사 구성을 위하여 과거의 사실을 선택하는 기준은 현재를 인식하는 관점이기 때문에 역사가는 현재를 통해서 과거를 볼 수밖에 없다. 이런 측면에서 역사는 현재에 종속적인 것이다. 이런 맥락에서 카아의 역사 인식은 역사를 과거에만 머무는 것을 넘어서서 현재로 확장한 의미를 가진다.

역사와 문화가 접점을 찾기 어려운 또 하나의 이유는 삶의 주체들에 대한 관심의 차이 때문이다. 역사는 일반적으로 한 시대의 권력자 또는 지배자의 삶과 생활에 일차적으로 관심을 가진다. 그리고 한 시대를 규정지을 수 있는 전쟁이나 제도의 도입 등과 같은 거대한 사건에 관심을 가진다. 역사 연구의 중요한 주제들이 권력의 이동, 전쟁, 사회제도의 변화 등인 이유도 이 때문이다. 또한 사료의 기록도 지배자의 관점에서 이루어졌다. 역사학에서는 사료 중 국가의 공식적 기록을 민간이나 사적인 기록보다 더 중요하게 인정하였다. 공식적 기록은 지배자의 입장과 관점에서 기록되어졌다. 그 결과 공식적 기록은 대부분 지배자의 행동이나 말, 그리고 지배자의 지배과정에 대한 기록에 집중되어 있다. 역사는 지배자의 관점 그리고 과거에 대한 위로부터의 인식이 중심을 이루고 있는 것이다.

반면 문화 연구는 한 사회의 민중들에게 일차적인 관심을 가진다. 전통적인 문화 개념은 '특정 집단 구성원이 공유하는 삶의 방식'이라고 정의됨으로써 구성원들 사이의 권력관계를 부정하는 듯한 인상을 가지고 있었다. 즉, 모든 사회 구성원은 동질적이며 그들의 문화도 동질적인 것으로 인식된 것이다. 사회 구성원들 사이의 권력관계를 충분히 고려하지 못하였기 때문에 문화 연구자들은 사회의 다수를 이루는 민중들의 삶에 초점을 두었다. 특별히 지배자나 권력을 가진 자 또는 한 사회의 상층부를 구성하는 사람들의 삶은 '엘리트 문화'라는 개념으로 별개로 취급하였다. 따라서 문화 연구자들은 권력자의 삶에 대한 관심보다 민중들의 일상적인 삶에 관심을 집중하였다. 사람들의 생활과 삶을 이해하려고 한다는 점에서 역사와 문화는 공통점을 가지고 있었지만 삶의 주체에 대한 인식에서 차이를 가지고 있었기 때문에 역사와 문화는 서로 외면하였다.

역사와 문화의 중요한 차이의 하나는 역사 연구가 주로 자기 자신에 대한 관심을 가진 반면 문화 연구, 특히 인류학적 문화연구는 타자에 대한 관심을 가지고 있다는 점이다. 카아의 견해대로 역사를 현재와 과거

호적중초와 19세기 후반 제주도 마을의 사회구조

의 끊임없는 대화라고 하더라도 그 대화는 동일한 공간에서 이루어지는 대화였다. 즉, 역사의 주인공은 동일한 공간 안에 대를 이어 살고 있는 사람들이었으며 바로 자기 자신들이었다. 현재는 역사가가 터를 잡고 있는 공간에서의 현재이며 과거 역시 역사가가 존재하고 있는 공간의 과거일 때 현재와 과거의 대화는 의미 있는 대화가 될 수 있다. 결국 역사는 자신의 과거에 대한 관심이며, 자신의 현재와 자신의 과거 사이의 대화이다. 반면 문화 연구는 비교연구를 지향함으로써 자신보다 타문화에 더 많은 관심을 가지고 있다. 물론 자기 문화에 대한 연구도 문화 연구의 중요한 영역이지만 자기 문화의 의미와 성격을 보다 더 잘 이해하기 위해서는 타문화와의 비교를 통해 보다 객관적으로 자기 문화를 인식하여야 한다고 생각한다. 타문화에 대한 이해는 타문화를 이해하는 자체로서도 의미를 가지고 있지만 자기 문화를 바라보는 거울로서도 중요성을 가지고 있다. 이런 맥락에서 문화 연구는 기본적으로 타문화에 대해 우선적인 관심을 가지고 있다.

비록 역사와 문화는 대상과 관점에서 상당한 차이를 가지고 있기는 하지만 여전히 공통적인 기반을 갖추고 있기도 하다. 그것은 기본적으로 역사와 문화가 인간의 삶에 대한 이해를 지향하고 있다는 점이다. 역사 연구가 과거에 사람들이 어떻게 살았는가에 관심을 가지고 있다면 문화 연구는 현재의 나 또는 다른 사람들은 어떻게 살고 있는가에 관심을 가지고 있다. 인간과 그들의 삶에 대한 관심은 인문학의 보편적 관심이기도 하지만 특히 역사 연구자와 문화 연구자는 여기에 대한 관심에 특화되어 있다. 이런 면에서 보면 역사와 문화는 사람들이 살아가는 방법을 알고 싶어 하고, 그것을 설명하고 싶어 하며 또 그것을 이해하고 싶어 한다는 점에서 공통점을 가지고 있다.

2) 만나기 위한 노력

인간의 삶을 설명하고 이해하고자 하는 공통된 기반 때문에 역사와 문화는 공통점을 가지고 있고, 따라서 역사와 문화를 결합하면 인간 삶에 대한 보다 깊이 있는 이해가 가능할 것이라는 전제 위에서 역사와 문화를 결합하려는 다양한 노력이 있어 왔다. 역사와 문화는 서로의 장점을 잘 인식하고 있었기 때문에 서로의 장점을 취하려고 한 것이다. 역사인류학, 지방사, 일상생활사 등이 그런 노력의 결과물이라고 할 수 있다. 이런 노력은 새로운 연구 분야를 개척하고 통섭적 관점을 취함으로써 학문 발전과 인간의 삶을 이해하는 데 상당한 공헌을 하였지만 일정한 한계를 가지고 있기도 하다.

역사인류학은 역사학과 인류학을 연결시킨 새로운 학문 영역이다. 그러나 이 새로운 학문 영역은 역사학을 중심으로 보는가 아니면 인류학을 중심으로 보는가에 따라 그 성격이 달리 이해되기도 한다. 역사학에서는 역사인류학을 인류학적 방법론을 이용한 역사 연구로 이해하는 경향이 강하다. 즉, 전통적으로 역사학은 사료를 이용한 연구를 하였지만, 사료가 없는 시기나 문자가 없는 사회의 역사 연구에서 역사학적 방법론은 한계를 가진다. 이 방법론적 한계를 극복하기 위하여 인류학의 방법론이 차용되었다. 인류학은 사료를 이용하기보다 참여관찰을 중심으로 하는 현지연구에서 얻은 자료를 활용하였다. 현지연구를 하는 과정에서 연구 대상 주민들과의 심층 면접은 필수적인 과정이다. 면접은 주민들이 가지고 있는 기억을 현재화하는 작업이다. 즉, 면접을 통하여 기록으로 남아 있지 않고 주민들의 기억 속에 남아 있는 과거를 도출할 수 있는 것이다. 역사학 분야에서는 인류학의 장점인 면접을 역사 연구에 도입하고자 하였으며 이를 통하여 역사를 재구성하고자 하였다. 이 노력은 구술사라는 역사 연구의 새로운 형식으로 나타났다.

구술사를 이용한 역사인류학은 역사 연구에서 새로운 지평을 열게 되었다. 사료를 비롯한 문헌 자료는 맥락적 정보를 가지고 있을 때 그 의미가 더 명료해진다. 구술은 주민들의 역사 인식을 담은 것으로서 기존의 사료에 맥락을 부여함으로써 생명력을 가지게 하는 효과가 있었다. 구술사는 과거에 대한 주민들의 인식과 생각을 담아냄으로써 기존의 역사 연구와는 다른 형태의 역사 연구를 가능하게 하였다. 구술사는 과거에 대한 주민들의 기억을 이끌어냄으로써 문헌에 담겨 있지 않은 새로운 사실을 발견할 수도 있다. 이는 전통적으로 역사학이 지배자의 관점을 가지고 있었기 때문에 기층 민중의 관점이 배제되었다는 사실과 연관되어 있다. 문헌 사료에는 기층 민중들의 삶과 관련된 내용이 광범위하게 누락되어 있는 반면 구술사에는 기층 민중들의 역사와 과거에 대한 기억이 담겨져 있다. 또한 구술사는 국가적 사건에 대한 기억이 지역별로 차이가 있을 수 있다는 점을 새롭게 인식하게 하였다. 즉, 하나의 역사(History)가 아니라 다양한 역사(histories) 인식이 존재할 수 있다는 점을 새롭게 인식하게 된 것이다. 역사적 사건은 모든 공간에서 동일한 과정으로 일어난 것이 아니라 공간에 따라 상이한 과정과 결과를 초래하였다. 구술을 하는 민중들은 자신이 경험한 과거를 기억하기 때문에 동일한 사건을 서로 다르게 기억하고 구술한다. 그리고 그 사건에 대한 경험이 다르게 때문에 부여하는 의미도 다르다. 요컨대, 구술사 연구는 역사 연구자들이 문화 연구자처럼 주민들을 면담하고 그들의 기억을 중요하게 인식하게 할 뿐 아니라 역사 인식의 주관성에 주목하게 하는 계기가 되었다.

한편, 구술사는 단순히 구술 자료를 역사 연구에 사용한다는 것만을 의미하지는 않는다. 구술사는 위로부터의 접근이 아니라 아래로부터의 접근이라는 역사 인식의 관점을 가지고 있다. 구술을 하는 사람은 주로 사회의 지배 계층이 아니라 기층 민중이기 때문에 이들의 구술에 기반한 역사 재구성은 기존의 역사 인식과는 차별성을 가진다. 즉, 사료는 일반적으로 지배자의 관점에서 서술되기 때문에 과거에 대한 '위로부터의 인식'이 내포되어 있다. 그러나 구술은 기층 민중들의 과거에 대한 기억과 인식으로서 과거에 대한 '아래로부터의 인식'을 담고 있다. 기층 민중들의 역사 인식을 중요한 자료로 사용함으로써 역사가들은 아래로부터의 역사 해석이라는 관점을 새롭게 가질 수 있게 되었다.

또한 구술사는 역사 인식에 대한 주관적 측면을 중요시한다(Dülmen 2000 : 16). 기록된 역사는 과거를 제도와 구조로 이해한다. 과거에 대한 기록은 사회를 총체적으로 이해할 수 있도록 사회의 부분들을 기록하고 그 부분들이 서로 연결되어 하나의 시스템을 구성하는 것으로 기록한다. 또한 과거를 이해하는 데 국가나 사회의 제도적 측면이 강조된다. 그러나 구술사는 역사 이해에서 인간의 행위와 경험에 대한 개인적 생각을 중요시한다. 즉, 구술사는 과거에 대한 개인의 인식과 기억을 역사 해석에 적극적으로 활용함으로써 역사적 사건이 개인에게 미치는 의미를 사회구조에 미치는 의미보다 더 중요하게 고려한다. 요컨대, 구술사는 역사학의 인류학화를 지향함으로써 역사와 문화를 결합시킨 예라고 할 수 있다.

반면 인류학에서는 역사인류학을 역사적 관점에서 문화 연구를 하는 것으로 이해하는 경향이 강하다. 전통적으로 인류학, 특히 구조기능주의 인류학은 공시적 관점에서 문화를 연구하였다. 문화 요소들은 유기적 통합성을 가지고 있다고 인식하였고 잘 통합된 유기체로서의 문화는 변화의 여지가 적다고 인식되었다. 물론 프란츠 보아스의 역사특수주의 이론이나 스튜어트, 레슬리 화이트, 엘만 서비스 등의 신진화주의 이론은 문화 연구에서 통시적 접근을 강조하였지만 이는 시간의 흐름에 따른 문화의 변화에 관심을 가진 것이었을 뿐 역사적 맥락을 고려한 연구라고 하기에는 한계가 있다.

한편 에릭 울프(Eric Wolf 1982)는 특정한 문화를 전 지구적인 역사와 연결시켜 설명하였다. 그는 전통사회와 서구사회의 만남을 전 지구적인 역사 과정으로 인식하였으며 이 과정을 불평등하고 비균질적인 것으로 인식하였다. 즉, 비서구사회의 문화는 서구사회와의 만남이라는 역사 과정에서 배태된 것이며 그 결과 모순되고 왜곡된 상태로 변화되었다고 설명한다.

역사적 맥락을 고려한 문화 연구란 현재의 문화가 어떤 역사적 사실로부터 영향을 받아 구성되었는가에 초점을 맞춘 연구를 말한다. 특정한 문화 요소는 시간의 흐름에 따라 변화한 것이기도 하지만 여타의 역사적 사실로부터 영향을 받아 구성된 것이기도 하다. 예를 들면 현재 한국사회의 이념적 지형은 한국전쟁이라는 역사적 경험으로부터 영향을 받았다고 인식할 수 있으며 제주도의 사회 운동을 4·3사건과 관련지어 분석할 수 있다. 역사적 맥락 없는 현재 문화는 없으며 현재 문화의 성격과 의미는 역사적 맥락에 의해 구성된다. 이런 관점은 인류학이 현재의 문화 현상을 분석하는 것을 목표로 하지만 과거와의 관련성을 중요하게 고려하는 태도이다.

역사적 맥락을 고려한 문화 연구는 탈식민주의 이론과 함께 본격적으로 등장하였다. 1970년대 이후 등장한 탈식민주의 이론은 식민주의 문화를 극복하는 것을 지향하였다. 탈식민주의 이론은 그 이전 시기인 식민주의 문화에 대한 논의를 필연적으로 요구한 것이다. 즉, 탈식민주의를 논의하기 위해서는 먼저 식민주의 문화를 분석하지 않을 수 없었고, 식민주의 자체의 문화를 분석하기 위해서는 식민지 세대의 역사를 참고하지 않으면 안 되었다(윤택림 2008 : 258). 탈식민주의 이론은 현재의 문화 현상을 식민시대의 모순이 구조화된 것이라고 인식하였으며 식민시대의 구조적 모순을 해결하는 것이 현재의 문화적 문제들을 해결하는 길이라고 인식하였다. 즉, 탈식민주의 이론은 문화가 역사적 산물임을 인식하고 문화의 연구에 역사적 사실이 미친 영향을 본격적으로 다룬 것이다.

특정 시기의 문화는 그 이전 시기 문화의 산물이기 때문에 문화 연구에서 과거 시기의 문화를 통시적으로 고려하여야 한다는 이런 인식은 역사인류학의 핵심적인 요소가 되었다. 충남 서산 지역 주민들의 문화와 역사 연구(유철인 등 2004)에서 저자들은 교통망의 발전, 1950년대의 토지개혁, 1980년대의 대규모 간척사업 등 국가 차원의 역사적 변화가 현재 주민들의 삶을 어떻게 구성하게 되었는지를 분석하였다. 국가 차

호적중초와 19세기 후반 제주도 마을의 사회구조

원의 역사적 사건은 전국에 동일한 영향을 미친 것이 아니라 지역 차원에서 상이하게 영향을 미쳤으며 또한 이런 변화에 대한 대응 방식도 지역 간에 차이를 가질 수 있었다는 점에서 서산사람들의 삶과 문화는 개별 지역사로서의 의의를 가지고 있다고 할 수 있다. 이렇게 역사적 관점의 문화 연구는 현재의 문화가 과거와 어떤 관계를 가지고 있는가를 이해하게 함으로써 역사와 문화가 만나는 지점을 제공하였다.

그러나 인류학 입장의 역사인류학은 특정한 이론이나 방법론을 가지고 있지 못하다는 한계를 가지고 있다. 이는 역사인류학이 역사적 맥락을 강조하는 방향으로 문화 연구를 진행하였지만(윤택림 2008 : 263-264) 이론과 방법론에서는 인류학 전통을 벗어날 수 없었기 때문이다. 인류학 입장의 역사인류학은 여전히 현지연구를 핵심적인 방법론으로 사용하였을 뿐 사료 분석과 같은 역사학적 방법론에는 취약하였다. 그리고 문화의 해석에서도 인류학 전통을 크게 벗어나지 못하였다. 즉, 인류학의 관점에서 보는 역사인류학은 인류학의 하위 영역이었을 뿐 새로운 학문으로서의 지위를 가지지는 못하였던 것이다.

역사와 문화를 결합하려는 두 번째 노력은 지방사에 대한 연구이다. 지방사는 국가 중심의 역사 인식을 지방의 관점으로 전환시킨 연구를 말한다. 전통적인 역사학은 국가의 일반사를 규명하고자 하였다. 국가의 정치적 측면, 경제적 측면, 군사적 측면, 종교적 측면, 외교적 측면 등이 일반사의 주요 영역이었다. 그러나 정치적 영역은 왕과 왕족에 관한 일을 주로 다루고 군사적 측면은 대표적인 장군이나 군인들의 일을 다루었으며 종교적 측면은 높은 지위의 종교인들에 관한 일을 다루었다. 그리고 이런 특수한 소수의 사람들이 행한 일을 일반사라고 규정하면서 이것이 모든 민중의 역사적 삶이라고 간주하였다. 국가 차원의 일반사는 민중이 배제된 역사였던 것이다.

이는 명백하게 다수 민중의 삶을 역사에서 주변적인 것으로 간주하는 것이었다. 소수 엘리트의 삶만 역사라고 규정되면서 다수 일반인의 삶은 역사에서 배제되었다. 그러나 역사에는 지배자들의 삶뿐 아니라 일반 민중들의 삶도 포함되어야 한다. 그리고 그런 민중들의 삶은 일반사로 설명할 정도로 획일적이지도 않다. 민중들의 다양한 삶이 역사에 포함되지 못한다는 점이 일반사가 가지는 한계인 것이다.

지방사는 이러한 일반사가 가지는 한계를 극복하려는 노력의 일환이었다. 즉, 일반사는 민중의 삶을 정확하게 보여주지 못하며, 정확성이 결여된 명제나 해석은 그것이 아무리 정교하고 논리적이고 독창적이라고 하더라도 역사로 받아들이기 어렵다고 인식되었다(구버트 1971 : 171). 정확한 사실이란 시간적 차원과 함께 공간적 범위에 의해서도 규정된다. 즉, 시간과 공간적 범위가 좁을수록 사실의 정확성은 더 높아진다. 이런 맥락에서 국가 전체를 대상으로 하는 연구보다 지역을 대상으로 한 연구가 더 정확할 수 있다. 역사학자들이 다루는 사료 역시 일반사의 입장에서 분석하려고 하면 양이 지나치게 많아 한 명의 연구자가 충분히 다룰 수 없지만 시간과 공간의 범위를 제한하면 더 정교하고 정확하게 분석할 수 있다. 지방사는 연구의 범위를 국가가 아니라 지방이라는 작은 단위로 한정함으로써 더 정확한 역사 이해와 해석을 지향하는 것이다. 이렇게 공간적 범위를 좁은 지역으로 제한하면 역사의 주체는 민중이 된다. 지방에는 왕이나 지위가 높은 군인이나 성직자가 존재하지 않기 때문에 일반 민중들의 삶이 역사의 가장 중요한 구성물이 된다.

즉, 공간의 범위를 좁힘으로써 지방사는 권력자의 역사가 아니라 일반 민중의 역사로 그 관점이 전환되는 것이다.

지방사는 역사를 하나가 아니라 복수로 인식한다. 조선시대 향촌 지배의 방식도 지역에 따라 다양하게 존재하였으며, 민중들의 장례방법이나 혼인방법, 상속 관행 등도 지역에 따라 서로 다르게 나타났다. 일반사는 역사 서술의 공간적 범위를 국가로 설정함으로써 하나의 역사를 지향하지만, 지방사는 역사 서술의 공간적 범위를 지역으로 설정함으로써 다수의 역사가 존재함으로 보여준다.

지방을 하나의 공간으로 인식한다고 하여 지방이라고 호명된 공간이 불변하거나 고정적인 것은 아니다. 지방은 국가의 지배과정에서 재규정되고 재구성되는 사회적 실재이다. 또한 지방민 역시 국가 또는 다른 지방과의 관계에서 저항과 협상을 반복함으로써 자신들의 공간을 재해석하기도 하고 재규정하기도 한다. 따라서 지방의 역사는 정해진 지리적 공간의 역사가 아니라 지방민들이 구성하고 인식하는 역사라는 관점이 중요하다.

한편 지방사는 국가사의 한 부분이 아니라 지방의 전체사로 인식되기도 한다. 레스터대학의 레스터학파는 지방사를 지방 공동체의 역사라고 전제함(고석규 1998 : 27)으로써 지방사를 하나의 고유한 역사 영역으로 인식하였다. 즉, 지방사를 지표면상의 일정 공간을 토대로 역사적인 시간의 흐름 속에서 살아온 사람들이 이루어 놓은 모든 유·무형의 자취들, 즉 문화를 종합적으로 분석, 고찰하여 보다 나은 삶의 공간으로 만들어 나가는 데 기여하는 학문(고석규 1998 : 26)으로 인식한 것이다. 이러한 관점의 지방사는 지방의 역사와 국가의 역사를 분리시켜 이해하는 것이 아니다. 오히려 지방사의 고유성이 국가사와 어떤 관계를 가지고 있는가에 초점을 맞춤으로써 지방사는 국가사와 균형을 이루게 된다.

이러한 인식은 소규모 공동체를 연구함으로써 민족 전체의 문화를 이해하고자 하는 인류학의 문화 연구와 인식론적으로 매우 유사하다. 인류학은 소규모 마을이나 공동체를 대상으로 문화 연구를 한다. 그러나 그런 연구는 연구 대상을 마을이나 공동체 자체에 한정하지 않는다. 오히려 마을이나 공동체를 통하여 더 큰 사회의 문화를 조망하고자 한다(Geertz 1998 : 37). 다시 말하면 어떤 마을이나 공동체에서 연구를 한다는 것은 단지 그 마을이나 공동체를 연구 대상으로 하는 것이 아니라 그 마을을 통하여 연구함으로써 연구 지점을 연구의 관점으로 삼는다는 것을 의미한다. 이런 면에서 지방사는 지방의 관점에서 전체사를 살펴봄으로써 문화 연구와 인식론적으로 같은 맥락에 있다고 할 수 있다.

역사와 문화를 결합하고자 하는 세 번째 노력은 일상생활사 연구이다. 일상생활사 연구는 특히 독일을 중심으로 발전되었다. 일상사는 '일상'이란 개념의 모호성에도 불구하고 연구의 대상을 보통 사람들의 일상생활로 삼았으며 또 일상생활을 경험하는 주체들의 주관성에 일차적 관심을 두었다(Dülmen 2000 : 40). '일상'의 개념은 모호하다. 오히려 '일상'과 대비되는 '사건'은 비교적 명료하다(이동일 2017 : 29). 일상은 지속적이고 반복적인 것이기 때문에 주목을 받기가 오히려 어렵다. 일상은 사건이 일어나지 않는 영역이지만 사건이 일어나는 배경이 되기도 한다. 즉, 일상이 없는 사건은 없다. 또한 사건만으로 한 사회의 구조를 구성할 수도 없다. 한 사회의 구조는 일상과 사건으로 구성되기 때문이다. 같은 맥락에서 한 사회의 역사는 사건만으로 구성되지 않는다. 일상사

호적중초와 19세기 후반 제주도 마을의 사회구조

는 사건과 함께 역사를 구성하는 두 기둥이다. 일상사가 주목받는 이유가 여기에 있다.

일상사 연구는 역사 연구에서 관점의 전환을 목적으로 삼았다. 즉, 통상의 역사 연구가 '위로부터의 역사' 또는 '밖에서 보는 역사'를 지향하고 있음에 대응하여 일상생활사 연구는 '아래로부터의 역사' 또는 '안으로부터의 역사'를 지향한 것이다. 그 결과 정치적 전환, 제도의 도입과 그 영향, 전쟁의 원인과 결과 등과 같은 구조적인 것이 아니라 개인이 경험하는 일상, 과거에 대한 개인의 기억 그리고 개인의 구체적인 행동이나 실행 등이 역사 연구의 주제로 부상하였다. 이로 인하여 개인의 미시적인 행동은 역사의 구성물로 인식되었으며 그동안 역사 연구에서 관심을 받지 못하였던 개인의 행동이 새롭게 주목되기 시작하였다.

일상생활사 연구는 방법론적으로 구술사와 밀접한 연관을 가지고 있다. 보통 사람의 일상은 기록되어 있는 것이 아니라 기억되고 있는 것이기 때문에 보통 사람의 일상을 분석하기 위해서는 그들의 기억에 의존하지 않을 수 없었다. 따라서 일상생활사 연구를 위한 대부분의 자료는 구술사 방법론을 통한 채록이었다. 그러나 개인의 기억에 의존한 채록은 일반성을 유지하기 어렵기 때문에 다른 사람들의 기억과 교차 검증될 필요가 있었다. 따라서 일상생활사 연구에서는 개인의 기억과 집단의 기억을 연결시켜 이해하는 것이 중요한 작업이었다.

일상생활사 연구는 연구 주제와 방법론 그리고 관점에서 인류학과 매우 유사하다. 이들의 연구 주제는 지배자의 삶이 아니라 일반 민중의 삶이었으며 이들의 방법론 역시 문헌이나 사료의 분석이 아니라 현재를 살고 있는 민중들의 기억을 채록하고 분석하는 것이었다. 또한 이들의 관점도 위로부터의 연구가 아니라 아래로부터의 연구를 지향함으로써 일상생활사 연구는 전통적인 인류학 연구와 매우 유사하였다. 요컨대, 전통적인 문화 연구의 방법론과 주제를 역사학자들이 채용하고 문화 연구에 역사적 관점을 도입함으로써 문화 연구와 역사 연구는 밀접하게 관련되기 시작하였다.

3) 새로운 모색

역사인류학, 지방사 그리고 일상생활사 이외에도 역사와 문화를 연결시켜 특정 지역, 특정 시기의 인간의 삶을 이해하고자 하는 노력은 다양하게 시도되고 있다. 가장 대표적인 사례는 국가의 공식적인 기록이 아니라 개인, 특히 권력을 가지지 못한 기층 민중이 남긴 기록을 통하여 기록이 남겨진 시기 사람들의 삶을 이해하려는 노력이다. 보통 사람이 남긴 기록에는 일기와 가계부 등이 있다.

일기는 한 개인이 자신의 경험과 생각들을 적어놓은 사적인 기록물이다(이정덕 외 2014 : i). 일기를 쓰는 사람은 자신이 경험한 것을 지극히 주관적인 관점에서 서술하며 개인의 생각을 솔직하게 기록하는 경향이 강하다. 다른 사람의 인정과 평가를 받을 필요가 없기 때문에 일기는 개인의 주관이 그대로 담겨있다. 또한 통상 일기는 누구에게 보여주기 위해 쓰는 것이 아니라 자기의 경험을 스스로 기억하고 나중에 다시 보기 위해서 쓴다. 다시 말하면 일기는 자기가 자기에게 말하는 기록물이다. 뿐만 아니라 일기는 자신의 삶에 대한 개인적인 구성물이다. 일기는 자

호적중초와 19세기 후반 제주도 마을의 사회구조

신의 생활과 행동 중 스스로 의미 있고 기억해야 한다고 생각되는 것을 선택하여 구성한 결과물이다. 일기의 구성에는 지극히 개인적인 선택이 개입되는 것이다. 이런 맥락에서 일기는 자신이 보고 듣고 경험한 바를 개인적인 기준에서 선택하여 솔직하게 서술한 사적인 기록물이라고 할 수 있다.

그렇지만 일기는 또한 집단적 사고의 결과물이기도 하다. 개인의 경험과 생각은 주관적이지만 그 생각과 경험은 또한 사회적 산물이기도 하기 때문이다. 즉, 동일한 사건을 경험한 사람들이 서로 다른 기억과 생각을 가지게 되기도 하지만 그런 기억과 생각은 사회적 상호작용을 통하여 집단적인 생각과 기억으로 전환되기도 한다. 개인의 기억은 집단적 기억으로부터 자유로울 수 없으며 개인의 기억이라고 하더라도 그것은 늘 그 개인이 속한 집단의 견해로부터 영향을 받아 만들어지기 때문이다. 따라서 개인의 일기를 분석하면 그 당시 사회상을 재구성할 수 있을 뿐 아니라 과거에 대한 집단 기억을 해석할 수도 있다.

한편 일기는 시대의 산물이다. 일기는 그 시대의 일상을 있는 그대로 서술하는 것이 아니라 개인적 차원에서 중요하고 의미 있다고 생각하는 사건들을 선택하여 기록한다. 무수히 많은 일상 중에서 특정한 일상을 선택하여 기록한다는 것은 그 시기의 사건들 중 무엇이 중요한지를 개인적 차원에서 판단한다는 것을 의미한다. 그러나 선택은 개인이 하지만 그 선택은 시대상으로부터 자유로울 수 없다. 자신의 일상에서 중요하다고 판단하는 것은 시대적 상황에 따라 달라질 수 있기 때문이다. 이런 측면에서 일기는 시대의 반영이며 따라서 일기를 분석하면 일기가 쓰인 시기의 사람들의 생활과 인식을 분석해 낼 수 있다.

일기 연구는 그 시대의 문제의식과 맞물려 있다(이정덕 2014 : 123). 통상 일기 연구자는 일기를 통하여 일기가 쓰인 시기의 시대상과 문제 의식을 파악하고자 한다. 그러나 연구자가 가진 문제의식은 연구자가 살고 있는 시기의 문제로부터 출발한다. 이런 면에서 일기 연구는 일기 를 쓴 사람과 일기 연구자 사이의 상호작용 과정이라고 할 수 있다. 일 기 연구자가 일기를 해석하는 과정에는 연구자의 문제의식과 일기를 쓴 사람이 살던 시대의 시대상이 만나게 된다. 다시 말하면 연구자는 일기 를 통하여 자기 시대의 문제의식에 접근하는 것이다. 요컨대 일기를 통 한 특정 시대에 대한 연구는 민간이 남긴 기록을 분석하여 일기가 쓰인 시기와 일기를 연구하는 시기의 시대상을 읽는 것으로서 역사와 문화를 접합하려는 새로운 시도로 이해할 수 있다.

과거의 공적인 또는 사적인 기록물을 분석함으로써 과거를 복원하 려는 시도는 역사학의 전유물이었다. 그러나 일기 연구의 사례에서 보 듯 이런 기록물은 문화 연구에도 중요한 자료가 될 수 있다. 국가나 거시 적 차원의 문제의식이 아니라 개인이나 소규모 집단 차원의 문제의식을 분석하는 데, 그리고 아래로부터의 사회상을 이해하는 데 이런 기록물 은 유용하게 사용될 수 있기 때문이다. 이런 맥락에서 개인적인 기록물 을 분석함으로써 과거의 문화를 재구성하거나 이해하는 것은 역사와 문 화가 만나는 새로운 영역이 될 수 있다.

개인의 사적인 기록물뿐 아니라 공적인 기록물 역시 문화 연구의 중 요한 자료가 될 수 있다. 인류학자들은 참여관찰이라는 고유한 문화 연 구 방법을 사용하여 민족지적 현재의 관점에서 문화를 분석하였다. 참 여관찰은 면접, 관찰 등의 방법을 사용함으로써 현존하고 있는 사람들

호적중초와 19세기 후반 제주도 마을의 사회구조

을 통한 자료와 정보의 수집에 집중하였다. 이는 전통적으로 문자 없는 사회를 연구 대상으로 하였던 인류학의 연구 전통과 연관되어 있다. 문자 없는 사회를 연구함으로써 관찰과 언어를 통한 정보의 확보에 집중한 인류학자들은 오히려 문자로 남겨진 기록물에는 관심을 소홀히 하였다. 그러나 오랫동안 문자를 가지고 자신들의 삶을 기록으로 남겼던 문자 있는 사회에 대한 연구는 이들의 기록물을 중요한 자료로 활용하여야 한다. 역사적 기록물은 참여관찰로는 확보할 수 없는 오래된 과거의 사실을 확인할 수 있도록 할 뿐 아니라 당시의 사건에 대한 공식적 이해를 확인할 수 있기 때문이다. 특히 국가 차원에서 남긴 기록물은 정확성과 공공성의 측면에서 매우 중요한 자료이다. 이런 기록물은 전문가에 의해 작성되었을 뿐 아니라 철저한 검증의 절차를 통과하였기 때문에 객관적 사실이 담겨 있을 것으로 기대된다. 즉, 국가의 차원에서 남긴 기록물은 과거에 살았던 사람들의 삶을 공적인 측면에서 그리고 정확한 사실에 기초하여 이해하는 중요한 수단이 된다.

공적 기록물이 가지는 중요성에도 불구하고 인류학 전통에서는 이런 기록물에 대한 관심이 부족하였다. 인류학은 '아래로부터의 접근'을 중요하게 생각하여 민간에서 만들어진 기록물에는 관심을 가지고 있었으나 국가 차원에서 공식적으로 만들어진 기록물은 권력자의 입장이라고 이해함으로써 관심이 상대적으로 부족하였다. 그러나 역사와 문화가 만나 과거의 문화에 대한 새로운 관점의 연구를 모색하는 입장에서 보면 공적인 또는 사적인 기록물을 이용한 과거의 문화 연구는 의미 있는 작업이 될 수 있다. 공적인 기록물은 지배자에 관련된 내용만 담고 있는 것이 아니라 기층 민중의 삶에 대한 기록도 포함하고 있다. 물론 이 경우 사료 비판이 선행되어야 한다. 공적인 기록물의 목적이나 기록한 방법과 절차 등을 검토함으로써 공적인 기록물에 담겨진 지배자의 관점을 제거하여야 공적인 기록에 담겨진 민중의 삶에 대한 올바른 해석이 가능하게 된다. 또한 공적인 기록물의 행간에 담긴 민중의 행동과 의식을 분석하는 것도 한 가지 방법이 될 수 있다. 공적인 기록물을 통한 문화 연구는 그동안 역사와 문화를 구분하여 다루었던 학문 전통에 새로운 전기를 제공할 수 있으며 또한 역사와 문화 연구가 가지는 장점들을 결합함으로써 새로운 연구 성과를 도모할 수 있다.

　이러한 맥락에서 이 연구는 조선 시대 기록물인 호적중초를 통하여 19세기 제주도 사람들의 삶과 문화를 이해하는 것을 목적으로 한다. 특히 당시 마을 주민들의 혼인 관계를 분석함으로써 제주도 문화의 중요한 요소인 궨당 관계를 파악하고 이를 바탕으로 19세기 제주도 마을의 사회구조를 이해하고자 한다. 이를 위하여 기본적으로 당시의 인구구조와 가구 상태, 사회계층, 혼인 관계 등에 초점을 맞추어 자료를 분석할 것이다. 호적중초는 조선시대 인구와 호구를 파악하기 위한 수단으로 국가 차원에서 작성한 것으로서 나이, 성별, 직역, 혼인 관계 등 인구와 호구에 대한 많은 정보를 담고 있다. 이 자료는 마을 단위로 작성됨으로써 전통적으로 마을이나 소규모 인간 집단을 분석의 단위로 삼아온 인류학의 연구 전통에 부합한다. 즉, 이 자료를 당시 마을에 거주하고 있던 일반 사람들의 삶을 이해하기 위한 목적으로 그리고 인류학적 관점에서 분석함으로써 역사적 자료를 문화 연구에 활용하고자 한다. 이는 역사와 문화가 만나는 새로운 연구 영역이 될 것으로 기대된다.

달밭마을의
민족지적 배경

1) 지리적 조건

제주도는 자연지리적 조건상 한국에서 가장 독특한 지역의 하나이다. 우선 제주도는 한반도의 가장 남쪽에 위치하고 있어서 기후가 어느 지역보다 온난하다. 온난한 기후로 인하여 제주도에는 아열대성 수목이 자라고 있으며 농업도 온난한 기후에 적합한 형태로 발전해 왔다. 기온이 온난하여 생물학적 식생이 한국의 다른 지역과는 다른 모습을 하고 있는 것이다.

또한 제주도는 화산작용으로 인하여 형성된 섬이다. 제주도의 기반암은 화강암이지만 이후의 화산 활동으로 현무암이 섬을 뒤덮었으며 안산암도 곳곳에서 발견된다. 제주도의 화산 활동은 비교적 최근까지 이루어져 화산 활동으로 인해 형성된 원지형이 유지되고 있다(김상호 1963 : 4). 즉, 제주도의 화산 지형은 침식 활동이 활발하지 못하여 용암

동굴, 기생화산, 화산으로 인한 하천 등은 형성 당시의 모습을 고스란히 보여주고 있다. 해안 지대는 용암대지 또는 절벽으로 구성되어 독특한 경관을 보여준다. 제주도의 남부인 서귀포 일대에는 용암 지형이 융기하여 해안 절벽을 형성하고 있으며 나머지 지역은 넓은 용암대지가 형성되어 있다. 이런 지형적 특성으로 제주도는 육지부와는 상이한 자연경관을 가지고 있으며, 영농방식도 이런 자연환경에 적응하는 방식으로 발달하였다.

제주도의 한가운데는 한국에서 가장 높은 산인 한라산이 자리하고 있다. 한라산은 계절풍을 막아 여름에는 남부 지역에 많은 비를 내리게 하며 겨울에는 북부 지역에 눈을 많이 내리게 한다. 이런 조건 때문에 제주도는 한국에서 강수량이 가장 많은 지역이다. 특히 여름에 태풍이 지나는 길목인 한라산 이남 지역에 강수량이 많다. 많은 강수량에도 불구하고 제주도에서 하천의 발달은 미약하다. 남북으로 형성된 급경사는 빗물을 빠른 속도로 바다에 이르게 하며 또 현무암 지층은 빗물을 빠르게 지하로 침투시켜 하천의 발달을 저해하였다. 그 결과 지하수는 잘 발달하였지만 지표수의 발달이 미약하였다. 이는 제주도에서 논농사가 거의 이루어지지 못하고 밭농사 위주의 농업이 발전하게 된 중요한 원인이 되었다.

지표수의 부족은 마을의 형성에도 영향을 미쳐 대부분의 마을은 지하수가 자연적으로 솟아나는 지역에 형성되었다. 제주도에서는 지형적 특성으로 해안 지역과 해발 200m 지점에서 지하수가 용출한다. 따라서 마을도 대부분 해안 지역과 해발 200m 지역에 형성되었다. 마을마다 지형에 따라 여러 개의 용천수(湧泉水)로 형성된 샘이 있으며 이 샘을 중

호적중초와 19세기 후반 제주도 마을의 사회구조

심으로 주거지가 형성되었다. 해안 지역에 형성된 마을은 '해안마을', 해발 200m 지점에 형성된 마을을 '중산간 마을'이라고 한다. 해안마을은 주로 어업과 농업을 겸하는 반농반어의 생계방식을 가지게 되었고, 중산간 마을은 밭농사를 중심 산업으로 하여 생계방식에서도 차이를 보였다. 이렇듯 제주도는 한반도의 최남단이라는 지리적 조건과 화산섬이라는 지형적 조건으로 한반도에서 가장 특징적인 자연조건을 가진 지역으로 인식되어 왔으며 자연경관 위주의 관광산업이 발달하였다.

제주도는 자연환경으로만 특징적인 지역이 아니라 문화적으로도 특징적인 지역이다. 사회-자연체계의 관점에서 보면 자연환경은 사회문화와 환류적인 관계를 맺고 있으며 따라서 문화적 특징은 자연조건에 영향을 받아 형성된다. 제주도는 자연환경적 조건의 차이로 육지부와 생계방식이 다르고 사회조직도 차이가 있으며 관념과 세계관에서도 차이를 가지고 있다. 즉, 섬이라는 조건이 제주도 문화를 형성하는 중요한 요인으로 작용하였다.

제주도의 자연환경은 우선 생계방식을 결정하는 중요한 조건이 되었다. 제주도에서는 섬이라는 조건으로 근해 어업이 발달하였으며 화산지형이라는 자연조건으로 농업도 밭농사 위주로 발달하여 왔다. 제주도의 어업은 그리 활발한 편이 아니었다. 제주도 근해에서 많이 잡히는 자리돔과 같은 어종이 있었으나 어선의 규모가 작고 먼 바다로 나갈 수 있는 조건이 아니어서 어획량은 그리 많지 않았다. 반면 맨몸으로 바다에 잠수하여 전복, 소라, 성게 등을 채취하는 나잠어업이 발달하였으며 이런 일에 종사하는 사람을 '잠수(潛嫂)[1]'라고 하였다. 전통적으로 제주도에서는 남성들에 의한 어로 활동보다 여성들에 의한 해산물 채취 행위가 어업의 중심이었다. 이렇게 나잠어업을 하는 여성을 제주도에서는 '줌녀'라고 하였다. 여성들의 경제적 활동이 활발하였기 때문에 여성들은 남성들로부터 경제적으로 독립적인 삶을 살 수 있었고 여성의 지위와 권력도 육지부에 비해 더 높았다.

화산섬이라는 지형적 조건을 가지고 있으며 침식의 정도도 낮아 제주도의 농지는 육지부에 비해 토질이 척박하였다. 따라서 농업 생산성을 높이기 위하여 토지에 거름을 넣는 일이 무엇보다 중요하였다(김창민 1995 : 81). 그러나 거름을 만드는 일도 쉽지 않았다. 거름을 만드는 방법은 크게 두 가지였다. 하나는 바다에서 해초를 수집하여 거름을 만드는 것이었으며 다른 하나는 가축의 분뇨를 이용하여 거름을 만드는 것이었다. 소나 말 그리고 돼지의 우리에 풀을 넣어두면 가축의 분뇨와 풀이 섞여 거름이 만들어졌다. 제주도에서 가축을 사육하는 것은 거름을 만든다는 의미를 가지고 있었다.

지형적 특성상 제주도의 농지에는 자갈이나 돌이 많아 농지를 관리하는 데도 노동력 투입이 많았으며 거름을 마련하는 일에도 상당한 노동력이 투입되어야 했다. 이런 조건으로 제주도의 농업에는 토지의 소유보다 노동력을 소유하는 것이 중요하여 보다 많은 노동력을 동원하

---

1   통상 이런 어로 활동을 하는 사람을 해녀(海女)라고 하나 이는 제주도 전통 개념은 아니다. 제주도에서는 이런 사람을 '줌녀'라고 하였으며 한자 표기로 '잠수(潛嫂)'라고 하기도 하였다. 조선시대에는 남자들도 나잠어업에 종사하였으며 이들을 포작(浦作) 또는 포작인(浦作人)이라고 하였다.

기 위한 문화적 방법들이 동원되었다. 이는 전통적인 제주도 '수누름[2]'의 원인이 되었으며 노동력 동원에 유리하도록 친족관계망도 넓혀서 인식하는 '궨당'의 발달을 가져왔다(김창민 1992). 또한 토지 상속은 전통적으로 아들과 딸을 가리지 않고 자녀들에게 균등하게 상속하였다. 딸에 대한 상속은 주로 어머니가 상속받은 토지로 이루어졌다. 즉, 아들은 아버지의 재산을, 딸은 어머니의 재산을 분할하여 상속받는 방식이었다.[3] 자녀들에게 균등하게 상속하면 개인별 토지 소유 면적이 줄어드는 단점이 있지만 그렇다고 하더라도 노동력만 확보되면 농사를 하는 데 큰 어려움이 없었기 때문에 자녀에 대한 분할 상속이 가능하였다.

어업과 농업을 막론하고 생업 활동에서 노동과 노동력 교환이 중요하게 인식되었기 때문에 제주도에서는 마을 공동체가 생활의 기본적인 토대였다. 마을은 일상생활의 기본 단위였으며 사회관계도 기본적으로 마을을 단위로 이루어졌다. 즉, 노동 교환을 하거나 협력이 필요할 때 마을 사람이 우선적인 대상이었다. 따라서 마을 성원권을 확인하는 것이 중요하였다. 제주도에서는 사람을 인식할 때 가장 기본적인 사항이 그가 어느 마을 사람인가를 확인하는 것이었다. 마을 성원권이 확인되면 그 사람의 사회적 관계가 확인되었기 때문이다. 또한 자기 자신의 성원권이 어디에 있는지를 확인하는 것도 중요하였다. 마을 성원이어야만

---

2   '수누름'은 손을 늘인다는 의미이다. 수누름은 농업노동이나 가사노동에서 다른 사람과 노동 교환을 하는 것을 지칭하는 말로써 자기가 필요할 때 다른 사람의 손을 빌리고 상대방이 필요로 할 때 도와주는 방식이다.

3   종종 어머니가 시집올 때 가지고 온 토지를 아들에게 상속하는 경우도 있었다. 그러나 이린 경우에는 오빠가 누이의 토지를 가져갔다고 하여 상속이 잘못 이루어졌다는 평가를 받게 된다.

마을 사람들과 협력의 기반을 만들 수 있으며 마을의 공동 자산[4]을 이용할 수 있는 권리가 생겼기 때문이다.

마을 성원권의 중요성은 연령집단을 구성하는 데에서도 나타났다. 제주도에서는 나이가 같은 사람을 '갑장'이라고 하며 갑장은 특별히 친한 친구 관계를 의미한다(김창민 2018 : 136). 갑장은 일상생활과 지역 수준의 정치과정에서 매우 중요하게 사용되는 문화적 자원이지만 단순히 생물학적 나이가 같다고 갑장이 되는 것은 아니다. 갑장은 같은 마을에서 태어나고 자란 사이에만 적용되는 사회관계이다. 즉, 마을은 갑장을 구성하는 중요한 요인이 된다.

마을 성원권은 주어지는 것이 아니고 구성되는 것이었다. 기본적으로 모든 개인은 자신이 태어나고 자란 마을의 구성원 자격을 가졌지만 결혼과 생업을 이유로 이주를 하게 되면 성원권이 복잡하게 얽히게 된다. 같은 마을 남자와 결혼한 여자의 경우는 성원권에 의심이 없지만 결혼하여 이주해온 여성의 경우에는 성원권이 시간을 두고 변화하게 된다. 즉, 결혼 초기에는 친정 마을의 성원권을 가진 것으로 인식되지만 자녀를 낳고 마을 사람과 협력관계가 형성되고 강화되면서 차츰 남편 마을의 성원권을 가지게 된다.[5] 재일교포의 경우에는 마을을 떠난 지 상당한 시간이 지났지만 여전히 관념적으로는 마을 성원으로 인정되기도 한

---

4   제주도 마을은 다양한 마을 공동 자산을 가지고 있다. 마을 공동 어장, 마을 공동 목장, 마을 공동묘지 등이 대표적인 마을 공동 자산이다. 이런 자산은 마을 사람만 배타적으로 이용할 수 있다.

5   물질을 하는 경우 이런 사실이 잘 확인된다. 시집을 온 여자는 처음에는 바다에 들어갈 자격을 갖지 못하지만 시간이 지남에 따라 바다에 들어갈 '벗'을 가지게 되고 이에 따라 점진적으로 바다에 들어갈 자격을 가지게 된다.

다. 마을 개발 사업에 재일교포는 기부를 하여야 할 암묵적 의무감을 가지고 있었으며, 사망을 한 경우에 마을 공동묘지에 매장되기도 하였다. 반면 마을에 새로 이주해 온 사람은 마을 성원으로 인정받기까지 상당한 시간이 걸리게 된다. 마을 사람의 경조사에 참가하는 것이나 마을 행사에 참가하고 기부를 하는 것, 그리고 마을의 자발적 결사체에 참가하는 것 등은 이주자들이 마을 성원으로 인정받는 중요한 절차가 된다.

마을 성원이 되면 마을의 공동 자산을 이용할 수 있는 권리가 생기기 때문에 마을의 공유 자산을 이용하기 위한 규약이 잘 정비되었으며 마을의 성원권을 확인하기 위한 문화적 장치들이 발달하였다. 마을마다 마을 공동 목장이나 마을의 바다 그리고 마을 공동묘지를 이용하기 위한 규약들이 마련되었다. 또한 마을 성원권을 명확하게 하기 위하여 마을 이주자를 받아들이는 조건과 가구의 분리 조건 등이 명확하게 규정되었다. 이와 함께 마을 주민의 일상을 지배하는 본향당 신앙이 발달하였으며 여자들은 시집을 갈 때 자기의 친정 마을 본향신을 모시고 가기도 하였다.[6] 이런 문화적 고유성은 인문학자들의 주목을 받아왔으며 제주도 문화의 고유성과 독자성에 주목한 많은 연구를 산출하게 하였다.

이런 독자성과 고유성에 초점을 둔 연구는 제주도를 육지부와 문화적으로 다른 지역으로 인식하게 하였지만 동시에 내적으로는 동질성을 가진 지역으로 인식하게 하였다. 다시 말하면 제주도의 내적인 분화와

---

6   결혼하는 여자가 친정 마을의 본향당을 모셔가는 가장 대표적인 사례는 토산당이다. 토산마을의 본향은 뱀신이다. 토산마을 출신 여자가 다른 마을로 혼인을 해서 갈 때는 토산 본향인 뱀신도 함께 모시고 가는 것으로 인식되고 있다. 달밭마을에도 본향당 인근에 '동입본향(東入本鄕)'이라는 석소가 있으며 이 동입본향에는 토산본향이 모셔져 있다고 인식되고 있다.

다양성에는 크게 주목하지 않은 채 제주도를 획일적으로 그리고 동질적으로 인식하게 된 것이다. 제주도는 동서 길이 73km, 남북 길이 31km에 면적이 1,820km²에 이르는 큰 섬이며, 해발 1950m에 이르는 한라산을 가운데 두고 있어서 기후 및 지형에서 내적 다양성을 가지고 있다. 우선 동서 길이와 남북 길이의 차이로 한라산의 남부와 북부는 급경사로서 경지면적이 좁은 반면 동부와 서부는 경사가 완만하며 경지면적이 넓다. 강수량에도 차이가 있어서 여름의 고온다습한 바람이 불어와 한라산에 부딪히는 남부는 북부에 비해 강수량이 더 많다. 또한 일조량과 쿠로시오 해류의 영향으로 겨울 기온은 남부가 북부 지역에 비해 상대적으로 더 높다. 겨울의 북서 계절풍도 동서, 양 끝이 다른 지역에 비해 더 강하게 분다. 한라산의 북사면과 남사면으로는 하천이 발달해 있는 반면 동부와 서부 지역에는 하천의 발달이 미약하다.

이런 자연지리적 조건의 차이는 자연환경에 적응하고자 하는 문화에도 영향을 미쳐 문화적 다양성의 원인으로 작용하고 있다. 우선 지역적으로 생계방식의 차이가 있다. 제주도의 동부와 서부는 농경지가 넓지만 하천의 발달이 미약하여 밭농사가 활발하며, 상대적으로 남부와 북부에서는 경지면적이 좁은 반면 하천과 용천수가 잘 발달하여 논농사가 일정 부분 가능하다.[7] 바다를 끼고 있는 해안마을은 어업이 활발한 반면 중산간 마을은 농업과 목축업이 더 발달되어 있다. 그리고 이런 생계방식의 차이는 사회조직이나 사회제도에도 영향을 미쳐 제주도는 문화

---

7   논농사가 가능한 지역이 경제적으로 부유하고 살기 좋은 마을이라는 인식이 있다. 제주도에서 살기 좋은 마을로 통상 '일 강정, 이 번내, 삼 외도'라는 말이 있고 여기서 언급되는 마을은 모두 한라산의 남쪽과 북쪽에 위치하고 있다.

호적중초와 19세기 후반 제주도 마을의 사회구조

적으로도 내적 다양성을 가지고 있다. 특히, 상속제도는 지역에 따라 딸과 아들에게 균등 상속하는 지역과 아들에게만 상속하는 지역이 있으며, 제사의 계승도 장남에게만 물려주는 지역과 아들들에게 분할하여 계승하는 지역이 있다. 따라서 특정 마을의 문화를 이해하기 위해서는 이런 지리적 조건의 특수성과 문화적 다양성이라는 관점을 고려할 필요가 있다.

이 연구의 대상지인 달밭마을은 한라산의 남쪽에 위치한 해안마을이다. 한라산 정상을 기준으로 정남향에 위치해 있기 때문에 달밭마을은 제주도의 마을 중 한라산 정상까지의 거리가 가장 짧은 마을 중 하나이며 따라서 마을에서 한라산까지의 경사가 매우 급한 편이다. 그 결과 달밭마을은 전체 면적이 다른 마을에 비해 좁으며 농경지도 넓은 편이 아니다.

마을 주변으로 흐르는 하천도 경사가 급하며 해발 200~300m 지점에서 경사급변점을 만들었다. 바다에서 경사급변점까지는 경사가 비교적 완만하지만 경사급변점 위로는 경사가 급하게 되어 경사급변점에서 용천수가 발달하게 되었다. 즉, 한라산 정상에서 경사급변점까지 지하로 흐르던 지하수가 경사급변점에서 용출하여 지표수가 되며 그 아래로는 연중 물이 흐르는 하천이 발달되었다. 또한 마을 주변에도 용천수가 발달하여 '통물', '게자리물', '이천장물' 등 다양한 수원지를 가지고 있다. 이런 이유로 달밭마을은 용수 공급이 원활하여 논농사도 일부 이루어졌다. 그리고 밀감농사의 도입 이전까지 논은 밭에 비해 가치가 높게 인정되었기 때문에 제주도에서 달밭마을은 농사에 유리한 마을로 인식되었다.

또한 달밭마을의 해안은 절벽이다. 달밭마을의 인근인 강정마을은 마을 뒤부터 해안까지 평탄한 지형을 이루고 있으나 달밭마을은 해안에 30~40m 고도의 절벽을 만들고 있다. 절벽은 경관이 수려하여 구역별로 '볼래낭도랭이', '쇠코', '큰 기정', '작은 기정', '저승 문' 등의 이름을 가지고 있다. 달밭마을의 절벽은 현무암이 파도에 의해 침식되고 붕괴된 지형으로서 절벽의 단면에는 해식동굴도 발달되어 있다. 달밭마을에서 중문까지의 해안은 해안침식과 지반 융기의 결과로 절벽이 발달되어 있으며[8] 달밭마을은 그런 지형의 속해 있다. 해안이 절벽으로 구성되어 있기 때문에 달밭마을은 포구가 발달하기 어려운 조건을 가지고 있으며, 따라서 어선을 이용한 어업이 발달하기 어려웠다. 포구의 발달이 미약하여 테우를 이용한 자리잡이 정도의 어업만 하였다. 간혹 어선을 이용하여 어업을 한 경우도 있었으나 이 경우에도 인근의 강정 포구를 이용하여 어업에 종사하였으며 어촌계도 강정어촌계에 가입되어 있었다.

이런 이유로 달밭마을은 위치로 보면 해안마을에 해당하지만 생계 방식으로 보면 전형적인 해안마을이라고 하기는 어렵다. 즉, 대부분의 해안마을이 육지와 바다가 만나는 지점에 용천수를 가지고 있고 이 용천수를 중심으로 마을이 형성되지만 달밭마을은 용천수가 해안이 아니라 해안에서 육지 쪽으로 상당히 떨어진 곳에 위치해 있다. 그 결과 마을도 해안과 상당한 거리를 두고 형성되어 있으며 포구가 발달하지 못하였다. 마을을 지나는 작은 하천은 '짐꾼내'라고 하는 해안 절벽에서 바다와 만나며, 마을 외곽으로 흐르는 하천은 '동물개'에서 바다와 만난다.

---

8   지삿개의 주상절리도 이 구간에 위치하고 있다.

'짐꾼내'는 '집개내'라고도 하며 게의 앞발에 달린 집게 형상을 하고 있다고 인식된다. 즉, 이 일대는 해안에 높은 절벽이 형성되어 있고 하천의 침식이 심해 하천 주위로도 높은 절벽이 형성되어 있어서 접근이 쉽지 않아 포구로는 전혀 이용되지 못한다. 반면 '동물개'는 바다와 만나는 면이 완만하며 해안 절벽의 발달도 미약하다. 그렇지만 하구가 좁아 포구가 형성되기에는 지형적으로 적합하지 않다. 1970년대 새마을 운동의 일환으로 포구를 조성하기도 하였으나 파도에 수차례 유실되었으며 현재도 포구로는 거의 이용되지 않는다. 따라서 해안마을임에도 달밭마을은 어업 활동이 매우 빈약하다.[9]

반면 달밭마을에서는 농업이 발달하였다. 제주도의 지질은 대부분 현무암이다. 그러나 달밭마을에서 강정마을을 지나 법환마을에 이르는 지역은 안산암 지대이다(김상호 1963 : 7-8). 안산암은 현무암에 비해 입자가 부드러워 침식에 약하다. 따라서 안산암으로 구성된 달밭마을 일대는 토양의 침식이 활발하여 두터운 토양을 만들었고 하천도 비교적 잘 발달하여 제주도의 대표적인 농업지역, 특히 논농사가 가능한 지역으로 인식되었다. 달밭마을에도 토질이 우수한 농경지가 많이 분포되어 있고 하천도 흐르고 있어서 전통적으로 농업이 발달하였다.

마을이 자리한 곳은 마을 안을 관통하여 흐르는 작은 하천을 중심으

---

9 달밭마을은 어업 활동이 빈약하여 어촌계도 조직되어 있지 않았다. 생업으로 어업에 종사하는 사람은 현재도 없다. 다만 바다에서 물질을 하는 줌수들은 다수 있다. 이들은 어촌계가 조직되어 있지 않기 때문에 독자적인 줌녀회를 만들지 못하고 있다. 그러나 최근에 달밭마을도 어촌계를 조직하였다. 어촌계가 조직되면서 마을 외곽으로 흐르는 하천이 바다와 합류하는 '동물개'에 포구가 조성되었고, 마을 주민 중 배를 소유하는 사람도 늘어나게 되었다. 이들이 소유한 배는 5톤 전후의 레저용 소형 선박으로서 배를 이용하여 낚시를 하는 데 주로 이용되고 있다.

로 동쪽과 서쪽에 작은 구릉을 만들고 있다. 이 구릉을 각각 '동반월', '서반월'이라고 한다. 그리고 이 구릉은 마을 북쪽에서 이어져 있어서 바다쪽에서 보면 앞이 터진 동그라미 형상을 하고 있다. 이 지형을 마을 사람들은 보름달 형상의 구릉이라고 인식하여 왔으며 따라서 마을 이름도 '돌벵뒤'[10]라고 하여 왔다. 구릉의 안쪽은 바람을 피할 수 있어서 마을의 형성 초기부터 주거지로 사용되었다. 특히 서쪽 구릉의 안쪽은 집을 동남향으로 배치할 수 있기 때문에 최적의 주거지로 선호되어 마을의 형성 초기에는 이 지역부터 주거지가 만들어졌다. 이후 가구의 수가 증가하면서 점차 마을은 동쪽으로 확장되었고 현재는 동쪽 구릉과 서쪽 구릉의 안쪽 전부가 주거지와 텃밭으로 이용되고 있다. 달밭마을의 주거지와 텃밭은 마을을 둘러싸고 있는 구릉의 안쪽에 위치함으로써 바람을 피할 수 있는 조건을 갖춘 셈이다.

마을이 달의 형상을 닮았다는 것은 마을 풍수에서도 나타난다. 흔히 달밭마을의 풍수는 '월하종성지격(月下從星之格)'이라고 표현된다. 이는 별이 달의 아래에 붙어서 따라가는 형상이라는 말이다. 여기서 달은 마을을, 별은 고부 이씨의 산소인 '큰산'을 의미한다고 한다. 마을의 형상이 둥근 모양을 하고 있을 뿐 아니라 '큰산'은 동반월의 바깥에 위치하고 있어서 이 풍수를 정당화하고 있다. 이 풍수는 '큰산'의 풍수를 설명하는 것으로서 마을과 '큰산'의 관계를 달과 별의 관계로 상징화하고 있다. 이는 마을에서 고부 이씨가 차지하는 사회적 지위를 상징적으로 보여주는 것이지만 주민들이 마을을 달의 형상으로 인식하고 있음을 보여주는 것

---

10 '돌'은 달(月)을 의미하는 제주도 말이며, '벵뒤'는 언덕을 의미하는 제주도 말이다. 따라서 '돌벵뒤'는 '달 모양의 언덕'이라는 의미이다.

호적중초와 19세기 후반 제주도 마을의 사회구조

이기도 하다.

한편 '짐꾼내'는 마을 안을 관통하여 흐르는 하천이 바다와 만나는 지점으로 이 일대는 구릉이 이어지지 못하고 끊어진 형상을 하고 있다. 마을을 감싸고 있는 구릉이 바다와 면하는 곳에서는 터져 있는 형상인 셈이다. 이 형상 때문에 마을 사람들은 풍수의 관점에서 마을 안의 정기가 바다로 빠져나간다고 인식하였으며 이 일대를 보완하여야 한다는 생각을 가져왔다. '짐꾼내'와 마을 사이에는 아웨나무가 많아 이 일대를 '아웨낭목'이라고 하였다. 그러나 아웨나무는 키가 작아 마을의 정기가 바다로 빠져나가는 것을 막기에는 부족하다고 생각하였다. 이런 마을의 사정을 알고 있던 달밭마을 출신 재일교포들[11]은 1939년 아웨낭목 일대의 토지를 매입하여 마을에 기증하였고 마을에서는 아웨나무 대신 소나무를 심어 풍수적으로 마을을 보호할 수 있도록 조치하였다. 현재 이 일대는 '아웨낭목'이라는 명칭 대신 '소낭밭[12]'으로 불리고 있으며 겨울에는 방풍림의 역할을, 여름에는 주민들의 휴식처 역할을 하고 있다. 2000년대에 소낭밭에는 소공원이 조성되어 마을 주민의 휴식처로 이용되고 있으며, 마을 행사를 하는 장소로 이용되기도 한다.

마을이 형성된 이래 달밭마을의 주거지는 지속적으로 확대되어 왔

---

11 달밭마을 재일교포 사회는 일제강점기에 형성되었다. 일제강점기에 노동을 하기 위해 일본으로 건너간 마을 사람들 중 일부는 해방 이후에도 귀국을 하지 않고 일본에 남아 '재일본달밭마을친목회'를 조직하였다. 해방 이후 밀항이 활성화되었던 시기에 재일본달밭마을친목회는 밀항자들의 후견인 역할을 하기도 하면서 마을 사람과의 관계를 유지하였다. 마을 출신 재일교포들은 일본에 거주하면서도 여전히 자신들을 달밭마을 사람이라고 인식하여 마을의 중요한 사업에 참여하기도 하고 후원을 하기도 하였다. 아웨낭목을 매입하여 마을에 기증한 것은 재일교포들이 공식적으로 마을을 후원한 첫 번째 사업이었다.

12 '소낭'은 소나무의 방언이다.

다. 마을 형성 초기에는 서반월 일대인 '서카름(섯동네)'에 주거지가 형성되었다([그림 1] 참고). 이후 동반월 일대인 '동카름(동동네)'으로 주거지가 확대되었고, 점차 바다 방향으로 주거지가 확대되어 '알동네'가 형성되었다. 주거지 확대 과정을 보면 서카름에 거주하는 사람들의 정착 시기가 가장 오래되었고, 알동네에 거주하는 사람들의 정착 시기는 상대적으로 늦었다고 할 수 있다. 즉, '서카름'은 고부 이씨를 비롯하여 마을 설립 초기부터 거주한 사람들의 거주지이며, '동카름'은 마을 설립 이후 다른 지역에서 이주해 온 사람들과 4·3사건 이후 중산간마을인 '즌골'에서 이주해 온 사람들이 주로 거주하고 있다. 그리고 '알동네'는 저습지여서 주거지로는 부적합 지역으로 인식되다가 마을이 커지면서 분가한 사람들이나 외부에서 이주해 온 사람들이 거주하기 시작하였다. 그리고 알동네는 바다가 가까워 줌녀들이 주로 거주하고 있는 지역이기도 하다.

[그림 1] 달밭마을 개요도

호적중초와 19세기 후반 제주도 마을의 사회구조

달밭마을에는 주민의 수에 비해 상대적으로 넓은 농경지가 있다. 마을의 서쪽 일대는 '먼애'라고 하는 지역으로 지대가 낮은 지역이다. 이 지역은 과거에는 논농사가 주로 이루어졌으며 달밭마을에서 토질이 가장 좋은 땅으로 인식되었다. 현재는 백합 등 화훼를 재배하는 하우스로 주로 이용되고 있으며 분가를 한 사람이나 외지에서 새로 이주해 온 사람들이 거주하면서 새로운 주거지가 조성되고 있다. '먼애'는 행정상으로는 달밭마을이 아니라 하원마을에 속하지만, 이 일대의 토지는 대부분 달밭마을 사람들이 소유하고 있어서 달밭 지경으로 인식되고 있다.

마을의 동반월 외곽은 '동녁논'이다. '동녁논' 일대는 '이천장물', '게자리물' 등 용천수가 많아 논으로 활용되던 곳이다. 그러나 토질은 그리 좋지 못하여 밀감농사가 시작되면서 밀감밭으로 조성되었다. 현재도 밀감밭으로 주로 이용되고 있으며 하우스 농업으로도 이용되고 있다. 그리고 마을에서 '동물개'에 이르는 일대는 '무그래미'라고 한다. 무그래미는 지대가 높아 밭으로 주로 이용되었다. 무그래미는 토지 이용도가 낮은 반면 해안에 가까워 관광지로서 잠재력이 높아 외지인이 매입한 경우가 많았다. 초기에는 재일교포들이 주로 매입하였으나 육지인도 매입하는 경우가 많았다. 하우스 농업이 활발해지면서 이 일대에도 하우스가 많이 건설되었고 주로 화훼농사 또는 하우스 밀감농사에 이용되고 있다.

지형적으로 달밭마을은 한라산의 정남향 방향에 위치하고 있어서 바람이 적고 겨울에 온난한 지역이며, 안산암을 기반으로 한 양질의 토지와 용천수를 기반으로 한 원활한 용수 공급으로 농업을 하기에 적합한 지역이다. 반면 해안이 절벽으로 구성되어 있어 포구가 형성되기 어려웠고 주거지가 해안에서 상당한 거리를 두고 떨어져 자리 잡고 있어서 어업 활동을 하기에는 적합하지 않은 지역이다. 이런 지형적 특성은 마을 사람들의 생업에 직접적인 영향을 미쳤다.

2) 생업

현재 달밭마을의 주 생업은 농업이다. 주민 280호 중 농업 종사자는 250여 호로서 전체 가구의 약 90%를 차지하고 있다. 이들이 경작하는 총 면적은 약 45만 평으로서 평균 경작면적은 대략 1,800평 정도 된다. 마을의 형성 이후 가구의 수는 지속적으로 증가하고 있어서 평균 경지 면적은 작아지고 있는 추세이다. 그럼에도 불구하고 달밭마을이 농업을 위주로 하는 마을로 존재할 수 있는 이유는 좁은 면적으로도 영농이 가능하도록 영농방법이 지속적으로 개선되어 왔기 때문이다.

날밭마을의 영농방법은 지속적으로 변화되어 왔다. 마을의 형성 초기에 달밭마을은 논농사가 중심이었다. 화산 지대이고 물이 지하로 복류(伏流)하는 제주도의 지형상 논농사 위주의 농업을 하였다는 사실은 제주도에서는 매우 특징적인 현상이다. 즉, 쌀 생산량이 지극히 적었던 제주도에서 논농사를 하였다는 것은 영농방법의 측면에서 달밭마을이 위세가 높은 마을이었음을 의미한다. 달밭마을에서 논농사가 가능하였다는 사실은 달밭마을의 지형이 제주도에서는 독특한 것이었다는 점을 의미한다. 즉, 달밭마을은 해발 200~300m 지점에서 형성된 수원과 마을 곳곳에서 솟아나는 용천수, 그리고 풍화가 잘 된 안산암 기반의 토양

등으로 논이 발달할 수 있는 조건을 갖추고 있었다.

그러나 역으로 이런 사실은 달밭마을의 형성이 늦었던 원인이 되기도 하였다. 달밭마을이 형성된 1800년대 중반까지 제주도에서는 밭농사가 중심이었기 때문에 저습지가 많은 달밭마을 지경은 농사에 부적합한 땅으로 인식되었다. 특히 달밭마을에는 '역기왙'이 많았다. '역기왙'이란 '역기'라는 풀이 자라는 밭이란 의미이다. '역기'가 뻘이나 늪지대에서 잘 자라는 풀이라는 점을 염두에 둔다면 '역기왙'은 늪지대나 저습지에 조성된 밭이라는 의미이며, 이는 결국 밭농사에는 적합하지 않는 토지라는 의미가 된다. 따라서 밭농사 중심이던 시절 달밭마을 일대는 농사에 적합하지 않는 곳이었으며 그 결과 토지 이용도가 낮았고 거주하는 사람의 수도 적어 마을이 형성되지 못하였다.

달밭마을에 사람들의 거주가 증가한 것은 '역기왙'을 비롯한 저습지를 이용하여 논농사를 시작한 영농기술의 발달과 밀접한 연관이 있다. 논농사가 달밭마을의 형성에 중요한 계기가 되었다는 점은 주민들의 입향조들과 관련된 구전에서도 나타난다. 현재 마을에 거주하고 있는 진주 강씨의 입향조는 원래 애월읍 하가리에 살고 있었다고 한다. 그는 달밭마을을 우연히 지나가면서 들판에 나락 익어가는 모습을 보고 감동을 받아 달밭마을로 이주하기로 결심하였다고 한다. 또 경주 김씨의 입향조는 원래 중산간 마을인 하원에 거주하고 있었다. 그는 달밭마을의 '동녁논'에 2,000평 정도 되는 토지를 가지고 있었으나 밭농사에 부적합하여 적극적으로 이용하지 않고 있었다. 그러다가 이 토지를 이용하여 논농사가 가능하게 되면서 토지와 가까운 달밭마을로 이주하였고, '동동네'에 기주하기 시작하였다고 한다.

이와 같이 달밭마을의 마을 형성에는 논농사의 시작이 중요한 계기가 되었다. 즉, 달밭마을의 농업은 비록 밭농사에 비해 그 규모는 크지 않았다 하더라도 논농사가 가능하게 된 기술적 혁신이 마을 형성의 결정적 계기가 되었다. 논농사가 가능하게 되면서 달밭마을 지경도 사람이 거주할 조건을 갖춘 공간으로 인식된 것이다. 이후 달밭마을은 이웃하는 강정마을과 더불어 논농사의 중심지로 인식되었고 밀감농사가 도입되기 이전까지는 경제적으로 다소 부유한 마을로 인식되었다.

달밭마을에서 논농사가 가지는 중요성에도 불구하고 규모 면에서는 여전히 밭농사가 달밭마을의 중심되는 생계방식이었다. 마을에서 가장 넓은 농경지인 '무그레미' 일대는 밭으로 이용되었으며, 밭에서는 보리와 조가 주로 재배되었다. 밭을 경작하는 데는 많은 노동력이 투입되어야 하였다. 우선 화산토는 토질이 척박하여 거름을 넣는 일이 가장 중요하였다. 거름은 주로 '돗통[13]'에서 생산하였으며 해초를 이용하여 거름을 만들기도 하였다. 거름을 많이 투입할수록 생산량이 많았기 때문에 거름을 만드는 일은 밭농사에서 가장 중요한 일로 인식되었다. 또한 작물을 심기 전에 밭을 일구는 작업에도 노동력 투입이 많았다. 주로 말이나 소를 이용하여 밭을 일구었으며 말이나 소가 없는 농가는 말을 하루 빌려 사용하는 댓가로 3일의 인력을 제공하는 방식으로 말이나 소와 노동력을 교환하였다.

밭농사에 노동력 투입이 많아서 토지의 소유보다 노동의 투입이 농업에서 더 중요하게 인식되었다는 것은 소작료에서도 나타난다. 제주도

---

13 '돗통'은 돼지우리를 의미하는 제주말이다. 제주도에서는 화장실 아래에 돼지를 길렀으며 돼지의 배설물에 풀을 섞어서 퇴비를 생산하였다.

호적중초와 19세기 후반 제주도 마을의 사회구조

에서는 전통적으로 대규모 토지를 소유한 사람이 적어서 소작이 일반
적인 제도는 아니었다. 그럼에도 불구하고 토지가 부족한 사람은 토지
에 여유를 가지고 있는 사람들의 토지를 소작하기도 하였다. 그러나 육
지부에서는 소작료가 생산량의 1/2였음에 비해 제주도에서는 소작료가
생산량의 1/3이었다. 즉, 제주도의 소작료는 육지부에 비해 낮았다. 즉,
제주도에서는 직접 경작을 하는 사람의 몫이 토지 소유자 몫의 2배였으
며 이는 직접 노동을 하는 것이 생산에서 토지를 소유하는 것보다 더 중
요하게 인식되었음을 의미한다.

　밭농사에 비해 논농사는 노동력 투입을 적게 하고도 생산이 가능하
였기 때문에 논농사는 밭농사에 비해 더 선호되었다. 그리고 논농사로
는 보리나 조가 아니라 쌀을 생산할 수 있기 때문에 그 가치가 더 크게
인정되었다. 달밭마을에 논농사가 가능해진 이후 달밭마을에는 사람이
모이기 시작하였으며 마을이 형성되는 중요한 계기가 되었다.

　1960년대는 달밭마을의 농업에 획기적 전환이 일어났다. 이전까지는
식량 생산을 위하여 농사를 하였지만 1960년대가 되면서 환금작물이 재
배되기 시작하였다. 가장 먼저 도입된 환금작물은 고구마였다. 이전까지
도 밭에서 고구마를 생산하였지만 그때는 식용으로 재배하였다. 그러나
1960년대 이후부터 고구마는 주정의 재료로 재배되었다. 1960년대 이후
고구마 생산량은 급증하였으며 생산된 고구마는 주정회사에서 수매를 하
였다. 즉, 고구마는 식용이 아니라 환금작물로서 지배되기 시작하였다. 주
정회사에 수매하기 위한 고구마는 잘라서 말렸다. 이를 '절간 감자[14]'라고

14　제주도에서는 고구마를 '감자'라고 하고 감자는 '지슬'이라고 한다. 제주어 '감자'는 '감저
　　(甘藷)'에서 온 말이다.

하였다. 달밭마을에서는 보리와 조 대신 고구마가 대량으로 재배되기 시작하였으며, 주정회사에서 수매하기 전까지 말린 고구마를 보관하기 위하여 창고가 건립되었다.

말린 고구마의 수매가 제도화되면서 마을 차원에서 고구마 보관 창고가 필요하게 되었다. 마을 창고의 건립에는 재일교포의 도움이 크게 작용하였다. 고구마의 생산량이 증가하면서 말린 고구마를 보관할 창고가 필요하였으나 마을의 경제적 형편상 창고를 건립할 수 없었다. 이때 마을 출신 재일교포들이 마을에 창고를 건립할 수 있도록 모금을 하여 마을에 기부하였다. 현재의 마을회관이 자리한 부지와 마을회관 서편에 있는 마을 창고는 이때 마련된 것이다. 창고 건립 과정에서 마을 주민들도 모금을 하였지만 재일교포들은 마을 주민들이 모금한 금액의 4배에 해당하는 금액을 기부하였다. 그리고 이를 바탕으로 마을회관 위치 선정 등과 관련하여 영향력을 행사하기도 하였다. 이 당시 마을 주민들은 고구마의 보관과 이동이 편리하도록 마을 외곽에 마을 창고를 건립하기를 원하였으나 재일교포들은 마을의 중심부에 창고가 건립되기를 희망하였다. 이 과정에서 재일교포들은 결국 자신들의 의견을 관철시켜 마을에 직접적인 영향력을 행사하였다(김창민 2003 참고).

이 사실은 1970년대까지 환금작물로서 고구마를 재배하였음에도 불구하고 달밭마을의 경제적 상황이 크게 개선되지 못하였음을 보여준다. 마을 자체의 경제력으로는 마을 창고를 건립할 수 없을 정도였으며 대부분의 마을 사업은 재일교포의 도움이 있어야만 가능한 실정이었다. 마을에 필요한 도로를 포장하는 일이나 마을의 시설물을 건축하는 일 등도 마을 주민들의 노력과 함께 재일교포의 지원이 요구되었다. 그러

호적중초와 19세기 후반 제주도 마을의 사회구조

나 1960~1970년대는 국가적으로 새마을 운동을 비롯하여 마을 개발 사업이 추진되던 시기로서 마을에서는 개발 사업을 하지 않을 수도 없는 상황이었다. 달밭마을은 국가 주도의 마을 개발 사업에 부응하기 위하여 자체적인 노력도 하였지만 재일교포의 도움에도 의지하지 않을 수 없는 상황에 처해 있었다.

이러한 경제적 어려움을 극복한 결정적 계기는 1960년대 후반에 도입된 밀감농사였다. 밀감농사는 재일교포들이 마을의 경제적 활성화를 위하여 묘목을 기증함으로써 시작되었다. 그리고 밀감농사는 고소득을 보장해 주었기 때문에 빠른 속도로 확산되었다. 초기에는 해안가 저지대에서만 밀감농사가 가능하다고 인식되어 주로 논이 밀감밭으로 조성되었다. 달밭마을은 논농사를 하던 지역으로서 밀감농사의 최적지로 인식되어 초기부터 밀감농사에 적극적이었다. 그러나 밀감농사는 논농사를 퇴조시킨 계기가 되었다. 논이 밀감 과수원으로 전환되면서 더 이상 논농사는 하지 않게 된 것이다.

이후 농법의 발달로 중산간 지역에서도 밀감농사가 가능해지면서 그 확산 속도는 급증하였다. 밀감농사의 확장은 상대적으로 밭농사와 논농사의 퇴조를 가져왔으며 이는 단작화의 원인이 되었다. 초기의 밀감농사는 '대학나무[15]'라고 불릴 정도로 고소득을 가져다주었으며 제주도 농촌이 경제적으로 급성장하는 계기를 마련해 주었다. 그리고 해풍

---

15 밀감나무를 대학나무로 불렀다는 것은 밀감농사가 제주도 경제성장의 결정적 계기가 되었음을 말할 때 가장 일반적으로 사용되는 언술이다. 즉, 밀감나무 한 그루면 자녀에게 내학 공부를 시킬 수 있을 정도로 밀감농사는 고소득을 보장하는 작목이었다. 실제 밀감농사를 시작한 시기가 빠른 마을일수록 더 부유한 마을이 되었나.

의 피해를 막기 위해 밀감 과수원 주변에 삼나무를 심으면서 경관도 변화되었다. 달밭마을 역시 밀감농사의 영향으로 경제적 성장이 일어나 주택을 개량하는 등 생활 환경개선이 이루어졌다.

한편, 밀감농사는 본격적인 자본주의 경제가 도입되는 계기가 되었다. 마을에서는 인간관계에 기초하여 이루어지던 전통적인 노동 교환 방식인 수누름이 퇴조하고 임노동이 일반화되었다. 또한 다른 사람의 토지를 임대하여 경작하는 경우에도 임대료를 화폐로 지급하기 시작하였으며 은행과 농협에서 대출을 받아 영농을 하기 시작하였다. 밀감농사의 도입으로 농업에서도 합리적 사고가 형성되었다. 이전까지의 농업에서는 생산량이 많을수록 좋다고 인식하였으나 밀감농사에서는 생산량이 많아지면 가격이 하락하였기 때문에 더 높은 가격을 받기 위하여 생산량을 조절해야 한다는 인식도 나타나게 되었다. 또한 생산보다 판매가 더 중요하다는 인식도 나타났다. 농가마다 저온 창고를 건설하여 가격이 높은 시기에 밀감을 출하하고 있으며, 소득이 더 높은 새로운 품종을 도입하는 데도 적극성을 띠게 되었다.

밀감농사는 달밭마을에서 인구 증가의 원인이 되기도 하였다. 1970년대는 전국적으로 산업화가 진전되면서 인구의 도시 이동이 급속하게 일어났지만 제주도에서는 밀감농사로 인하여 인구의 유출 속도가 매우 완만하였다. 전통적인 농업을 하던 육지부 농촌은 저곡가 정책으로 농업소득이 낮아 젊은이들이 도시지역으로 이주하였지만 제주도에서는 밀감농사가 고소득을 보장해 주었기 때문에 인구의 유출요인이 약하였다. 오히려 밀감농사의 높은 수익성은 육지부 농촌 지역 인구가 제주도로 유입될 수 있는 원인이 되어 제주도 인구 증가의 요인이 되기도 하였다. 즉, 밀감농사가 일반화되면서 육지부 사람들이 임노동을 하기 위하여 제주도로 들어오기 시작하였다.

밀감농사가 인구 증가의 요인이 될 수 있었던 이면에는 전통적인 밭농사나 논농사에 비해 더 적은 경작면적으로도 영농이 가능하게 되었다는 원인이 있다. 밀감농사는 단위면적당 수익성이 높았기 때문에 적은 면적만 경작하여도 충분한 수익을 낼 수 있었다. 따라서 적은 규모의 토지를 소유한 사람들도 자영농이 될 수 있었고 이는 젊은 사람들이 마을에 정착할 수 있는 중요한 요인이 되었다. 그러나 1990년대가 되면서 제주도 전 지역으로 밀감농사가 확대되어 생산량이 과다하게 되었다. 생산량이 수요를 초과하면서 밀감의 가격이 하락하여 제주도에서는 새로운 대안적 농업을 모색하지 않을 수 없게 되었다.

1980년대부터 달밭마을에는 밀감농사에 대한 대안으로 시설농업이 시작되었다. 시설농업은 논이나 밭에 비닐하우스를 건축하고 그 안에 밀감나무나 바나나, 파인애플 또는 화훼를 재배하는 것을 말한다. 제주도에서 시설농업은 서귀포시를 비롯한 한라산 남부 지역에서 먼저 시작하였다. 시설농업은 하우스 안 온도를 인위적으로 높여 농작물을 재배하는 것이기 때문에 겨울 기온이 높은 한라산 이남 지역이 적지로 인식되었기 때문이다. 그리고 시설농업은 마을별로 재배하는 작목이 전문화되어 있었다. 초기의 시설농업은 기술이나 영농방법에 대한 지식이 부족하여 마을 사람들이 동일한 작목을 집단적으로 재배한 것이다. 그렇게 하는 것이 정보를 공유함으로써 시행착오를 줄일 수 있었을 뿐 아니라 생산이나 유통과정에서 장점을 가질 수 있었기 때문이다. 그 결과 법환리에는 바나나, 강정마을에는 파인애플, 그리고 달밭마을에는 화훼가 집중적으로 재배되었다.

시설농업에는 하우스 건축뿐 아니라 겨울철에 하우스 내부의 온도를 높이기 위하여 가온을 하여야 했기 때문에 농업 생산비가 급증하였다. 따라서 농업 생산물의 가격이 내려가면 생산비의 부담으로 농민이 큰 부채를 안을 수밖에 없는 구조였다. 이때부터 제주도의 농업은 수익성의 증가와 함께 불안정성이 높아지게 되었다. 또한 생산비의 증가로 가구당 부채가 급증하기 시작하였다.

달밭마을의 시설농업은 초기에는 화훼로 시작하였다. 높이 3m 정도의 비닐하우스를 짓고 그 안에 거베라와 백합을 심은 뒤 가을부터 겨울까지 가온을 하여 겨울에 출하하는 방식으로 화훼농사를 하였다. 겨울 백합은 가격이 높아 고소득 작목이 되었으며 이는 젊은이들을 마을에 정주시키는 중요한 요인이 되었다. 화훼농사는 수익성이 커서 도시에서 직장 생활을 하는 것보다 더 큰 소득을 담보해 주었기 때문에 젊은이들이 굳이 도시에 나갈 필요성을 느끼지 못하였다. 또한 시설농업은 경작 면적이 적어도 되었기 때문에 소규모 토지만 소유하거나 임대하여도 영농을 할 수 있었다. 밀감농사를 하기 위해서는 상대적으로 넓은 면적의 토지가 있어야 했지만 화훼농사는 가구당 500평 정도의 하우스만 있어도 충분한 소득을 창출할 수 있어서 토지를 많이 소유하지 못한 젊은이들도 쉽게 시설농업에 진입할 수 있었다. 그 결과 1980년대부터 2000년까지 달밭마을은 30~40대 연령층의 젊은이들이 마을에 정주하면서 가장 활성화된 시기로 기억되고 있다.

1990년대 초에 시작된 외국농산물 수입 개방은 달밭마을을 비롯한 제주도 농업에 일대 전환을 가져왔다. 미국산 오렌지의 수입으로 밀감

호적중초와 19세기 후반 제주도 마을의 사회구조

가격은 폭락하였고, 바나나와 파인애플 등 열대과일의 수입도 자유화되면서 바나나와 파인애플의 가격도 급락하여 폐업을 하는 농가가 급증하였다. 화훼는 수입 개방의 영향을 적게 받았지만 농산물 수입 개방의 피해를 피할 수 없었다. 바나나와 파인애플을 생산하던 농가에서는 자신들이 가지고 있던 비닐하우스에 바나나와 파인애플에 대한 대체작목으로 화훼를 재배함으로써 화훼 생산량이 급증하여 가격 하락을 피할 수 없게 된 것이다. 기존 화훼 농가들은 비닐하우스를 가진 사람들이 화훼 농사로 전환하는 것을 꺼려 화훼작목반에 가입하는 것을 거부하거나 화훼농사의 수익성을 낮게 말함으로써 화훼농사로 전환하는 것을 암묵적으로 방해하기도 하였다. 이 과정에서 주민 간 갈등이 빈번하게 발생하기도 하였다.

비닐하우스 시설에 새로운 품종을 재배함으로써 품종의 다양화를 도모하고 동시에 생산비용을 줄이기 위한 노력이 요구되면서 비닐하우스에는 하우스 밀감을 비롯하여 한라봉, 천혜향, 레드향 등 새로운 품종의 감귤이 재배되기 시작하였다. 이런 새로운 작목은 생산기술의 확보와 새로운 시장의 개척이라는 위험 요소를 가지고 있지만 달밭마을을 비롯한 제주도에서 이러한 새로운 시도는 광범위하게 나타났다. 달밭마을에서도 2000년대 초반까지는 화훼가 지배적인 작목이었으나 현재는 한라봉, 천혜향, 레드향 등 감귤류가 지배적인 작목이다. 그리고 이런 작목도 언제 가격이 폭락할지 예측할 수 없기 때문에 늘 농업 환경의 변화를 예측하고 이에 대처하기 위한 노력을 지속적으로 하고 있다.

이러한 노력으로 현재 달밭마을의 농업 시설에는 다양한 작목이 재배되고 있다. 초기의 시설농업은 단일 작목을 집단적으로 재배하였으나 현재는 다양한 작목을 소규모로 재배하고 있다. 그렇게 하는 것이 위험을 줄일 수 있기 때문이다. 달밭마을의 농업은 시설농업이 지배적이다. 마을의 경작지는 대부분 비닐하우스 시설로 전환되었다. 시설농업은 시설을 만드는 일이나 가온을 하는 일에 많은 비용이 들어가기 때문에 농업의 불안정성은 점차 높아지고 있으며 동시에 농가 부채도 점점 증가하고 있다.

시설농업이 확대되면서 달밭마을의 농업은 점차 경영 요소가 증가하게 되었다. 재배할 작목을 선택하는 일이나 생산된 농산물의 출하시기를 결정하는 일, 경작면적을 증대하거나 축소하는 일, 투자 자손을 조달하는 일 등이 중요해지면서 농업과 관련된 지식과 정보의 중요성이 증대되었다. 생계 위주의 농업에서는 단순히 열심히 일하면 되었지만 시설농업이 보편화되면서 농업의 위험도가 증가하고 따라서 의사 결정에 보다 신중하게 되었다.

제주도 전체에 비닐하우스를 이용한 시설농업을 하게 되면서 달밭마을에는 비닐하우스를 건축하거나 수리하는 일을 전문적으로 하는 사람들도 나타나고 있다. 이들은 5~7명으로 함께 일을 하며 건축비를 총액으로 받고, 일이 끝나면 각자의 몫을 받아가는 방식으로 일을 한다. 이런 방식을 '우케도리(うけとり)'라고 한다. 우케도리는 맡은 일을 빨리 끝낼수록 개인에게 돌아가는 수익이 커지기 때문에 함께 일하는 사람들의 손발이 잘 맞아야 한다는 뜻이다. 따라서 구성원의 변동이 적을수록 유리하다. 그러나 비닐하우스를 건축하는 일은 항상 있는 일이 아니기 때문에 평소에는 농업에 종사하다가 일이 있을 때만 작업팀을 구성하여 일을 나간다. 작목의 다변화와 함께 노동의 다변화도 진행 중인 셈이다.

한편, 포구의 발달이 미약하였기 때문에 어업은 달밭마을의 중요한 생계방식이 아니었다. 달밭마을에서 전업으로 어업을 하는 사람은 거의 없었다. 1960년대 초 지역사회개발계에서 마을 공동으로 배를 두 척 매입하여 어로 활동을 하기는 하였으나 이는 정부 주도의 사업이었을 뿐 주민들의 자발적인 어로 활동은 아니었다. 그리고 이 사업도 1964년 배를 매각함으로써 중단되었다(김창민1995 : 74). 그러나 여성들에 의한 물질은 어느 정도 이루어졌다. 잠녀들은 주로 바다와 가까운 동동네에 거주하였으며 주로 '동물개'와 '짐꾼내' 사이의 바다에서 물질을 하였다. 이들이 잡은 해산물은 양이 많을 때는 서귀포시장에서 판매하였으나 양이 적을 때는 집에서 소비하였다. 달밭마을에는 종사하는 사람의 수가 적어 해녀회가 조직되어 있지 않았으며 옆 마을인 강정의 해녀회에 속해 있었다. 그러나 마을이 달라 달밭마을에서 물질에 종사하는 사람들은 강정의 해녀회로부터 어느 정도 독립성을 가질 수 있었으며 개인적인 친밀감에 기초하여 협력 작업을 하였다.

바다와 관련된 생산 활동에서 특징적인 것은 1960년대까지 '동물개' 인근에서 소금을 생산하였다는 점이다. 제주도는 갯벌이 없어서 염전을 이용한 소금 생산은 불가능하다. 그러나 소금은 인체에 필수적인 무기물이기 때문에 어떤 방법으로든지 소금을 사용하지 않을 수는 없었다. 즉, 제주도의 해안에서도 작은 규모로 소금을 생산하였다. 달밭마을에서는 '전오염(煎熬鹽)'이라는 방식으로 소금을 생산하였다. 이것은 바닷가의 평평한 바위에 바닷물을 가두어 두어 일정 정도까지 건조시켜 소금의 농도를 높인 뒤 그것을 솥에 넣고 끓여 소금을 생산하는 방식이다. 이렇게 하면 대규모로 소금을 생산할 수는 없지만 한 마을에서 요구

되는 정도의 소규모 소금은 생산 가능하게 된다. 달밭마을에서는 동물
개의 지형적 조건을 이용하여 전오염 방식으로 소금을 생산하였고 이를
이웃마을과의 물물교환에 사용하기도 하였다. 구전에 의하면 대포, 강
정 등과 같은 어촌마을 사람들이 고기를 가지고 와서 달밭마을에서 생
산된 소금을 교환해 가기도 하였다고 한다.

1960년대 이전까지 달밭마을 사람들은 생계를 위한 생산 활동을 주
로 하였다. 이들은 자신들이 필요로 하는 먹거리를 생산하였으며 생산
하지 못하는 것은 물물교환 형태로 조달하였다. 그러나 1960년대 이후
환금작물 경제가 도입되면서 이들은 시장에서 팔기 위한 생산 활동을
시작하였으며 점차 생산하는 품목의 수도 줄어들고 생산량은 많아지는
단작화의 경향을 보였다. 그러나 농산물 수입 개방이 되면서 이들은 재
배하는 작목을 자신들이 결정하지 못하고 시장에서 형성되는 가격에 의
해 재배 작목의 변환을 강요당하고 있으며, 이런 시장 상황에 대응하기
위하여 재배 작목을 다변화하려는 노력을 하고 있다.

3) 인구 구성

2015년 5월 기준으로 달밭마을은 280가구이며 인구는 남자 327명,
여자 295명으로 총 622명으로 집계되고 있다.[16] 이 가구와 인구는 행정
구역을 기준으로 한 것으로서 달밭마을이라는 지리적 공간 안에 거주하

---

16 2018년 12월 기준으로는 257가구이며 인구는 남자 281명, 여자 267명으로 총 548명
으로 집계되고 있다. 3년 사이에 약 10% 정도 가구와 인구가 감소하였다.

호적중초와 19세기 후반 제주도 마을의 사회구조

고 있는 가구와 사람의 수이다. 그러나 달밭마을이라는 공간에 대한 인식과 달밭마을 사람이 누구인가에 대한 마을 사람들의 인식은 행정적 기준이 아니라 문화적 기준으로 구성된다. 즉, 달밭마을이라는 지리적 공간 안에 거주하고 있는 사람이라도 달밭마을 사람이 아니라고 인식되는 사람이 있는 반면 지리적 공간 밖에 거주하고 있어도 달밭마을 사람이라고 인식되는 사람이 있다.

달밭마을 사람이 누구인가에 대한 문화적 기준은 매우 복잡하다. 전통적으로 달밭마을에는 '입동례(入洞禮)'와 '동접례(洞接禮)'라는 문화적 전통이 있었다. 입동례란 외지에서 마을로 이주해 온 사람이 마을에 일정 금액의 돈을 납부하고 마을 성원이 되었음을 인정받는 것을 말한다. 마을 이장은 새로이 이주해 온 사람이 있을 경우 일정 기간 동안 두고 보다가 마을 사람이라고 인정해도 되겠다는 판단이 설 때 입동례를 납부하라고 하였다. 이장의 판단은 개인적인 것이 아니라 집단적인 것이었다. 이장은 새로 이주한 자를 마을 구성원으로 인정하는 과정에 마을 주민들의 의견을 듣고 여론에 기초하여 판단을 하였다. 즉, 입동례는 이주자가 내고 싶다고 내는 것이거나 이장이 개인적으로 판단하여 납부하라고 하는 것이 아니라 마을 주민이 마을 사람으로 인정하여야 낼 수 있는 것이었다. 따라서 입동례를 낸 사람은 당연히 공적으로 마을 사람으로 간주되고 마을 주민으로서 권리와 의무를 행사할 수 있었다.

동접례는 마을 사람이 결혼을 하고 별도의 가구를 형성하게 될 때 납부하는 돈이다. 마을 회의에 참가하는 자격, 마을 공동 목장, 마을 공동 묘지 등 마을 공유 자산을 이용하는 권리 등은 가구 단위로 주어지기 때문에 결혼을 한 사람은 결혼 후 부모와 분가를 하는 것이 마을 생활에서 더 유리하였다. 즉, 결혼 후 동접례를 납부하면 의결권과 마을 자산에 대한 권리를 가지는 완전한 마을 구성원으로 인정되기 때문에 결혼을 하는 남자는 그해 말에 열리는 마을 총회에서 거의 예외 없이 동접례를 납부하고 독립된 마을 성원권을 확보하였다. 요컨대, 입동례 또는 동접례를 납부하는 것은 마을 성원권을 공식적으로 확인하는 절차였다.

그러나 이러한 문화적 전통은 근래에 들어서 훼손되기 시작하였다. 2000년대 초에 마을에 연립주택이 두 동 건축되고 여기에는 마을 사람뿐 아니라 외지사람도 입주하게 되었다. 연립주택에 거주하는 외지사람들은 마을의 지리적 경계 안에 거주하고 있지만 마을 사람이라는 정체성을 가지지 못하고 있으며, 마을 회의나 마을 사업에도 참여하지 않고 있다. 또한 이들은 마을 공동 자원의 활용에도 관심이 없다. 이들은 달밭마을을 거주하는 공간으로만 인식할 뿐 함께 생활하는 공동체라는 인식이 부족하다. 따라서 마을 사람들은 연립주택에 거주하는 외지인을 마을 사람으로 인정하지 않고 있으며 이들에게는 입동례 납부를 요구하지 않아 이들은 아직까지 마을에 입동례를 내지 않고 있다. 즉, 이들은 지리적 공간의 측면에서는 마을에 거주하고 있지만 문화적으로는 마을 사람으로 인정되지 못하고 있는 것이다.

한편 1990년대부터 본격화된 시설농업으로 젊은이들은 마을 외부에서 일자리를 찾기보다 마을에서 농업에 종사하는 경우가 많아졌다. 이들은 결혼 후 분가하여 새로운 가구를 형성하게 되었으며 새로운 주택이 필요하게 되었다. 이 새로운 가구들은 마을 내 연립주택에 입주하는 경우도 있었지만 서귀포시나 서귀포 신시가지의 아파트에 입주를 하는 경우도 많아졌다. 비록 이들의 거주지는 마을 밖이지만 이들은 마을 사람과 갑장계를 비롯한 친목계를 형성하기도 하고 마을 사람들의 경조사에도 적극적으로 참여하고 있다. 뿐만 아니라 마을 구성원으로서 감당해야 하는 일에도 의무감을 가지고 있으며 마을 총회에 참가하여 마을의 중요한 의사 결정 과정에도 참가한다. 마을 주민들이 전화번호부를 만들 때에도 마을 외부에 거주하고 있는 사람들을 별도의 분류로 전화번호부에 등록하여 이들이 마을 사람이라는 인식을 보여준다. 즉, 이들은 지리적 공간의 측면에서는 마을 사람이 아니지만 문화적으로는 마을 사람으로 인정되고 있는 것이다. 이와 같이 달밭마을에서 태어나 어린 시절을 달밭마을에서 보내고 생활터전을 달밭마을로 삼고 있는 사람들은 거주 지역에 상관없이 달밭마을 사람으로 인정되고 있다.

달밭마을 사람들의 마을 범주는 재일교포 사회까지 연장되어 있다. 달밭마을 사람들이 일본으로 이주하여 생활한 것은 일제강점기 시대부터이다. 이들은 일본에서 친흥회라는 친목조직을 결성하여 마을과의 관계를 유지할 정도로 활성화되어 있었다. 그러나 해방을 맞이하면서 재일교포 중 달밭마을로 돌아온 사람이 많았으며 일본에 남아 있던 사람들 중에도 북송을 당한 사람이 있어서 재일교포의 수가 크게 줄어들었다. 이후 4·3사건으로 인한 밀항과 1960년대 이후 경제적 이유로 인한 밀항기를 거치면서 달밭마을 출신 재일교포의 수는 다시 크게 증가하였다. 이들은 오사카를 중심으로 '재일본달밭친목회'를 조직하여 친목을 도모하였으며 새로운 일본 이주자들의 후견인 역할을 담당하기도 하였다. 또한 재일교포들은 마을 개발 사업에도 적극 후원하여 전기가설공사, 마을 창고 건립 등과 같은 사업에 재정적 후원을 하기도 하였다. 개인적으로는 귀구을 고려하며 마을 내 토지를 매입하기도 하였다. 이런 토지는 마을 사람들에게 임대되었으며, 토지의 관리를 마을 사람에게 부탁하기도 하여 마을 주민들과의 관계를 유지하였다. 종종 재일교포가 마을을 방문하면 마을 주민들은 식사를 대접하기도 하고 마을에 머무는 동안 안내를 담당하기도 하면서 환대하였다. 이런 관계로 달밭마을 사람들은 재일교포, 특히 교포 1세는 마을 사람이라고 인식하고 있다.

이런 사실을 종합하면 달밭마을 사람은 행정적인 기준이 아니라 문화적 기준으로 마을 사람을 인식하고 있다고 할 수 있다. 즉, 동일한 지리적 경계 안에 거주하고 있는 사람을 마을 사람으로 인식하는 것이 아니라 그것보다 훨씬 더 넓은 범주로 달밭마을 사람을 인식하고 있다. 따라서 행정적인 가구수나 인구수보다 문화적으로 인식하는 인구수는 더 많다고 할 수 있다. 그리고 이들의 사회관계도 문화적으로 인식되고 있는 달밭마을 사람을 대상으로 맺고 있다.

달밭마을의 마을 경계는 문화적으로 구성된 것이지만 행정적 마을 범주도 중요하다. 마을의 일상생활은 대부분 이 행정적 범주 안에 있는 마을 사람들과 함께 이루어지기 때문이다. 달밭마을의 인구 구성에서 우선 특징적인 현상은 2015년 기준으로 남자가 327명으로 295명인 여자보다 더 많다는 점이다. 일반적으로 제주도는 여자가 남자보다 더 많다고 알려져 있다. 제주도를 삼다도(三多島)라고 하는 것은 돌, 바람과 함께 여자가 많다는 의미이다. 그리고 평균 수명도 여자가 남자보다 더 길어 통상 여자의 수가 남자보다 더 많았다. 이런 점에서 달밭마을의 남초 현상은 매우 이례적인 것이다.

달밭마을의 경우에도 최소한 1990년까지는 여자가 남자보다 더 많았다(김창민 1995 : 48). 이는 제주도의 일반적인 현상으로서 여성의 평균

호적중초와 19세기 후반 제주도 마을의 사회구조

수명이 남성보다 더 길다는 사실에 기인한다. 이 사실에 비추어 보면 달밭마을의 남초 현상은 최근의 일이다. 1990년대까지는 인구 구성이 생물학적 요인에 의해 규정되었으며 사회적 요인은 크게 중요하게 작용하지 못하였다. 그러나 인구 구성에는 자연적 요인과 함께 사회적 요인도 중요하게 작용한다. 일제강점기에는 주로 남자들이 일본으로 이주하면서 마을에서 여초현상이 심화되기도 하였으며, 4·3사건이나 한국전쟁과 같은 역사적 사건에서 남성 희생자가 많았다는 것도 인구 구성에 영향을 미치게 되었다. 이런 맥락에서 인구 구성은 생물학적 요인과 함께 사회적 요인을 고려하여 이해하여야 한다.

달밭마을에서 남자의 수가 여성보다 많아진 것은 2000년대 이후부터이다. 이는 1990년대 후반에 나타난 결혼관의 변화에 기인하는 바가 크다. 즉, 2000년대 들어서면서 달밭마을에는 여성에 비해 남성들의 결혼이 유예되는 현상이 크게 증가하였다. 경제 위기로 남성들의 경제적 자립이 늦어지면서 자발적으로 결혼을 유예하는 현상이 나타났으며 농촌 남성과 결혼하려는 여성의 수도 줄어들었다. 그 결과 남성들의 결혼이 유예되기 시작하여 달밭마을에는 미혼인 상태로 혼자 사는 30대, 40대 남성이 많아지게 되었다. 달밭마을에서 여성들은 혼인을 통해 유출되는 반면 남성들은 미혼인 상태로 남게 되면서 20대와 30대에서 남초 현상이 극단적으로 나타나게 되었다.

인구 구성에서 두 번째 특징은 0~19세 사이의 인구 과소화 현상이다. 이는 저출산 경향에 기인하고 있다. 달밭마을에서도 자녀의 양육과 교육에 대한 부담이 증가하면서 대부분의 부부가 자녀를 한두 명만 낳고 있다. 소자녀주의는 저출산의 중요한 요인이 되었다. 또한 20대와 30

대에서 결혼이 유예되면서 결혼한 부부의 수도 줄어들어 새롭게 출생하는 어린이도 급감하였다. 반면 60대 이상 인구 비중은 점차 증가하고 있다. 마을 전체의 인구는 감소하는 추세인 데 비해 60대 이상의 인구는 거의 줄지 않거나 오히려 증가하고 있다. 이런 결과로 달밭마을의 인구 구성은 전형적인 고령화 사회의 모습을 보이고 있다.

4) 마을 역사

달밭마을은 1800년대 중반에 설촌(設村)되었다. 마을 설촌은 기록이 없어서 정확한 연대를 알 수는 없지만 마을 사람들의 구전과 호적중초 자료 등을 종합해 보면 설촌 시기에 대한 대체적인 추정은 가능하다.

우선 마을 사람들은 갑인년(甲寅年)에 고부 이씨들에 의해 마을이 설촌되었다고 이야기하고 있다. 고부 이씨들은 원래 달밭마을의 이웃 마을인 도순에 거주하고 있었으며 이들이 갑인년에 집단적으로 달밭마을로 이주하면서 마을이 설촌되었다는 것이다. 갑인년 설촌 이야기는 달밭마을의 형성에 고부 이씨들이 주도적인 역할을 하였음을 강조하고 있는 담론이다. 고부 이씨들의 족보와 호적중초를 종합해 보면 달밭마을의 고부 이씨들이 도순에서 이주한 것은 사실이며 이때 이주한 핵심 인물은 항빈(恒彬)이다. 항빈이 이주한 시기에 해당하는 갑인년은 1853년이다.[17]

---

17 마을 설촌과 관련한 자세한 내용은 4장을 참조할 것.

호적중초와 19세기 후반 제주도 마을의 사회구조

갑인년 설촌의 주장에 의하면 마을의 설촌에 고부 이씨들의 집단 이주가 결정적인 계기를 제공하였다고 볼 수 있지만 고부 이씨들의 이주 이전에도 현재의 달밭 지경에는 사람들이 거주하고 있었다. 구전에 의하면 '동물개'와 '무그래미' 일대에는 오래전부터 한두 가구 정도가 거주하고 있었으며 '먼애'에도 사람들이 살았다고 한다. 그러나 이때까지 달밭 지경에는 거주자들이 소수였을 뿐 아니라 분산되어 있었으며 거주하는 사람의 수가 적어서 독립된 마을로 인정받지 못하였다. 그러던 중 고부 이씨들의 집단적인 이주를 계기로 독립된 마을이 되었다고 생각한다.

마을의 설촌 이후 달밭마을은 인근 마을들과 밀접한 관계를 가지고 있었다. 달밭마을의 인근에는 하원과 도순 그리고 강정마을이 있다. 우선 달밭마을의 동북쪽에 위치한 도순은 고부 이씨들의 친족들이 많이 거주하고 있는 마을이었으며 분동되기 이전까지 달밭마을은 도순에 속하였기 때문에 두 마을은 밀접하게 연관되어 있었다. 이런 사실은 달밭마을과 관련된 문서들이 도순리 마을회관에 보관되어 있다는 점에서도 드러난다. 즉, 마을의 형성 시기에 작성된 호적중초와 통적(統籍) 등이 도순에 보관되어 있다. 이 사실은 마을이 설촌된 이후에도 상당 기간 동안 달밭마을은 도순으로 간주되었음을 의미한다.

달밭마을의 북쪽에 위치하고 있는 하원마을은 서귀포 일대에서 가장 위세가 높은 마을이었다. 통상 하원마을 사람들은 '하원 양반'이라고 불렸으며 대정 향교에서도 주도적인 역할을 하였다. 달밭마을이 형성된 이후 달밭마을에는 하원마을 사람들이 다수 이주하기 시작하였다. 달밭마을은 농경지가 넓은 반면 인구가 적었기 때문에 넓은 농경지를 찾아 하원마을 사람들이 이주하기 시작한 것이다. 특히 19세기 말은 관의 경제적 수탈이 심하여(양한권 1988 : 196) 주민의 이동이 심하고 민란도 빈번하게 발생하였다. 달밭마을로 이주한 하원마을 사람들은 친족의 경조사에 하원마을 사람들과 함께 하였으며 일상생활에서도 밀접한 연관을 가지고 있었다. 하원마을은 인근에서 양반마을로 인정되었기 때문에 하원 출신 달밭마을 사람들은 마을 내에서 사회적 지위의 측면에서 우월성을 드러내기도 하였다. 한편 달밭마을에는 초등학교가 없어서 달밭마을의 어린이들은 하원초등학교에 다니고 있다.[18] 함께 초등학교를 다녔기 때문에 달밭마을 사람들과 하원마을 사람들 사이에는 각별한 친밀감이 형성되어 있다.

달밭마을의 동쪽에 위치한 강정마을은 해안마을이며 어업이 발달한 마을이다. 달밭마을은 해안이 절벽으로 구성되어 포구의 발달이 미약하였고 따라서 어업 활동도 소극적으로 할 수밖에 없었다. 반면 강정마을은 포구의 규모가 컸으며 어업에 종사하는 사람들도 많았다. 달밭마을에도 해산물 채취를 비롯하여 소규모 어로 활동을 하는 사람들은 소수 있었다. 이들은 독자적으로 어촌계를 형성하지 못하여 강정어촌계에 속하여 어로 활동을 하였다. 또한 강정은 자연지리적 조건도 달밭마을과 유사하여 논농사를 하는 지역이었다. 논농사에 필요한 수누름이나 도구의 공동 이용 등에서 달밭마을 사람들은 강정사람과 관계를 가지고 있

---

18 달밭마을 학생들이 하원초등학교에 다닌 것은 1973년부터이다. 그 이전에는 강정초등학교에 다녔다. 초등학교를 같이 다닌 것은 교우관계의 출발점이 되기 때문에 1973년 이후에 초등학교를 다닌 사람들은 하원사람들과 더 가깝게 느끼고 그 이전에 초등학교를 다닌 사람들은 강정사람들과 더 가깝게 느낀다.

　　　　　　　　　　　호적중초와 19세기 후반 제주도 마을의 사회구조

었다. 달밭마을의 학군이 하원마을에 포함되기 이전에는 강정마을과 학군이 같았다. 즉, 현재 50대 이상의 연령대에 속한 사람들은 강정초등학교를 다녔다. 즉, 나이가 많은 사람들은 강정사람들과 긴밀한 관계를 가지고 있다.

달밭마을이 형성된 시기인 제주도의 19세기 후반은 민란의 시기였다. 제주의 백성들은 관에 의한 조세와 토관에 의한 착취의 이중적 침탈을 당하였다. 즉, 제주도는 제주목, 정의현, 대정현의 3읍 체제가 정착되어서 관의 지배가 비교적 체계적으로 유지되고 있었다. 관은 인구조사를 통해 조세와 부역 그리고 군역을 담당시켰기 때문에 주민들은 이런 지배를 피할 수 없었다. 이와 함께 제주도에는 왕자와 성주의 전통을 이어받은 향촌사회의 토관세력들이 향촌주도형으로 향촌의 질서를 유지하고 있었다(김동전 1991 : 55). 수령과 토관은 때로는 협력하면서, 때로는 대립하면서 도민을 지배, 수탈하였다. 토관들은 평소에는 수령의 공식적인 조세부과에 협력하여 주민들을 지배하였지만 수령의 착취에 반발하여 민란이 일어날 때에는 민란의 주도적인 역할을 담당함으로써 수령에 대항하였다. 주민들은 관과 수령으로부터 공식적인 지배를 받는 한편 토관으로부터는 일상적이고 비공식적인 지배를 받고 있었던 것이다.

또한 달밭마을에 보관된 '등장(等狀)[19]'에는 매년 관청에 바치는 특산물을 경감해 달라는 것이 있다. 이 등장에 의하면 달밭마을은 육지에서 생산되는 특산물과 바다에서 생산되는 특산물을 모두 바치도록 되어 있

---

19 등장은 주민들이 이름을 연명하여 관청에 올린 건의문이다. 조선시대에는 주민들이 자신들의 어려운 사정을 관청에 호소하기 위하여 등상을 올렸다.

어서 주민들의 부담이 컸다. 비록 달밭마을은 해안에 위치해 있었지만 바다와 관련된 생산은 크지 않았다. 그럼에도 불구하고 육지부 특산물과 함께 바다에서 생산되는 특산물을 함께 바치도록 강제되었다는 것은 당시의 조세가 주민들에게 과하게 부과되었음을 의미한다.

1898년에 일어난 방성칠의 난과 1901년에 일어난 이재수의 난은 이 시기에 일어난 대표적인 민란이다. 방성칠의 난은 제주도의 중산간 지대에서 화전을 하던 남학당(南學黨)이 주도한 난이다. 초기에는 화전세(火田稅)를 받을 목적으로 이들의 화전 개척을 묵인하던 수령이 화전의 규모가 커지자 화전세를 높여 이들을 지나치게 착취하였다. 방성칠이 중심이 된 화전민들은 이런 착취에 저항하기 위하여 난을 일으켰다(조성윤 1986 참고). 한편 이재수의 난은 천주교의 전횡에 대한 저항이라는 반외세적 성격도 가지고 있었다. 제주도에서 봉세관이 세금을 걷는 과정에 천주교도들을 활용하면서 천주교도들의 전횡이 심해졌으며, 조세의 부담과 천주교도들의 전횡에 저항하기 위하여 관노였던 이재수를 중심으로 일어난 난이 이재수의 난이다. 이런 민란에 달밭마을도 예외는 아니어서 관에 대한 저항에 적극적으로 참여하였다. 가장 대표적인 사례는 민란의 상징적 인물이 된 강우백이 달밭마을 사람이었다는 점이다. 달밭마을에 거주하던 강우백은 방성칠의 난과 이재수의 난에서 주도적인 역할을 담당하였다. 특히 이재수의 난에서는 세 명의 지도자 중한 명이었으며, 이로써 그는 제주도 민란의 상징적 인물 중의 한 명으로 인정되고 있다. 호적중초에 등재된 내용으로 보면 강우백은 직역이 장의였으며 달밭마을에서 마을의 이강(里綱) 직책을 담당하고 있었던 사람으로서 마을의 유력자였다. 마을의 유력자가 민란의 지도자였던 점으

호적중초와 19세기 후반 제주도 마을의 사회구조

로 미루어 달밭마을 사람들도 민란에 적극적으로 참여하였을 것으로 짐작된다.

일제강점기에도 달밭마을의 저항정신은 유지되었다. 일제강점기에도 조세를 통한 수탈은 계속되었으며, 이러한 수탈은 일제에 대한 저항운동으로 나타났다. 제주도에서 나타난 저항운동의 대표적인 사례는 기미독립운동이 일어나기 1년 전인 1918년에 일어난 '법정사 항일운동'이다. 법정사 항일운동은 통상 제주사람들에 의해서는 '보천교도의 난'이라고 일컬어진다. 항일운동의 거점은 법정사이지만 이 사건의 주도세력은 보천교도라고 인식하고 있는 결과이다. 1914년부터 제주도에 전파된 보천교는 전통적인 조선 문화의 회복을 강조하여 일본문화의 배격을 주창하였다. 즉, 이 종교는 토착문화의 재생을 통한 외세의 배격이라는 성격을 가지고 있었다. 법정사 항일운동의 지도자였던 김연일은 영일 사람으로서 하원의 산간지대에 위치한 법정사에 기거하면서 난을 준비하였다. 구전에 의하면 김연일은 머리를 깎은 승려의 모습이 아니라 머리를 기르고 도포를 입은 도인의 모습이었다고 한다(김창민 2004 : 28). 그는 '왜노는 우리 조선을 병합하고 그 후 관리는 물론 상인 등에 이르기까지 우리 동포를 학대하고 있다. 불원 불무황제(佛務皇帝)가 출현하여 국권회복을 도울 것이다. 첫째로 우리는 제주도 거주 일본인 관리를 죽이고 상인을 도외로 추방하자'라는 격문을 돌린 후 주민들을 규합하여 중문의 경찰 주재소를 습격하고 방화하였다(김창민 1995 : 60).

이 난에는 법정사가 위치한 하원사람들과 인근의 도순리 그리고 달밭마을 사람들이 가장 많이 그리고 주도적으로 참여하였다. 이 사건으로 검찰에 송치된 사람들은 총 66명인데 그 가운데 하원사람이 20명,

도순사람이 15명, 달밭마을 사람이 12명으로서 71%나 되었다(김창민 2002 : 41). 그러나 달밭마을 사람으로서 법정사 항일운동에 참가하여 검찰에 송치된 사람들은 호적중초에 그 이름이 나타나지도 않고 마을의 핵심적인 궨당관계에도 포함되지 않는 주변적인 사람들이었다(김창민 2002 : 44-45). 이러한 사실은 법정사 항일운동이 민중적 성격을 가지고 있었음을 보여준다. 당시의 호적중초에는 지역에 거주하던 모든 사람을 등재한 것이 아니라 선별적으로 등재되었으며, 특히 기층 민중들의 누락이 많았다. 법정사는 중산간에 위치하고 있어서 중산간 지대에 살던 사람들이 집중적으로 법정사 항일운동에 참가하였으며 이들은 화전을 하던 사람들이어서 호적중초에서 누락된 것으로 보인다. 또한 호적중초에 등재된 경우라도 마을의 유력 주민들과 궨당관계를 형성하지 못하는 사람들이었다. 요컨대, 일제강점기에 달밭마을을 비롯한 중문 일대에서는 일제에 대한 저항운동이 기층 민중에까지 광범위하게 전개되었음을 알 수 있다.

일제강점기는 달밭마을 사람들이 대규모로 일본에 이주한 시기이기도 하다. 제주도에 대한 일제의 착취가 심해지면서 새로운 일자리를 찾아 일본으로 떠나는 사람들이 많아졌으며 특히 남자들의 이주가 많았다. 이들은 대부분 일본에서 육체노동에 종사하였다. 이들이 주로 이주한 곳은 제주도 사람들이 집단으로 거주한 오사카의 이쿠노(生野)[20] 지

---

20 이쿠노는 원래 이카이노(猪飼野)라고 불렸다. 오사카 동쪽에 위치한 이쿠노는 저습지로서 사람이 살기에 불편한 지역이었으며 돼지를 기르던 곳으로써 명칭도 이카이노라고 불렸다. 일제강점기 오사카로 건너간 제주도 사람들은 이 열악한 지역에 정착하였으며 그 수가 증가하여 '일본 속 작은 제주'를 형성하였다.

호적중초와 19세기 후반 제주도 마을의 사회구조

역이었다. 육체노동을 할 일자리를 찾거나 일상생활에서 도움을 주고받기 위하여 마을 사람이 이미 이주한 곳으로 이주하여 집단적 주거를 선택한 것이다. 해방이 된 후 이들 중 상당수는 달밭마을로 돌아왔으나 일본에 남아 재일교포가 된 사람도 다수 있었다. 달밭마을로 돌아온 사람들은 마을에 토지를 소유하고 있어서 달밭마을에 재적응하기 쉬운 사람들이었으며, 주로 마을에 기반이 취약한 사람들은 일본에 남아 재일교포가 되었다. 이들은 일본에서 재일본달밭친목회를 조직하여 친목도모와 상호부조를 하였으며, 해방 이후에는 밀항으로 들어온 일시 이주노동자들의 후견인 역할을 감당하기도 하였다.

재일교포들은 달밭마을의 발전을 위하여 마을에 토지를 기부하기도 하고 개발 사업을 지원하기도 하였다. 마을 입구의 소나무밭은 일제강점기에 재일교포들이 기부한 땅이다. 이 일대는 아왜나무가 많아 '아왜낭목'이라고 부르던 곳이다. 마을 풍수상 이곳이 허하다는 구전이 있었기 때문에 재일교포들은 이 땅을 사서 마을에 기부하고 마을에서는 이곳에 소나무를 심어 풍수를 보완하였다. 현재 이곳은 소공원으로 조성되어 주민들이 휴식과 운동을 하는 공간이며 마을 행사장으로도 사용되고 있다. 뿐만 아니라 전기가설 공사에도 재일교포의 역할이 컸다. 1964년 최초로 마을에 전기를 끌어오던 사업에 재일교포들은 공사비 대부분을 기부하였다. 그 외에도 마을 창고 건립, 마을 공동묘지 마련, 마을회관 건립 등과 같은 대규모 마을 사업이 있을 때마다 재일교포들은 재정적 후원자 역할을 감당하였고, 마을에서는 이들의 공덕을 기리는 비석을 세웠다.

해방 이후 제주도에서 일어난 가장 중요한 사건은 4·3사건이다.

4 · 3사건에 대한 시각은 여러 가지가 있을 수 있지만 크게 폭동으로 보는 시각과 항쟁으로 보는 시각, 반란으로 보는 시각 그리고 민중수난으로 보는 시각이 있다(김창민 1995 : 62). 4 · 3사건에 대한 이러한 시각을 종합하면 결국 4 · 3사건은 주체와 과정의 측면에서는 민중항쟁이고, 투쟁의 대상이라는 측면에서 본다면 반제국주의 민족항쟁운동이며, 결과라는 측면에서 본다면 민중수난의 성격을 가진다(고창훈 1988 : 367). 이러한 학문적 관점과는 별도로 제주도 사람들은 4 · 3사건을 민중수난으로 이해하고 있다. 마을마다 '산사람[21]'에 의한 피해와 '토벌대'에 의한 피해가 공존하고 있으며, 또 가족이나 친족이 누구에 의해 피해를 당했느냐에 따라 4 · 3사건에 대한 입장의 차이를 보이고 있다. 뿐만 아니라 오랜 기간 동안 4 · 3사건은 침묵을 강요받은 역사였다. 4 · 3사건에 대해 말하는 것은 국가 권력에 의해서도 통제받았지만, 마을 사람들 사이에서도 말해서는 안 되는 것이라는 묵시적 강요가 있었다. 실제 피해를 당한 것도 고통이었지만 그 피해에 대해 침묵하기를 강요받은 것도 큰 고통이었다.

4 · 3 사건은 제주 무속과 밀접한 관계를 가지고 있다. 제주 무속에서는 '심방'이 굿을 하는 도중 죽은 사람의 영혼을 몸에 받아들이는 빙의 현상, 즉 영계울림을 한다. 다시 말하면 심방이 무속 의례 중 영계울림으로 말을 하는 것은 심방의 말이 아니라 죽은 사람의 영혼이 말을 하는 것이 된다. 이유 없이 몸이 아픈 사람은 심방을 불러 굿을 하고 이 경우 영계울림을 하면 4 · 3 사건 때 억울하게 죽은 사람의 영혼이 심방의 몸을

---

21 제주도에서는 4 · 3사건 당시 총선거를 반대하여 한라산에서 저항을 하던 사람들을 '산사람', 그리고 이를 진압하려던 군인이나 경찰을 '토벌대'라고 한다.

호적중초와 19세기 후반 제주도 마을의 사회구조

빌려 자신의 억울함을 호소하는 말을 한다. 침묵을 강요받아온 제주사람들은 무속 의례를 통하여 자신이 하고 싶고 듣고 싶었던 말을 하는 것이며 이를 통하여 몸의 치유가 일어나게 된다(김성례 1991 참고).

4·3사건은 달밭마을에도 예외 없이 영향을 미쳐 많은 희생자를 만들었다. 달밭마을은 해안에 위치하여 산사람들이 직접 공격을 하는 경우는 그리 많지 않았으나 그럼에도 불구하고 총 3차례의 습격이 있었다. 이들이 습격한 주목적은 식량을 구하는 것이어서 인명 피해는 크지 않았다. 식량을 구하기 위해 밤에 마을로 내려온 산사람들은 우발적으로 사람에게 상해를 입히기는 하였으나 충돌이 있을 경우 다시 산으로 후퇴하였기 때문이다. 반면 경찰과 응원대로 인한 피해는 컸다. 응원대가 마을에 오면 이장에게 닭이나 돼지를 잡아달라고 요구하였으며 사소한 일에도 이장을 구타하여 이 시기에는 이장을 맡기를 서로 꺼렸다. 또한 응원대와 진압군이 산사람들의 본거지를 소탕한 뒤 산사람에게 동조한다는 문서에 서명을 한 마을 사람들을 잡아 집단 학살을 하기도 하였다.[22] 다른 마을에 비해 달밭마을의 집단 학살은 그 규모가 크지는 않았지만 마을 사람들은 4·3사건에서 위기의식과 공포감을 느끼기에 충분하였고 일본으로 도주하는 경우도 다수 있었다.

4·3사건은 마을의 인구 구성과 사회적 관계에도 많은 영향을 미쳤다. 4·3사건에서 집단 학살을 당한 자들이나 학살을 피해 일본으로 도주한 사람들은 대부분 청장년의 남자들이어서 인구 구성상 여초현상이 심하게 되었다. 그리고 중장년 인구가 감소하여 노년층의 비율이 증가

22　달밭마을에서는 11명이 하루에 집단 학살을 당하는 사건이 있었다. 이들은 선세빈 쪽모 아래에서 집단 학살을 당했다고 한다.

하게 되었다. 4·3사건의 와중에 일어난 한국전쟁은 제주도 사람들이 자신의 이념적 정체성을 확인하는 계기를 제공하였다. 자신이 산사람의 입장에 반대한다는 것을 외부적으로 표현하기 위하여 제주도의 청년들은 해병대로 자원입대하기도 하였다. 전쟁 중에 모집된 해병대 2기와 3기에는 제주도 출신자들이 많았으며 이들은 한국전쟁에서 적극적으로 전투에 참여하였다. 한국전쟁에서 해병대가 '귀신 잡는 해병대'라는 별명을 얻게 되었는데 그것은 제주도 출신 해병대원들이 죽기를 각오하고 싸웠기 때문이라고 한다.[23]

한편 4·3사건의 영향으로 마을 사람들의 사회관계도 변화되었다. 이전까지는 궨당관계나 갑장 등 연령관계에 의해 유지되던 사회관계가 4·3사건 이후 이념적인 요소의 영향을 받게 되었다. 즉, 가족이나 친족이 산사람과 토벌대 중 어느 쪽에 의해 피해를 입었는가에 따라 인간관계가 새롭게 형성되기 시작하였다. 그러나 이런 인간관계는 공개적으로 나타나지 않고 암묵적으로 유지되었다.

1960년대부터는 마을 개발 사업이 진행되었다. 마을 개발 사업에는 주민과 재일교포들도 참여하였으나 정부의 역할이 가장 두드러졌다. 즉, 1960년대는 부흥부 산하의 지역사회개발계가 마을 개발 사업을 주도하였으며 1970년대에는 정부 주도의 새마을 운동이 이를 주도하였다. 정부 주도의 개발 사업으로 도로나 주택이 변화되고 새로운 시설들이 마을에 들어서면서 마을의 외관은 많이 변화되었다. 그리고 이 과정

---

23 이 당시 해병대에는 제주도 출신들이 많아서 암구호를 제주도 방언으로 하기도 하였다고 한다. 특히 2기와 3기로 해병대 복무를 한 제주사람들은 해병대에 대한 자부심이 아주 크다.

　　　　　　　　　　　호적중초와 19세기 후반 제주도 마을의 사회구조

에서 주민들은 무상으로 토지를 내어놓거나 노동력을 제공함으로써 이 개발 사업에 참여하게 되었다. 정부는 개발사업에 주민 부담을 필수적으로 요구함으로써 주민의 부담이 컸으며, 주민 자체의 역량으로 이를 감당하지 못할 경우에는 재일교포나 마을 출신 유력자에게 협조를 구하기도 하였다. 그러나 정부는 생산기반시설보다 환경개선사업과 공공시설 건축에 주력하여 이러한 개발 사업에도 불구하고 마을 주민의 생활 여건과 경제적 수준은 크게 개선되지 못하였다(전경수, 한상복 1999 : 150).

반면 이들의 경제적 지위를 획기적으로 개선한 것은 민간 차원에서 도입된 밀감농사였다. 재일교포와 일본에 거주하던 사람들은 일본에서 개발된 온주 밀감 묘목을 제주도에 소개하고 보급시켰으며, 이는 제주도의 경제를 획기적으로 개선한 계기가 되었다. 1970년대 이후 밀감나무는 '대학나무'란 별칭을 가질 정도로 경제적 기여도가 컸으며 제주도 전역이 밀감 과수원으로 변화되어 갔다. 밀감농사의 확대로 제주도에서는 경제성장이 일어나 주택 개량 등 주거 환경이 개선되었으며 제주시나 서귀포 등 도시에서의 소비 규모도 증가하였다. 그리고 마을 개발 사업에서도 더 이상 재일교포의 도움에 의존하지 않게 되었다. 그러나 밀감농사의 확장은 필연적으로 밀감 생산량을 증가시켜 가격 하락이 불가피하게 되었다. 이에 따라 제주도 농민은 재배할 새로운 작목을 모색하게 되었다.

밀감농사의 한계에 직면한 제주도 농민은 비닐하우스를 이용한 시설농업에서 새로운 활로를 모색하였다. 제주도는 비닐하우스를 이용하여 파인애플과 바나나 그리고 화훼를 재배하여 본격적인 환금작물 경제시대에 접어들었다. 이런 아열대 작목은 제주도 내에서도 상대적으로 기온이 높은 한라산 남쪽 지역부터 활성화되었다. 그리고 집적의 효과를 지향하여 마을간 작목의 특성화도 이루어졌다. 서귀포 일대에서 바나나는 법환마을에, 파인애플은 강정마을에, 그리고 화훼는 달밭마을에서 특성화되었다. 비닐하우스를 이용한 시설농업은 적은 면적의 농업으로도 높은 수익을 올릴 수 있었기 때문에 특히 젊은이들이 선호하였다. 외국농산물 수입이 제한되었던 1990년대 초까지 시설농업은 단위 면적당 높은 생산성을 보장하였기 때문에 전국적인 이촌향도 현상에도 불구하고 제주도에는 젊은이들이 마을에 남아 농업에 종사하는 것을 가능하게 하였다. 제주도 농촌은 새로운 경제성장 시기를 맞이하였다.

그러나 1990년대 초에 실시된 외국농산물 수입 개방은 시설농업에 치명적인 영향을 미쳐 파인애플, 바나나 등과 같은 열대과일 생산을 더 이상 유지할 수 없게 만들었다. 비닐하우스를 이용한 열대과일 생산은 생산비가 많이 들기 때문에 열대 지역에서 생산되는 열대과일과 가격 경쟁을 할 수 없었기 때문이다.

열대 과일 재배가 불가능해지면서 제주도에서는 다시 시설을 이용한 밀감류 생산이 모색되었다. 기존에 설치되었던 비닐하우스에 한라봉, 천혜향, 황금향, 레드향과 같은 만감류 밀감이 재배되기 시작한 것이다. 달밭마을도 이런 변화에 예외가 아니었다. 달밭마을은 외국농산물 수입 개방의 영향을 비교적 적게 받았다. 달밭마을에서는 시설농업으로 열대 과일을 생산한 것이 아니라 백합, 거배라 등과 같은 화훼류를 생산하였기 때문이다. 그러나 농산물 수입 개방으로 열대 과일을 생산할 수 없게 된 이웃 마을의 농가에서 화훼류 생산으로 전환하는 사람들이 증

호적중초와 19세기 후반 제주도 마을의 사회구조

가하면서 결국 달밭마을의 화훼 농가도 생산량 증가라는 피해를 받게 되었다. 달밭마을에서도 화훼류를 대체할 새로운 작목을 모색하게 되었고 역시 밀감류 생산에서 활로를 모색하였다. 이들은 일본을 여행하면서 새로운 작목에 대한 정보를 얻어 시험적인 재배를 하거나 다른 농가가 시도한 새로운 작목 재배를 학습하면서 새로운 모색을 멈추지 않고 있다.

제주도의 가장 중요한 산업인 관광산업은 달밭마을에서는 그리 활발하지 않다. 우수한 자연경관에도 불구하고 접근성이 좋지 못하여 자연경관 개발이 미진할 뿐 아니라 대규모 관광 시설에 대한 투자도 이루어지지 않고 있다. 최근 올레길의 개발로 마을을 걸어서 지나가는 사람들이 증가하기는 하였지만 전반적으로 관광 개발이 미진하여 달밭마을은 아직까지 제주도의 전통마을 경관을 비교적 잘 유지하고 있다. 또한 외지인의 유입도 그리 많은 편은 아니다. 달밭마을은 여전히 농업이 가장 중요한 산업이며, 마을 주민들의 인간관계도 농업에 기반을 둔 전통성을 유지하고 있다.

달밭마을의 역사는 제주도 전체의 역사와 마찬가지로 저항과 적응의 역사라고 할 수 있다. 마을의 형성과정에는 조세를 통한 관의 수탈과 이를 피하기 위한 주민의 이동이 적극적으로 작용하였으며, 일제강점기에도 일제에 의한 수탈이 극심하였다. 이러한 관과 외부의 힘에 의한 지배에 대해 마을 주민들은 적극적으로 저항하기도 하였으며 소극적으로 피난하기도 하였다. 19세기의 민란이나 일제강점기에 일어난 보천교의 항일운동 그리고 4·3 사건 등은 저항의 대표적인 예라고 할 수 있으며, 호적에 등재를 피하거나 지발적으로 유민이 되는 것, 그리고 타지역으로 이주하는 것 등은 적응의 예라고 할 수 있다.

저항과 피난의 과정은 필연적으로 마을 주민의 이동을 초래하였다. 호적중초를 통해서 보면 마을의 형성 초기부터 주민의 이동이 빈번하였음을 알 수 있을 뿐 아니라 일제강점기, 그리고 4·3사건이라는 정국에서도 주민의 이동이 빈번하였다. 해방 이후 그리고 한국전쟁 이후 경제적 성장이 일어나기 전에도 생존의 터전을 찾아 주민들의 이동이 잦았다. 또한 마을 개발 사업과 환금작물이 보급된 다음 마을의 경제적 성장이 일어난 후에는 마을 주민의 이동은 줄어든 반면 외부인의 유입이 증가하기도 하였다. 마을 주민들이 마을을 떠나 타지역으로 이주한 것은 마을에서의 삶이 척박하고 힘들었기 때문이다. 그리고 역사적 경험은 인구의 이동이란 측면에서 마을의 역동성을 초래한 중요한 원인이 되었다.

이러한 인구 이동에도 불구하고 제주도 마을은 지역 공동체로서 기능하고 있다. 마을을 구성하는 사람은 지속적으로 변화하였음에도 불구하고 마을은 구성원을 통합하는 역할을 하고 있다. 즉, 마을에는 공유 자산을 이용하는 규칙이 발달해 있으며 구성원이 누구인지를 확인하는 문화적 규칙들이 존재하고 있고 농업과 일상생활에서 주민들 사이의 협력 관계도 발달하였다. 제주도에서는 개인의 정체성이 지역성으로 나타난다. 출생하여 성장한 마을이 자신의 정체성을 구성하게 되며 처음 만나는 사람들 사이에서는 늘 어느 마을 사람인지 먼저 확인함으로써 상대방을 인식한다. 이런 지역성과 지역 공동체성은 마을 주민들 사이에 특정한 사회적 관계성의 기초가 존재하고 있음을 의미한다. 한국문화에서 이 사회적 관계성의 기초는 친족원리라고 할 수 있다. 친족원리는 친족집단을 중심으로 형성된 혈통적 인간관계를 말하며 세대와 출생 순위가 인간관계의 기초였다. 그리고 친족원리는 조상숭배의례를 중심으로 학습되고 계승되었다. 그러나 제주도에는 부계혈통집단을 구성하는 친족원리가 발달하지 못하였다. 제주도에는 문중(門中)을 비롯한 친족집단의 구성이 빈약하며 동족마을의 형성도 미약하였다. 마을의 규모가 육지부에 비해 월등히 크기 때문에 마을 내에서도 친족원리가 작동할 여지가 적다. 친족원리가 발달하지 못한 제주도에서 마을 사람들 사이에 존재하는 사회관계의 기초가 무엇인지를 밝히는 것이 이 연구의 출발점이다.

호적중초의 자료적 성격과
달밭마을의 호적중초[1]

1) 호적중초(戶籍中草)의 자료적 성격

문헌 자료를 통해 과거의 사회적 사실을 규명하고자 하는 연구에서는 문헌 자체에 대한 비판적 성찰이 필요하다. 자료로서 문헌은 과거의 사실에 대한 기록으로서 공적인 성격을 가지지만 저자의 관점이나 저술의 배경이 내용에 개입되어 있다. 따라서 문헌의 성격이나 한계를 정확하게 이해하지 못한다면 문헌 자료에 기초한 해석 역시 오류를 범할 가능성이 크다. 제주도의 호적중초는 그것이 작성된 시기의 인구와 가구 그리고 혼인 상황을 이해하는 매우 중요한 자료이지만 이를 분석하기 위해서는 먼저 이에 대한 비판적 고찰이 선행되어야 한다. 호적중초 자료가 가지는 성격과 한계를 올바로 이해하여야만 호적중초에 기록된 내

---

1   이 부분은 역사학자들의 연구 성과를 활용하였으며 필자의 기존 연구(김창민 2010 : 200-205)를 수정 · 보완하였다.

용의 실제 모습을 이해할 수 있고, 이에 기초한 자료 해석이 타당성을 가지기 때문이다.

호적중초의 자료적 성격을 이해하기 위해서 먼저 조선시대 호적제도에 대한 이해가 선행되어야 한다. 호적중초를 비롯한 호적 자료는 호적제도 아래에서 작성되었기 때문이다. 즉, 조선시대 호적제도가 어떤 목적에서, 그리고 어떤 방법으로 시행되었는지를 이해해야만 호적 자료의 성격을 이해할 수 있다.

우선 호적은 특정한 지역에 거주하는 인구와 호구를 파악하기 위한 것으로서 조선시대 이전부터 존재하였다. 그러나 본격적인 호적조사는 조선시대에 이루어졌다. 조선시대에 인구와 호구를 파악한 목적은 백성에게 군역과 조세를 부과하기 위해서였다. 조선시대는 신분사회였기 때문에 군역과 조세는 모든 백성이 부담하는 것이 아니라 일정한 신분에 해당하는 사람만 부담하였다. 즉, 조선시대에 신분은 개인이 사회적으로 담당해야 하는 의무 또는 역할을 나타내는 것이기도 하였다. 따라서 호적에는 신분에 해당하는 의무 또는 역할을 드러낼 수 있도록 개인의 직역을 표기하였다. 결국 호적은 국가가 백성을 지배하고 통치하기 위한 수단이었으며 중앙집권화가 진전될수록 호적의 중요성은 더 커지게 되었고 그 기록도 더 정확하게 되는 경향을 보였다. 요컨대 호적은 국가가 백성을 지배하기 위한 수단으로 작성된 것이다.

조선시대 호적에는 크게 호구단자(戶口單子)와 호적중초(戶籍中草) 그리고 호적대장(戶籍大帳)이 있다. 그리고 이 세 가지 호적 자료는 서로 유기적으로 연결되어 있다. 우선 호구단자는 각 호구에서 작성한 것으로서 호적중초의 기초가 된다. 호구단자는 호적중초 및 호적대장의 기

호적중초와 19세기 후반 제주도 마을의 사회구조

초가 되기 때문에 가장 먼저 만들어졌으며, 따라서 호적대장 작성의 기준 연도인 식년(式年)이 아니라 그 전해에 작성되었다(권내현 2001 : 67). 그러나 가구 구성원의 나이는 식년에 맞추어 기재하여 호적중초 및 호적대장과 호구단자의 내용을 일치시키고자 하였다. 호구단자는 호주가 작성하여 호적소에 신고하였으며 호적소 직임들은 이를 그 전에 작성된 호적중초와 대조하여 확인하였을 뿐 실제로 호구를 방문하여 조사한 것은 아니었다. 따라서 호주가 임의로 호구 구성원의 수를 줄이거나 나이를 왜곡하였을 수도 있었다(권내현 2001 : 70). 실제 호구단자와 호적중초를 시계열적으로 분석해 보면 직역이 지속적으로 상승하고 있다거나 나이가 갑자기 10세 이상 변화하는 것을 볼 수 있다. 이는 호주들이 조세와 군역을 피할 목적으로 의도적으로 오기하였으며 이런 오기가 관행적으로 용인되었을 것으로 짐작된다.

　호적중초에서도 이런 왜곡이 그대로 남아 있는 것은 호적소 직임들이 확인 작업을 제대로 하지 않았거나 아니면 알고도 묵인하였기 때문이다. 알고 묵인하였다는 것은 실제 호적 조사가 사실을 그대로 조사한 것이 아니라 일정한 기준에만 부합하면 어느 정도의 오기는 통용되었음을 의미한다. 따라서 호적중초나 호적대장에 기록된 내용이 사회적 사실을 정확하게 반영하고 있는 것은 아니라고 이해하는 것이 호적 자료에 대한 기본적 인식이 되어야 한다. 즉, 호적 자료를 종합적으로 고찰하여 보면 출생하였지만 호구단자에 기재하지 않다가 20세 전후에 기록하는 경우나 한동안 나이를 실제보다 적게 기록하다가 갑자기 올려서 기록한 경우, 직역이 변화하는 경우 그리고 노비의 누락 등이 광범위하게 나타나고 있다는 것을 알 수 있다. 호구단자는 호주가 작성한 것으로서 호적의 기초이지만 가장 자의적으로 기록되어 있었으며 따라서 국가의 지배에 대한 민간의 대응 전략을 이해하는 방편이 될 수 있다. 다시 말하면 호적은 국가가 백성에게 조세와 군역을 부과할 목적으로 작성되었지만 조세와 군역의 부담을 줄이고자 하는 민간의 대응이 호구단자의 내용을 왜곡하는 것으로 나타났던 것으로 이해할 수 있다.

호적중초는 호구단자를 종합하여 각 면리별로 호구와 인구를 파악한 것으로서 호적대장의 기초가 된다. 호적중초는 호구단자와 호적대장을 연결시키는 공식적 문서인 셈이다. 호구단자의 작성 시기가 식년의 전해로 앞당겨지면서 호적중초를 작성하는 과정에는 더 많은 절차가 만들어졌다. 즉, 호구단자를 수합하여 통을 구성하는 일이 이 과정에서 이루어졌으며, 도망한 자와 이주해 온 자, 이주해서 나간 자, 새로 출생한 자 등을 기록하는 일을 비롯하여 호구의 변화 상황을 기록하는 일도 이때 이루어졌다. 이는 형식적으로는 호구를 정확하게 파악하기 위한 것이었지만 실제적으로는 각 면리에 따라 호구와 인구의 수를 조정하는 작업이기도 하였다. 즉, 군현으로부터 면리별로 호구와 인구가 할당되면 호적중초를 작성하는 과정에서 할당된 수에 맞추어 등재할 사람과 등재하지 않을 사람을 정한 것이다.

호적중초는 호적소에서 작성하였기 때문에 공식적인 문서의 성격을 가졌다. 호구단자는 가구에서 작성하였기 때문에 관의 공식적인 인증이 없었지만 호적중초는 관의 공식적인 도장이 찍혀 있으며 문서의 말미에 작성 책임자의 직책과 성명 또는 수결이 기재되어 있어서 공식 문서로서의 성격을 보여주고 있다.

한편 호적중초는 지역에 따라 작성된 내용이 다소 상이하였다. 즉,

경주 양좌동 초안과 거제 향리의 호적중초에는 현존 호구수의 파악에만 중점을 두어 호구 구성원의 이름과 나이 등만 간략하게 기록하고 호주와 처의 조상에 대한 기록은 빠져있으며, 둔덕방의 호적중초는 호적대장과 형식이 일치하여 호적대장과 내용상 차이가 없으나 제주도의 호적중초는 호적대장과 형식이 일치하면서도 각종 부가 정보가 기재되어 있다(권내현 2001 : 77). 즉, 제주도의 호적중초에는 출생, 사망, 이주, 도망 등과 같은 내용이 호적중초에 추가로 기재되어 있으며, 각 호구별로 남녀의 총수를 기재하기도 하고 규모에 따라 호구를 분류한 정보를 기재하기도 하는 등 여러 가지 부가적 정보가 담겨 있다. 이는 제주도에서 호적중초를 작성하는 과정에 더 많은 확인과 수정 작업이 개입되었음을 보여주는 것이며 따라서 제주도의 호적중초는 다른 지역의 호적중초에 비해 더 많은 정보를 담고 있고 정확성을 확보하려는 노력을 하였다고 평가할 수 있다. 이런 부가적 정보 때문에 제주도의 호적중초는 다른 지역의 호적중초에 비해 호적중초가 작성되었던 시기의 사회상을 이해하는 보다 좋은 수단이 될 수 있다.

제주도의 호적중초가 다른 지역에 비해 그 내용을 더 철저하게 확인하였던 것은 제주도의 특수한 상황 때문이었다. 조선 후기에 제주도는 지역의 방어를 위한 비용을 자체적으로 조달하였다. 제주도는 다른 지역에 비해 군역이 중요하여 군역을 위한 호구 조사가 더 철저하게 이루어질 필요가 있었다. 군역은 직접 군사적 직임을 담당하는 방법도 있지만 군사적 직임을 담당하지 않는 대가로 세금을 납부하는 방법도 있었다. 어느 방법으로 군역을 담당하게 하든 관의 입장에서는 호구의 조사를 정확하게 할 필요가 있었다.

호적대장은 호적중초를 종합하여 작성한 것으로서 군현 단위로 호구와 인구를 파악하는 것이다. 호적대장은 규모가 방대하였기 때문에 호적중초의 내용을 분석하여 각종 성책(成冊)을 따로 작성하도록 하였다. 이렇게 작성하여야 하는 성책은 29종이나 되었으며 그 가운데 가좌성책(家座成冊)이 가장 중요하게 이용되었다(권내현 2001 : 84). 가좌성책은 호구 구성원의 직역과 이름을 비롯하여 가옥의 크기, 소유하고 있는 전답의 규모, 보유하고 있는 우마의 수 등을 기재한 것으로서 호구의 경제적 실상을 파악할 수 있는 것이었다. 따라서 조세를 부과하기 위한 목적이라는 관점에서 보면 가좌성책은 호적보다 더 중요한 자료로 활용되었다. 실제 가좌성책이 중요하게 활용되고 그 내용도 정확하였기 때문에 호적은 다소 부정확하게 기록될 수 있는 여지가 있었다.

호적중초와 성책이 완성되면 호적소에서는 호적대장을 작성하였다. 국가에서는 호적을 정확하게 파악하기 위하여 호구단자의 작성에서부터 호적중초를 관청에 제출하는 과정까지 엄격한 법률로 이를 관리하려고 하였으나 실제 호적의 작성 과정에서는 어린 남자아이와 미혼의 여성의 경우 누락되는 경우가 심하였으며 군역을 피하고자 나이를 왜곡하는 사례도 빈번하여 이런 국가의 의도가 철저하게 관철되지는 못하였다. 국가가 호적을 조사한 이유는 크게 군역과 조세를 부과하기 위해서이다. 따라서 국가에서는 호구를 정확하게 파악하여 조세와 군역을 엄격하게 부과하고자 하였으나 개별 호에서는 이 부담을 줄이고자 호구조사에서 빠지거나 인구수를 줄여서 보고하고자 하는 경향이 있었다. 즉, 호적 조사를 두고 국가와 개별 호 사이에 긴장 관계가 조성되어 있었다. 국가는 철저하게 호구를 조사하고 기록하고자 하였지만 백성들은

호적중초와 19세기 후반 제주도 마을의 사회구조

조사를 피하여 호적에 등재되지 않으려고 한 것이다. 따라서 실제 호적 조사에서는 이 원심력과 구심력에 대한 조정이 필요하다고 인식되었으며 제도적으로 이를 반영하고자 하였다.

이 원심력과 구심력에 대한 제도적 조정은 호적 조사 방법으로 나타났다. 조선시대 호적중초와 호적대장을 작성하는 방법에는 크게 두 가지가 있었다. 하나는 핵법(覈法)이며 다른 하나는 관법(寬法)이다. 핵법(覈法)은 호구의 실수를 정확하게 밝히기 위하여 실제의 생활 단위 즉, 자연호를 기준으로 정확하게 호구를 작성하는 방법이며, 관법(寬法)은 모든 가구와 인구를 빠짐없이 기록하는 것이 아니라 중앙에서 실제 가구와 호구를 참작하여 각 군현에 가구와 인구수를 배정하면 각 군현에서는 이에 맞추어 각 면리를 단위로 호적대장과 호적중초를 작성하는 방법이다. 핵법이 정확한 방법이기는 하지만 호구 조사가 부역과 공납의 기준이 되기 때문에 핵법으로 호적대장을 작성할 경우 백성들이 감당해야 하는 부역이나 조세의 부담이 커지게 된다. 또한 호적을 작성하는 과정에서 호구 조사를 피해 도망을 가는 호가 늘어나거나 아전들의 이권이 개입될 수 있다는 점에서 핵법보다는 관법에 의해 호적대장을 작성하는 것이 더 합리적이라고 판단되었다(이창기 1999 : 232-233 참고). 다산 정약용도 가좌성책은 핵법으로 작성하여야 하지만 호적은 관법으로 조사하여야 한다고 주장하여 실제 백성들이 부담하는 조세와 군역의 부담을 경감시키고자 하였다.

관법에 의해 호적중초와 호적대장이 작성되었다는 사실은 호적중초와 호적대장의 정보가 인위적인 개입으로 실제 사실을 정확하게 반영하지 못하고 있다는 것을 의미한다. 즉, 군현에 배정된 가구수와 인구수에 맞추어 호적대장을 작성하였기 때문에 누락된 가구나 인구가 있을 뿐 아니라 사망한 사람이 여전히 기록에 남아 있는 경우도 있을 수 있었다. 특히 이런 왜곡은 성인이나 여성보다 남자와 어린이, 특히 남자 어린이 에게 더 많이 나타났다. 부역과 조세는 성인에게 부과되는 것이기 때문 에 성인은 할당된 수에 맞추어 등재를 하여 비교적 정확한 조사가 실시 되었을 것이지만 조세와 부역의 대상이 아닌 어린이의 경우에는 등재 할 필요성이 크지 않았으며, 조세와 부역의 부담을 지게 되는 나이가 되 었을 때 등재하여도 늦지 않았기 때문에 생략이 대규모로 일어나게 되 었다.[2]

호적대장과 호적중초 모두 관법에 의해 작성되었지만 상대적으로 호적중초는 호적대장에 비해 실제 상황을 더 정확하게 반영하고 있었 다. 다산 정약용이 목민심서에서 '중초란 초본이다. 이것은 대장에 비하 여 좀 더 사실에 따른 것이다'라고 지적한 바와 같이 호적중초는 출생 과 사망, 가족 구성과 변동 상황, 인구 구성 등에서 호적대장에 비해 보 다 정확한 것이었다. 이는 호적대장이 군현을 단위로 호구를 파악한 것 인 반면 호적중초는 면리를 단위로 호구를 파악하였기 때문이다(양진석 1992 : 4 참조). 따라서 호적중초는 호적대장에 비해 조선 후기의 사회상 을 밝히는 자료로써 더 유용하게 사용될 수 있다.

조선시대 호적 조사는 3년마다 실시되었다. 호구단자에서 출발하여

---

2 이런 경향은 덕수리의 호적중초를 분석한 이창기의 연구(1999 : 242)에서 이미 지적된 바 있다. 이창기는 호적중초 등재자를 인구통계학적으로 분석하여 15세 미만인 사람이 지나치게 적은 반면, 60세 이상인 자가 지나치게 많다는 점을 지적하면서 호적중초 작성 에 작성자의 의도가 개입되었음을 주장하였다.

호적중초와 19세기 후반 제주도 마을의 사회구조

최종적으로 호적대장이 작성되는 해를 호적식년(戶籍式年)이라고 하였다. 호적식년은 자년(子年), 묘년(卯年), 오년(午年), 유년(酉年)이다. 그러나 호구단자의 작성에서부터 호적대장을 작성하기까지는 많은 시간이 필요하였기 때문에 호적을 작성하는 출발점인 호구단자는 그 전해에 작성되었다. 그럼에도 불구하고 호구단자 및 호적중초에 기재되는 나이는 호적식년에 맞추어서 기록하였다. 한편, 호적대장은 1896년까지는 호적식년의 주기에 따라 3년마다 작성하였으나, 1896년 이후에는 호적조사규칙의 개정으로 매년 호적을 작성하여 호구의 파악을 더 면밀히 하고자 하였다.

호적대장을 작성하기 위하여 각 가구에서는 호구단자를 작성하여 마을에 제출하고 마을에서는 호구단자를 기초로 호적중초를 작성하여 관에 제출하였다. 관에서는 호구단자와 호적중초를 기초로 하여 호적대장을 작성하였다. 호적대장은 호구 조사의 최종본으로서 한성부와 감영에 각각 1부씩 보내고 군현에서 1부 보관하였으며, 호적중초는 호적소에서 호적대장을 작성한 후 관인을 찍어 다시 마을로 내려보내었다. 따라서 호적중초는 마을에서 보관하고 관리하였으며, 관리가 제대로 되지 않은 마을은 호적중초가 남아 있지 않지만 관리를 제대로 한 마을에는 호적중초가 남아 있게 되었다.

육지부 마을에는 호적중초가 그리 많이 남아 있지 않지만 제주도에는 호적중초가 많이 남아 있다. 이는 한국전쟁의 피해를 제주도가 상대적으로 적게 입은 결과이기도 하지만 제주도 마을은 문헌 기록을 보관하는 전통이 강하게 남아 있었기 때문이기도 하다. 제주도 마을에는 일반적으로 두갑이라고 하는 문서 보관함이 있었다. 도집은 구토 오동나무로 만들었으며 내부는 나무 색상과 결을 그대로 유지하였지만 외부는 옻칠을 하였다. 그리고 함부로 도갑을 열 수 없도록 자물쇠를 달아두었다. 제주도에서는 마을의 주요문서를 이 도갑에 보관하는 전통이 있었다.[3] 이런 전통이 제주도에서 호적중초 자료가 많이 남아 있는 원인으로 작용하였다.

호적중초에서 호구는 [그림 2]와 같은 양식으로 기록되었다. 호주는 직역과 이름, 나이, 본관, 부의 직역과 이름, 조부의 직역과 이름, 증조의 직역과 이름, 외조부의 직역과 이름, 본관이 기록된다. 배우자는 성과 나이, 본관, 부의 직역과 이름, 조부의 직역과 이름, 증조부의 직역과 이름, 외조부의 직역과 이름, 본관이 기록된다. 며느리나 제수 등 혼인으로 호구원이 된 사람은 호주와의 관계, 성씨, 나이 그리고 부의 이름이 기록되고, 나머지 호구원은 호주와의 관계, 직역, 이름, 나이가 기록된다. 그리고 호구의 여백에는 호구의 남자 수와 여자의 수가 필기되어 있으며 종종 수정된 흔적도 보인다. 이는 호구원의 수는 호적중초를 작성한 뒤 확인하는 과정에서 추가로 기입된 것이라는 짐작을 가능하게 한다.

---

3   조선시대에는 중요한 문서나 서책을 갑(匣)에 보관하였다. 일반적으로 서책을 보관하던 상자를 책갑(冊匣)이라고 하였다. 제주도에서는 책갑이란 용어 대신 도갑이라는 용어가 사용되고 있다. 달밭마을에서는 지금도 마을 중요 문서는 도갑에 보관하고 있다.

호적중초와 19세기 후반 제주도 마을의 사회구조

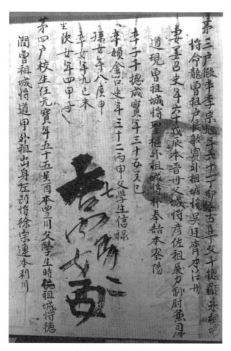

[그림 2] 호구의 사례

　　[그림 2]에서 보는 바와 같이 호적중초에는 여러 가지 부가적 정보
가 기록되어 있다. 우선 각 가구원의 기록 위에는 점을 찍었다. 이는 호
적중초를 호구단자 또는 그 전에 작성한 호적중초와 대조하는 과정에서
일일이 가구원을 확인한 흔적으로 보인다. 또한 새롭게 출생하여 호구
에 등록된 자는 그 위에 생(生)이라고 써서 표시를 하였다. 호의 구성원
을 기록한 여백에는 가구원 수의 합과 남자의 수 및 여자의 수를 기입하
였으며, 새롭게 출생한 사람 때문에 수가 변화된 경우에는 수정하여 다
시 기록한 흔적도 보인다. 이런 사실은 비록 호적중초가 관법에 의해 작
성됨으로써 인구를 비롯한 사회적 실새를 성확하게 남고 있시는 뭇하지

만 호적중초의 작성 원리라는 기준에서는 정확성을 기하기 위해 노력하였음을 보여주는 것이다.

호주는 남자가 맡는 것이 원칙이었다. 대부분의 호주는 남자였으며 호주가 죽으면 호주의 아들이 호주를 맡았다. 그러나 아들이 어린이일 경우에는 예외적으로 죽은 호주의 아내가 호주를 맡기도 하였다.

호구단자를 모아 호적중초를 만드는 과정에서 통(統)이 구성되었다. 초기에는 오가작통(五家作統)의 원칙에 따라 다섯 호를 하나의 통으로 구성하였으며, 마지막에 3호나 4호가 남으면 별도의 통을 구성하고 1~2호가 남으면 마지막 통에 포함시켰다. 통의 구성은 원칙적으로는 지리적 위치에 따라 차례대로 하였으나 이 원칙이 철저하게 지켜지지는 않은 것 같다(권내현 2001 : 78). 왜냐하면 인구의 이동에 의해 통에서 빠지는 가구와 새롭게 진입하는 가구가 있으면 지리적 위치에 따라 새롭게 호를 구성한 것이 아니라 빠진 자리에 새로운 가구를 넣어 통을 작성하는 경우도 있었기 때문이다.

통이 구성되면 통수(統首)도 정하였다. 통수는 일반적으로 평민이나 양반가의 노비층에서 충원하였다(권내현 2001 : 78, 손병규 2007 : 92). 이는 통수가 통의 관리자나 대표자가 아니라 실무 담당자였음을 의미한다. 마을에서 신분이 높은 사람들은 통수가 되기를 기피하였으며 신분이 낮은 사람들로 통수를 담당시켰다. 통상 통수는 각 통의 1호 호주가 담당하였지만 그렇지 않은 경우도 다수 있었다. 특히 1호의 호주가 여자면 2호의 호주를 통수로 하였다. 이는 통수는 남자가 담당하여야 한다는 원칙이 있었음을 보여주는 것이다.

호적중초에는 가구수와 인구수를 확인한 흔적이 잘 남아 있다. 다른 지역으로 이주하였거나 도망을 간 호구는 따로 표시하였으며, 나이나 직역을 수정한 흔적도 있다. 이는 호적중초를 작성하는 과정에서 호구단자를 단순히 취합한 것이 아니라 사실에 부합하도록 확인하는 과정을 거쳤음을 의미한다. 또한 호구별 남녀의 수를 적어두었으며 호적중초의 말미에는 마을의 총 호구수와 인구수, 그리고 남정(男丁)과 여정(女丁)의 수를 기입하였다. 이는 호적중초의 작성 과정에 호구와 인구의 확인을 면밀하게 하였음을 의미한다.

그럼에도 불구하고 호적중초 말미에 기록된 인구의 수는 실제 기록된 인구와 차이를 보이기도 하였다. 예를 들면 달밭마을의 1867년 호적중초의 경우 호적중초의 말미에는 남 55구(口), 여 85구, 합 140구로 적혀 있으나 실제 호적중초에 기록된 사람은 남 58명, 여 90명으로 총 148명이었다. 이는 단순히 각 호구원의 수를 합산하는 과정에서 생긴 계산상의 실수일 수도 있으나 호적중초를 관법에 의해 작성하는 과정에서 마을에 배정된 인구의 수인 140구(口)를 맞추는 것과 실제 가구의 인구를 기록하는 과정상의 불일치일 수도 있다. 달밭마을의 경우 이 불일치는 모든 호적중초에서 일관되게 나타나고 있다.

호적중초의 작성에는 면리별로 이정(厘正), 감고(監考), 별유사(別有司), 존위(尊位) 등의 직책을 가진 사람이 관여하였다. 호적중초의 말미에는 이런 직책을 가진 사람들의 이름과 수결이 있어서 이들의 책임하에 호적중초 작성이 이루어졌음을 알 수 있다. 다만 이런 일을 담당한 사람들의 직책은 지방마다 다소 달랐다. 지역에 따라서는 별감(別監), 면임(面任), 도통수(都統首) 등의 직책이 이 일을 담당하기도 하였다(권내현 2001 : 76). 제주도의 경우 이정과 감고가 실무를 담당하고 별유사와 존위는 실무자가 작성한 것을 확인하였던 것으로 보인다. 이정과 감고는 신분이 평민이나 중인이었으며 별유사와 존위는 이들보다 더 상위의 신분이었을 뿐 아니라 이정과 감고는 직책 아래에 이름을 쓴 반면 별유사와 존위는 직책 밑에 이름 대신 수결을 하였다는 점(권내현 2001 : 76)에서 이런 판단이 가능하다.

비록 호적중초가 실제의 가구와 인구를 정확하게 반영하지 못하고 있기는 하지만 당시의 사회상을 이해하는 자료로서의 가치는 충분하다. 우선 호적중초는 가구원의 직역과 이름, 성별, 나이, 배우자 정보, 조상의 이름 등과 같은 무수한 사회·인구학적 정보를 담고 있다. 이 사회·인구학적 정보는 호적 작성 과정과 그것에 기초한 사료 비판이 적절하게 이루어진다면 당시의 사회상을 이해하는 중요한 자료가 될 수 있다. 특히 친족관계와 혼인관계를 파악하는 데 호적중초는 중요하게 활용될 수 있다.

호적중초는 혈통과 혼인에 관한 정보를 다수 담고 있어서 당시의 친족관계를 이해하는 중요한 수단이 된다. 호적 작성 과정과 배경에서 살펴본 바와 같이 가구원의 나이나 존재 유무가 사실과 다르더라도 조상의 이름과 혼인관계는 비교적 정확하게 기록되어 있어서 이를 분석하면 친족관계와 혼인관계를 정확하게 파악할 수 있고 이를 기초로 사회구조를 이해할 수 있기 때문이다.

호적중초의 사료적 가치는 이 자료를 통시적으로 읽을 때 더 두드러진다. 즉, 호적의 작성은 비교적 일관된 원칙을 가지고 이루어졌기 때문에 매 식년마다 작성된 호적 자료를 시계열적으로 읽으면 사회변동의 양상을 비교적 정확하게 해석할 수 있다. 호적중초를 시간적 차이를 두고 읽으면 마을에 거주하는 가구의 변화와 가구 구성원의 변화를 알 수 있으며, 혼인관계의 성립도 알 수 있다. 즉, 호적중초를 통하여 인구 이동, 분가, 혼인관계 변화 등 통시적 변화를 알 수 있을뿐더러 이런 변화는 조선 후기의 사회상과 그 변화를 독해하는 중요한 근거가 될 수 있다.

2) 달밭마을의 호적중초

제주도의 호적중초는 호적 작성 규칙을 따랐기 때문에 육지부의 호적중초와 원칙적으로 동일하게 작성되었다. 그러나 제주도는 중앙정부와 거리가 많이 떨어져 있다는 지리적 특성과 함께 당시 국방을 자주적으로 감당하여야 했기 때문에 실제 작성 과정에서는 육지부의 호적과 약간의 차이를 가지고 있었다. 그 차이는 우선 육지부에서는 주로 군현별로 작성한 호적대장이 남아 있고 면리별로 작성된 호적중초는 별로 남아 있지 않은 반면, 제주도에서는 호적대장이 거의 없는 반면 호적중초가 광범위하게 남아 있다는 점이다. 제주도의 호적중초는 '도갑'이라고 하는 마을 문서를 보관하는 궤에 마을별로 보관되어 있다. 이는 제주도의 마을은 육지부의 마을과 달리 마을의 규모가 더 커서 행정적으로 자치의 성격이 더 강하였기 때문인 것으로 보인다.

또 다른 제주도의 특징은 제주도에서는 호적중초와 함께 통적(統籍)도 작성되었다(손병규 2007 : 48)는 점이다. 통적은 호적중초를 작성하기 전에 호 구성원의 직역과 이름 그리고 나이만을 간단하게 적어둔 장부이다. 그리고 호별로 내(大)·중(中)·소(小)·산(殘)의 등급으로 호를 구분하여 두었다. 제주도에서만 통적이 작성되었다는 사실은 특기할 만하다. 통적은 호의 등급에 따라 조세의 부담을 달리하기 위한 것으로서 제주도에서는 조세부담을 정확하게 하기 위하여 보다 철저하게 호구를 조사한 것이라는 해석이 가능하다. 제주도는 관의 운영경비를 자체적으로 조세를 통하여 해결해야 했기 때문에 조세의 근거가 되는 호적에 대한 조사를 더 정확하고 치밀하게 하였다.

또한 1896년 호구조사규칙과 호구조사세칙이 발표되어 새로운 형식의 호적 조사가 실시되었지만[4] 제주도에서는 이 새로운 방식이 아니라 종래의 방식으로 호적 조사가 실시되었다. 신식 호적이 제주도에는 적용되지 못하였다는 사실은 이 시기에 제주도에는 중앙정부의 통제력이 약하게 작용하였음을 의미한다.

달밭마을의 호적중초는 조선시대 호적 작성의 원칙을 따르면서 제주도의 특성도 그대로 반영하고 있다. 즉, 달밭마을의 호적중초도 실제의 호구와 인구를 정확하게 반영하고 있는 것이 아니라 조세와 군역의 목적에 부합하도록 인위적인 조정이 이루어졌으며, 따라서 가구와 인구가 누락되거나 나이가 허위로 기재되었을 가능성이 크다. 실제 호적 조사를 분석해 보면 10세 미만 인구가 지나치게 적고 식년마다 호구의 변화가 심하다는 것을 알 수 있다. 따라서 이러한 왜곡을 염두에 두고 호적중초 자료를 분석할 필요가 있다. 그러나 제주도의 마을은 자치성이 강하고 지방의 재정 운영을 독자적으로 감당하여야 했기 때문에 보다 엄밀하게 호구와 인구를 기재하고자 한 측면도 있어서 달밭마을의 호적중

---

4   이를 광무 호적 또는 신식 호적이라고도 한다.

초도 이런 측면에서는 정확성을 유지하려는 노력이 있었다고 볼 수 있다. 호적중초를 통하여 19세기 달밭마을의 사회구조를 분석하기 위해서는 이런 자료의 특성을 충분하게 고려하여야 할 필요가 있다.

달밭마을 호적중초 중 현재까지 남아 있는 가장 오래된 호적중초는 함풍 11년(1861년)에 작성된 호적중초이며, 이후 1909년에 작성된 호적중초까지 총 12개의 호적중초 자료가 남아 있다. 3년마다 호적이 작성되었다는 사실에 비추어 보면 49년의 기간 동안 12개의 호적중초만 남아 있다는 것은 멸실된 호적중초도 다수 있음을 의미한다.

각 호적중초가 작성된 연대와 호적중초 말미에 기록된 가구수 및 인구수를 표로 나타내면 [표 1]과 같다.

[표 1] 호적중초의 작성 연대와 가구 및 인구수

연도	가구	인구	남	여
1861	16	105	42	61
1864	17	116	43	73
1867	22	140	55	85
1891	20	122	50	72
1894	27	172	68	104
1897	51	197	86	111
1898	49	198	86	112
1899	48	203	85	118
1900	48	206	93	113
1901	48	203	91	112
1903	47	195	89	104
1909	74	229	123	106

[표 1]을 통해서 보면 달밭마을의 호적중초는 1861년부터 1867년까지 매 식년의 자료가 남아 있지만 1867년부터 1891년 사이의 자료는 멸실되었음을 알 수 있다. 그리고 1891년부터 1897년까지는 매 식년의 자료가 남아 있으며 이후에는 매년 호적중초가 작성되었음을 알 수 있다.

1867년과 1891년 사이에는 24년의 시간 차이가 있지만 가구수와 인구수는 오히려 줄었다. 이는 실제 상황일 수도 있지만 호적중초의 작성에서 가구의 수와 인구수를 조정한 결과일 수도 있다. 그리고 이 시간 동안 호적중초에 등재된 호가 많이 변화되어 1867년에 등재된 호가 1891년 호적중초에서는 사라지기도 하고 1867년에는 등재되지 않았던 호가 1891년에는 새롭게 등재되기도 하였다. 이는 이 기간 동안 호구 이동이 많았음을 의미한다.

[표 1]을 통해서 보면 1861년부터 1891년 사이에는 가구수와 인구수에서 큰 변화가 없지만 1891년과 1894년 사이에는 인구의 급격한 증가가 있고, 1894년과 1897년 사이에는 가구의 급증이 있었음을 알 수 있다. 1891년과 1894년 사이에 인구가 급증한 것은 가구수가 20가구에서 27가구로 증가하였기 때문이다. 호의 증가를 인구 증가의 원인으로 판단하는 근거는 호당 가구원 수의 변화가 없기 때문이다. 즉, 1891년에는 가구당 인구가 6.1명이었으며 1894년에는 6.4명이었다. 이는 새로운 호의 전입이 인구 증가를 초래하였다는 근거가 된다. 호적중초를 통해서 보면 1891년과 1894년 사이에 2가구가 사라진 반면 새로 9가구가 등재되어 있다. 새롭게 등재된 9가구는 실제 이주의 결과일 수도 있지만 그동안 누락되었던 가구가 이때부터 등재된 결과일 수도 있다.

호적중초와 19세기 후반 제주도 마을의 사회구조

19세기 중·후반 제주도에는 중산간 지대에서 이동식 화경농업을 하는 사람들이 다수 있었다. 이들은 호적 조사에서 누락되었을 가능성이 매우 높다. 그리고 이동식 화전농이 정착농민이 되면 호구 조사의 대상이 되기도 하였다.

1894년에서 1897년 사이에 인구수의 변화가 크게 없음에도 불구하고 가구수가 급증한 것은 가구, 즉 호의 기준이 변화되었기 때문이다. 이는 1896년에 공포된 호구조사규칙 및 호구조사세칙의 적용 때문이다. 이전까지의 호적 조사에서는 부모 세대와 자녀 세대를 하나의 호로 간주하였지만 이후에는 부모와 자녀의 호를 나누어 계수하였다. 즉, 1896년에 호구조사세칙이 변경되었는데, 이때부터 호주와 그 자녀의 호는 나누어 등재하게 되었다.[5] 그 결과 인구수는 크게 변화가 없지만 가구수는 크게 증가하였다.

[표 1]에서 볼 수 있는 인구학적 특성의 하나는 1903년까지 달밭마을에서 심각한 여초 현상이 나타나고 있다는 점이다. 이는 실제 남성이 여성에 비해 수가 적었기 때문이 아니라 기록상의 누락에 의한 것으로 보인다. 동치3년(1864년) 호적중초에 등재된 인구를 성별·연령별로 나타내면 [그림 3]과 같다.

---

5   1896년에 호구조사규칙과 세칙을 통하여 호적대장 작성의 중요한 원칙들이 변경되었다. 가장 중요한 변화는 매 3년 간격으로 호적대장을 작성하던 것을 매년 하게 된 것과 5호를 하나의 통으로 구성하던 것을 10호로 변경한 것, 그리고 호의 기준을 실제 주거 단위로 변경한 것이다.

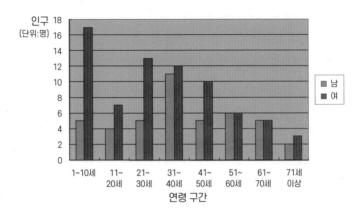

[그림 3] 동치3년(1864년)의 성별·연령별 인구 구성표

[그림 3]에서 보면 여성의 연령별 인구 구성은 전형적인 피라미드 모양을 보이지만 남성의 경우는 30대에서 가장 많고 1세에서 20대까지의 인구가 비정상적으로 적은 모습을 보이고 있다. 특히, 1~10세 사이의 남성 인구는 여성에 비해 극단적으로 적은 양상을 보이고 있다. 이는 남성의 경우 30세 이하에서는 고의적인 누락이 광범위하게 일어났음을 의미한다. 40대의 남성 인구 또한 지나치게 적다. 이것 역시 조세와 군역의 부담을 줄이기 위해 40대 남성을 고의적으로 누락시킨 결과로 보인다. 따라서 호적중초를 기초로 인구와 가구를 분석할 경우에는 이런 고의적인 누락을 고려한 분석이 필요하다.

호적중초를 작성하는 과정에는 일정한 원칙이 작용하였다. 표지를 작성하는 방법도 규칙성이 있다. 동치3년 호적중초의 표지는 "대정현 ○○리 동치3년 정월 일 좌면 제4 갑자식 중초(大靜縣○○里 同治三年正月 日左面第四甲子式中草)"로 되어 있다. 호적중초가 작성된 마을의 이름과 작성 연대를 표시한 것이다. 달밭마을에 남아 있는 호적중초의 표지

호적중초와 19세기 후반 제주도 마을의 사회구조

는 대부분 이런 양식으로 되어 있어 이것이 표준적인 양식인 것으로 보인다([그림 4] 참고). 그러나 표지에는 변형도 다수 존재한다. 예를 들면 광서2년에 작성된 호적중초는 표지가 "광서이십년갑오식중초(光緖二十年甲午式中草)"라고 간략하게 되어 있기도 하다.

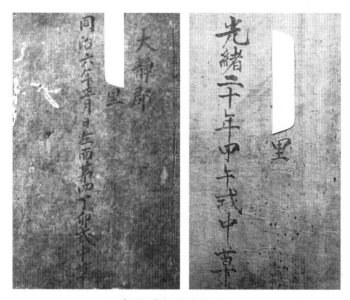

[그림 4] 호적중초의 표지

호의 작성 방법에도 일관성이 있다. 호의 작성은 호주를 시작으로 호주의 처, 장남, 자부, 장남의 자녀, 차남, 차남의 처, 차남의 자녀, 첩, 혈연 동거인, 비혈연 동거인 순으로 기재되어 있다. 이 중 호주와 호주의 처는 직역(職役)과 나이, 부, 조부, 증조부, 외조부의 이름과 본관이 기록되어 있으며, 혼입한 여성의 경우 성씨와 연령, 그리고 부의 직역과 이름이 기록되어 있고, 나머지 구성원은 직역과 이름, 나이가 기록되어 있다. 따라서 호적중초에 기록된 거주자의 이름과 조상들의 이름을 서로 비교하면 혈통관계와 혼인관계를 파악할 수 있게 된다.

호적중초의 마지막 면은 [그림 5]와 같다. [그림 5]에서 보는 바와 같이 마지막 면에는 마을의 총 호수와 인구수가 기록되어 있다. 인구는 남정과 여정으로 분류하고 다시 장남정(壯男丁), 장녀정(壯女丁), 노남정(老男丁), 노녀정(老女丁), 아남정(兒男丁), 아녀정(兒女丁)[6]으로 분류되어서 그 수가 기록되어 있다.[7] 이 분류 기준은 알 수 없지만 이렇게 마을 구성원을 분류하였다는 것은 장남정, 장녀정를 대상으로 징세와 징발을 하였다는 것을 암시하고 있다고 생각한다. 대부분의 호적중초에서 남정과 여정의 수는 수정된 흔적을 보인다. 이는 남정의 수와 여정의 수에 각별한 관심을 가지고 있었다는 것을 의미하기도 하지만 관법에 따라 호적중초를 작성하는 과정에서 마을별로 주어진 남정과 여정의 수에 맞추어 남정의 수와 여정의 수를 조정한 결과로도 해석할 수 있다.

호적중초의 작성은 담당자 및 책임자를 두고 진행하였으며 그들의 책임을 명백하게 하였다. 즉, 이정(厘正)과 감고(監考)는 이름을 밝혀 호적중초 작성자가 누구인지를 기록하여 두었으며 별유사(別有司)와 존위(尊位)는 성을 쓴 뒤 수결을 하여 그 내용을 확인하였음을 밝혀두고 있다. 이렇게 책임 소재를 분명히 하고 확인 절차를 둠으로써 호적중초는

---

6   아남정과 아여정은 약남정(弱男丁), 약여정(弱女丁)으로 표기되기도 한다.

7   동치3년 호적중초에는 이 기준에 따라 장남정 28, 장녀정 43, 노남정 7, 노녀정 8, 아남정 8, 아여정 23으로 기록되어 있다. 연령별 인구수를 통하여 아정과 장정 그리고 노정을 분류하는 기준을 역추적하면 노정은 60세 이상부터, 장정은 17세 이상부터라고 추정할 수 있다. 그러나 이 추론은 기록에 근거한 것이 아니므로 다른 자료와 비교 검토가 필요하다.

공식적인 기록 그리고 정확한 기록으로서의 지위를 가지게 된 것으로 보인다. 그러나 이름이 명기된 이정과 감고 중 감고는 달밭마을의 호적 중초에 등재되어 있는 사람이지만 이정은 등재되어 있지 않다. 이는 감고는 마을 사람이 담당하였지만 이정은 마을 사람이 아니라 호적소의 직원이었을 가능성이 높다는 것을 의미한다.

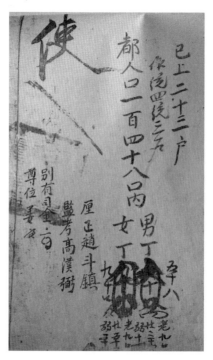

[그림 5] 호적중초의 마지막 면

달밭마을의 호적중초는 이것이 작성되었을 당시의 사회구조를 이해하는 중요한 수단이 된다. 그러나 조선시대 호적제도가 가지는 특수성으로 호적중초는 정확한 사회적 사실을 담고 있지는 못하다. 그럼에도 불구하고 달밭마을의 호적중초가 자료로서의 유용성을 가지는 것은 다른 지역의 호적중초에 비해 제주도의 호적중초는 더 정확성을 가지려는 노력을 하였다는 점이고 또 호적중초를 시계열적으로 분석하면 개별 호적중초에 누락된 정보를 교차 검토할 수 있어서 보다 정확한 사회적 사실에 다가갈 수 있기 때문이다.

마을의
형성과정

1) 마을 형성의 담론

마을이 어떤 과정으로 형성되었는가를 추론하는 일은 단순한 일이 아니다. 대부분의 경우 마을의 형성과정은 구전에 의해서 재구성되며 구전은 그 근거를 찾기가 쉽지 않다. 그리고 구전은 대부분 현재 지배적인 친족집단을 중심으로 이루어져 있다. 현재의 지배적인 친족집단이 마을로 이주하기 이전에도 그 지리적 공간 안에는 사람이 살고 있었지만 그런 과정은 마을 역사를 설명하는 과정에서 생략되는 경우가 대부분이며, 설명된다 하더라도 현재의 지배적인 친족집단과의 관계 속에서만 제한적으로 설명된다. 그리고 지배적인 친족집단의 이주 이후만 마을의 역사로 기억된다. 이런 맥락에서 마을의 형성과정에 대한 구전은 마을의 권력관계를 내포하고 있다고 할 수 있다.

그렇기 때문에 마을 형성의 과정을 객관적으로 이해하기 위하여 구전에 내재된 권력관계를 성찰적으로 살펴볼 필요가 있다. 마을에서 전해지는 마을 형성의 구전이 어떤 과정으로 만들어졌으며 그것이 무엇을 의미하는지를 살펴보아야 한다. 현재의 지배적인 친족집단 중심으로 구성된 마을 형성과 관련된 구전은 따라서 현재의 마을 권력관계를 정당화하기 위한 수단으로 작용할 가능성이 크다. 그리고 지배적인 친족집단 이외의 사람들과 관련된 역사는 기억되지 않으며, 지배적인 친족집단이 이주하기 이전의 마을 역사는 존재하지 않는 것으로 간주될 위험이 상존한다. 따라서 마을 형성과 관련된 구전에는 권력관계가 매개되어 있음을 인식하고 구전을 해석해야 한다.

그러나 다른 한편으로 마을 형성의 구전은 그것 자체로 현재의 사회상을 설명한다. 마을 형성의 구전은 고정적이거나 불변하는 것이 아니라 지속적으로 변화하는 것이기도 하다. 이는 현재 마을의 상황이 구전에 영향을 미치기 때문이다. 지배적인 친족집단이 쇠락하게 되면 이전의 구전은 힘을 잃게 되고 새로운 집단에 의해 마을의 역사가 재구성된다. 국가 수준의 역사뿐 아니라 마을 수준의 역사도 과거와 현재의 끊임없는 대화(E. H. Carr 1990)이며 권력관계의 반영이다. 이렇듯 구전은 살아있는 사회적 실체이기도 하다.

또한 마을의 형성이라고 할 때 마을을 어떻게 규정하는가도 어려운 일이다. 그 지리적 공간 안에 사람이 최초로 산 것을 마을 형성이라고 볼 수도 있고 마을이 하나의 지역 집단으로 조직화된 것을 마을의 형성이라고 볼 수도 있다. 또한 국가에 의해 공식적으로 마을이라고 인정받은 것을 마을의 형성이라고 할 수도 있다. 그 지역 안에 사람이 최초로 산 것을 기준으로 한다면 고고학적 유적이나 유물이 그 근거가 됨으로써 마을 역사는 오랜 과거까지 거슬러 가게 된다. 그러나 이 경우 그 유적과 유물을 남긴 사람이 현재의 마을 주민과 어떤 관계를 가지고 있는지를 설명하는 데 한계가 있다.

마을에 주민이 다수 거주하면서 하나의 지역 집단으로 형성된 시기를 기준으로 할 경우에는 그 시기를 확정하는 것이 어렵다. 즉, 어느 정도의 규모로 사람이 거주하여야 마을로 인정할 것인가의 문제와 마을이라는 집단으로 조직되었다는 것을 어떻게 입증할 것인가의 문제가 남는다. 마을에서 마을 운영을 위한 규약을 제정하거나 향약 같은 것을 마련한 경우에는 그것을 기준으로 마을 형성을 추정할 수 있지만 그런 규약을 남기고 있는 마을은 많지 않다. 또한 그런 규약을 남기고 있다고 하더라도 그것이 최초의 규약이었는지 판단할 수 없을 뿐 아니라 그것만으로 마을이 하나의 집단으로 조직화되었다고 단정할 수도 없다. 자치적인 조직과 국가가 공식적으로 인정하는 조직 사이에는 간극이 존재하기 때문이다.

국가가 공식적으로 마을로 인정한 것을 기준으로 할 때에도 기록이 남아 있지 않으면 마을 형성 시기를 확정할 수 없다는 어려움이 있으며 주민들이 인식하는 마을과 국가가 인정하는 마을의 개념이 다를 수 있다는 한계도 있다. 주민들은 우물 또는 샘이나 물방애[1]와 같은 일상생활의 단위를 마을로 인식하는 경향이 강한 반면 국가는 행정적 관리의 단위로 마을을 인식하기 때문이다. 국가의 공식적 지내가 어느 시기에 시

1　물방애는 말을 이용한 연자방아를 말한다. 현무암을 둥글게 깎아 '알돌'과 '웃돌'을 만들고 이 둘을 수직으로 교차하게 한 뒤에 사람이나 말이 '웃돌'을 굴려 곡식을 빻았다. 내팥 물방애는 30가구당 하나씩 분포하였다.

작되었는가도 문제가 된다. 국가의 공식적 지배가 있기 이전에도 마을은 지역 공동체로 기능하였지만 국가의 공식적 인정을 기준으로 할 때는 이런 실재가 무시될 가능성이 크다. 어느 측면으로 보거나 마을의 형성 시기를 확정하는 것은 어려운 일이다.

이런 면에서 제주도의 마을은 매우 특수한 경우에 해당한다. 제주도의 경우 국가의 공식적 기록에 의해 마을의 형성 시기를 가늠할 수 있기 때문이다. 조선시대에는 전국적으로 조세와 군역을 부담시키기 위해 마을을 단위로 호적 조사를 하였고, 이 마을 단위의 호적 자료가 가장 광범위하게 남아 있는 곳이 제주도이다. 즉, 제주도에서는 호적중초가 작성되던 단위를 마을로 인식하였으며 따라서 최초의 호적중초가 작성된 시기를 마을 형성 시기로 가늠하는 것이 가능하다.

호적 자료에는 가구 단위의 호구단자와 군현 단위의 호적대장이 있지만 호적중초라고 하는 마을 단위의 호적 자료도 존재한다. 제주도의 마을에는 호적중초가 다수 보관되어 있어서 이 자료는 마을의 인구학적 특성을 이해하는 기초가 된다. 특히, 마을이 새롭게 형성되어 독립적인 단위가 되면 이 새로운 단위가 호적중초를 작성하는 단위가 되었기 때문에 최초로 호적중초가 작성된 시기를 마을 형성의 기원으로 이해할 수 있다. 물론 고려시대부터 존재하던 마을은 이런 방식으로 마을의 형성을 추적하기 어렵지만 비교적 후대에 형성된 마을은 이 방법으로 마을 형성을 파악할 수 있다. 즉, 실제 주민들이 인식하는 마을 개념과는 다를 수 있지만[2] 국가가 공식적으로 마을로 인정한 생활공간의 공식적

---

2   제주도에서도 국가가 인정하는 마을과 주민이 인식하는 마을은 차이가 있다. 주민들은 실제 생활공간을 마을이라고 인식하는 반면 국가는 행정적으로 마을을 인식한다. 전통적

호적중초와 19세기 후반 제주도 마을의 사회구조

인 형성 시기는 호적중초를 통하여 비정할 수 있는 것이다.

연구 대상 마을인 달밭마을은 인근의 하원이나 강정 그리고 도순마을에 비해 후대에 형성되었으며 그 시기는 호적 작성이 가장 활발하던 19세기 중엽이었다. 달밭마을은 마을의 형성 초기부터 호적중초가 작성되었던 것이다. 호적중초가 보관된 지역도 마을 형성을 이해하는 단초가 된다. 즉, 달밭마을 최초의 호적중초라고 추정되는 자료는 달밭마을의 인근에 위치한 도순마을에 보관되어 있었다. 이런 점으로 미루어 보면 달밭마을은 이전까지 도순마을에 속해 있었다는 추론이 가능하다. 이런 맥락에서 달밭마을의 호적중초는 마을 형성을 이해할 수 있는 중요한 자료가 된다.

2) 호적중초를 통해서 본 마을 형성

호적중초를 바탕으로 마을 형성의 기원을 추적하는 것은 복잡한 과정을 거쳐야 한다. 우선 최초의 마을 호적중초를 찾는 작업이 있어야 한다. 마을에 보관되어 있는 호적중초도 중요하지만 인근 마을의 도갑에 보관된 호적중초를 검토하는 작업도 필요하다. 마을 최초의 호적중초가 이웃 마을에 보관되어 있을 가능성도 크기 때문이다.

으로 주민들은 '몰방애'라고 하는 방앗간을 중심으로 생활의 단위를 인식하였으며 경우에 따라서는 용천수를 기준으로 생활 단위를 인식하기도 하였다. 현재의 개념으로는 통(統)이 몰방애 또는 용천수의 범위와 대체로 일치한다. 반면 외기가 인식하는 마을은 이보다 범위가 더 넓어 여러 개의 자연마을이 통합된 형태를 마을로 인식하였다.

또한 최초의 호적중초를 발견하면 거기에 등재된 사람들이 이전에는 어느 마을에 등재되어 있었는가를 찾아야 한다. 그것은 그 마을이 차지하고 있는 지리적 공간이 마을의 설립 이전에는 어느 마을에 속하였는가를 이해하는 중요한 수단이 되기 때문이다. 이 분석은 새로운 마을 공간에 거주하는 사람들이 어느 마을로부터 이주하였는지를 이해하는 과정이기도 하다. 따라서 마을 형성 초기의 호적중초에 등재된 사람들을 이웃 마을의 호적중초에서 찾는 작업이 따라야 한다.

최초의 마을 호적중초에 등재된 사람들의 사회적 성격을 이해하기 위해서는 이들의 관계를 파악할 필요가 있다. 호적중초를 분석하면 최소한 이들의 친족관계를 파악할 수 있다. 새롭게 구성된 마을 주민들이 어떤 친족관계에 있는지, 그리고 이주한 사람들은 이전 마을 사람들과 어떤 친족관계를 맺고 있었는지를 파악하면 새로운 마을 구성원의 사회적 성격을 이해할 수 있다. 이런 분석을 통하여 달밭마을의 형성과정을 재구성하였다.

호적중초를 통해서 보면 달밭마을은 1855년과 1861년 사이에 인근의 도순마을에서 분동(分洞)된 것으로 추론할 수 있다. 달밭마을에 보관된 호적중초 중에서 가장 오래된 것은 광서(光緒) 17년(서기 1891년)에 작성된 것이다. 그러나 도순마을에는 함풍(咸豊) 11년(서기 1861년)에 작성된 달밭마을의 호적중초가 보관되어 있다. 그리고 함풍 5년(1855년) 도순리 호적중초에는 함풍 11년 달밭마을 호적중초에 포함되어 있는 16호 중 7호가 기재되어 있다. 달밭마을 호적중초가 도순에 보관되어 있었다는 것과 1861년 달밭마을 호적중초에 기록된 사람들 중 상당수가 1855년에는 도순리 호적중초에 기록되어 있었다는 것으로 미루어 달밭마을은 도순에서 분리 독립되었음을 추론할 수 있으며, 그 시기는 1855년과 1861년 사이로 보는 것이 타당할 것이다.

한편 현재 달밭마을에서 가장 유력한 친족집단이라고 할 수 있는 고부 이씨들은 이보다 조금 이른 시기인 갑인년(甲寅年, 1854년)에 마을이 형성되었다고 주장하고 있으며 현재 달밭마을 사람들은 갑인년 설촌설을 유력하게 받아들이고 있다. 고부 이씨들이 갑인년을 설촌한 해라고 주장하는 이유는 자신들이 갑인년에 도순에서 달밭마을로 이주하였다고 생각하기 때문이다. 갑인년은 호적중초로 추론한 설촌 시기와 크게 다르지는 않다. 호적중초로 추론한 설촌 시기와 갑인년에 설촌되었다는 주장에는 약간의 시기 차이가 있지만 이는 도순에 살던 고부 이씨들 중 일부가 현재의 달밭마을 지경으로 이주한 시기를 갑인년으로 보고 이들의 이주가 설촌의 계기로 작용하여 몇 년 뒤에 달밭마을이 도순으로부터 분리되어 설촌되었다고 해석할 수 있을 것이다.

고부 이씨들이 자신을 중심으로 달밭마을의 설촌을 주장하는 데는 풍수지리도 동원된다. 달밭마을은 마을의 모양이 달과 같다고 인식된다. 구체적으로 달밭마을의 풍수는 월하종성지격(月下從星之格)이라고 한다. 이 말은 별이 달을 따라가는 형상이라는 의미이다. 여기서 달은 달밭마을을 상징하며 별은 고부 이씨의 산소 중 하나를 상징한다. 즉, 달처럼 생긴 마을에 별이 하나 있으며 그 별이 바로 고부 이씨라는 것이다. 이 해석은 결국 달밭마을과 고부 이씨는 밀접한 연관을 가지고 있으며 또한 고부 이씨가 달밭마을의 중심이라는 것을 의미한다. 고부 이씨들은 자신들이 마을의 중심이라고 생각하기 때문에 설촌의 역사도 자신들 중심으로 구성하고 있으며 마을 주민들도 이를 받아들이고 있다. 갑인년 설촌설은 달밭마을의 설촌과 관련하여 지배적인 담론이 된 것이다.

1855년과 1961년 사이에 도순마을에서 달밭마을로 이주한 고부 이씨는 이경실(李慶實) 일가이다. 도순마을은 어느 한 성씨가 지배적인 마을이 아니라 여러 성씨가 모여 있는 마을이었으며, 그중에는 고부 이씨들도 다수 거주하고 있었다. 도순마을에 거주하던 이경실 일가를 1855년 도순리 호적중초에 기초하여 계보도로 표시하면 [그림 6]과 같다.

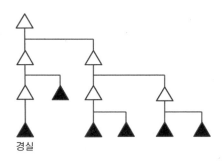

[그림 6] 이경실 일가 계보도

[그림 6]에서 보는 바와 같이 경실은 삼촌 1명, 6촌 4명과 같이 도순마을에 거주하고 있었다. 도순에는 이경실과 혈연으로 맺어진 가구가 많이 거주하고 있었으며 가구의 규모도 커서 이경실은 도순마을에서도 비교적 유력한 사람이었다. 구체적인 이주의 원인은 알 수 없지만 경실은 삼촌과 함께 달밭마을로 이주하였다. 고부 이씨들은 이 초기의 이주에 대하여 다른 해석을 하기도 한다. 호적중초에는 경실이 이주한 것으로 되어 있지만 실제 이주는 경실의 셋째 아들인 항빈이 주도하였다는 것이다. 이들은 경실의 장남인 혁빈은 도순에 거주하고 셋째 아들인 항빈이 아버지와 함께 달밭마을로 이주하여 일가를 이루었다고 주장한다.

호적중초와 19세기 후반 제주도 마을의 사회구조

이 주장은 현재 달밭마을에는 항빈의 후손들이 가장 많이 거주하고 있어서 항빈의 후손들이 만들어낸 주장으로 보인다. 그러나 1861년 호적 중초에는 호주가 경실로 되어 있어서 경실을 중심으로 이주가 일어났다고 보는 해석이 타당할 것이다.

경실이 도순마을에서 유력한 사람이었다는 점은 가구 구성에서 드러난다. [그림 7]은 1855년 도순마을 호적중초에 나타난 경실의 가구를 그림으로 표현한 것이다.

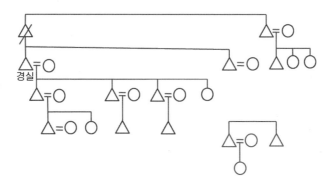

[그림 7] 이경실의 가구 구성

[그림 7]에서 보는 바와 같이 이경실의 가구는 남자 12명, 여자 13명으로 총 25명이었다. 그리고 친족관계로 보면 삼촌 가족 5명, 동생 부부, 세 명의 아들 가족과 미혼의 딸, 그리고 친족관계가 아닌 고공(雇工)[3] 가

---

3 고공은 다른 사람 집에서 노동력을 제공하여 생활을 하던 사람으로서 흔히 머슴이라고도 한다. 고공은 가족 노동력만으로는 농사를 감당할 수 없을 정도로 농지가 넓은 가구에 두었다. 농 경지가 넓지 않은 제주도에서 고공을 둔 가구는 흔하지 않았으며 이런 맥락에서 보더라도 이경실 가구는 매우 유력한 가구였음을 알 수 있다.

족 4명이 포함되어 있었다. 호적중초에 등재된 이경실 가구가 실제 가구였는지 아니면 편제상 가구였는지는 논의의 여지가 있지만[4] 가구의 규모가 컸다는 점에서는 이론의 여지가 없다. 이경실 가구에 삼촌 가족이 포함되어 있었다는 것은 이경실이 실질적으로 이 가구의 가구주 역할을 하였음을 의미한다. 실제 이경실의 삼촌은 이경실보다 나이가 더 적었으며 자녀들도 미혼인 상태였다. 호 구성의 특수성을 고려하더라도 이경실 가구는 그 규모가 매우 컸으며, 이 가구가 가지고 있는 노동력으로 미루어 상당히 많은 농경지를 경작하고 있었을 것으로 추측된다.

이경실 가구가 달밭마을로 이주하게 된 원인에 대해서는 밝혀진 것이 없다. 그러나 고부 이씨들의 오래된 선산이 달밭마을 지경에 다수 있었다는 사실로 유추해 보면 이경실은 달밭마을 지경에 토지를 소유하고 있었을 가능성이 크다. 그러나 달밭마을 토지는 생산성이 낮아 오랫동안 농경지로 이용되지 못하여 버려진 땅이었다. 그러다가 19세기 중반 농업 생산기술이 발달하면서 달밭마을의 토지도 이용도가 높아지게 되었고 이것이 달밭마을 지경에 토지를 소유하고 있던 고부 이씨들이 달밭 지경으로 이주한 결정적인 계기가 된 것으로 보인다. 지금도 고부 이씨들은 마을에서 토지 소유 면적이 가장 넓으며 주로 마을에서 가까운 지역의 토지를 소유하고 있다.

고부 이씨들이 마을에 정착한 지역은 마을의 중심지였다. 이곳은 마을을 둘러싸고 있는 달 모양의 구릉지 중에서 서쪽 구릉지의 안쪽으로

---

4   호적 작성의 맥락으로 보면 이경실의 가구는 편제상 가구였을 것이다. 그렇다고 하더라도 당시 다른 가구와 비교해서 이경실의 가구는 매우 큰 편이었으며 따라서 마을 내에서 유력한 가구였음을 추론할 수 있다.

서 집을 동남향으로 지을 수 있는 지역이었다. 달밭마을은 용천수가 잘 발달하고 토지에 수분 함유량이 많아 저습지에 해당하였지만 이 지역은 상대적으로 지대가 높아 주거지로서 최적지로 평가되고 있던 곳이었다. 고부 이씨들은 이 지역에 대대로 거주하면서 지금까지도 마을의 중심 세력으로서의 위상을 나타내고 있다.

이경실 가구가 1855년에 도순마을에 등재되어 있다가 1861년에 달밭마을에 등재된 것은 이들의 이주가 달밭마을이 도순마을로부터 분동(分洞)되는 결정적 계기가 되었음을 의미한다. 고부 이씨들의 구전에 의하면 고부 이씨들은 갑인년(1855년)에 마을로 이주하였다고 하기 때문에 이주와 분동이 거의 동시에 일어났다고 할 수 있다. 즉, 고부 이씨들은 분동되기 오래전부터 달밭마을 지경에 거주한 것이 아니라 달밭마을로 이주하면서 동시에 분동이 일어났다고 할 수 있다. 이렇듯 고부 이씨들의 집단적 이주가 달밭마을의 형성에 큰 영향을 미쳤다.

달밭마을의 분동에는 고부 이씨들의 이주뿐 아니라 풍천 임씨 및 진주 강씨의 연합 가구가 이주한 것도 중요한 원인이 되었다. [그림 8]은 풍천 임씨 및 진주 강씨의 관계를 계보도로 표시한 것이다.

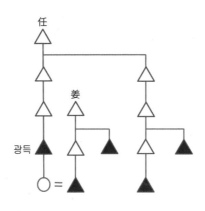

[그림 8] 임씨와 강씨의 관계

이 친척관계의 핵심 인물은 임광득이다. 그는 1855년 도순마을에서 1통 1호의 호주였으며 1통 통수이기도 하였다. 유력자는 통수를 맡지 않았다는 사실로 미루어 보면 임광득은 도순마을에서 그리 유력한 사람은 아니었을 것이다. 그는 6촌 동생과 7촌 조카 그리고 강씨(姜氏)인 사위와 사위의 삼촌을 포함하는 5가구의 중심인물이었다. 1855년 도순마을 호적중초에 등재되어 있던 이 다섯 가구가 1861년에는 달밭마을에 동시에 등재되어 있어서 이들이 함께 도순마을에서 달밭마을로 이주한 것으로 보인다.

이 다섯 가구의 동시 이주는 중요한 의미를 갖는다. 우선 이들은 다섯 가구가 한꺼번에 이주함으로써 마을의 규모가 커지는 결정적 계기를 제공하였을 뿐 아니라 이주와 함께 달밭마을에서 유력한 세력이 될 수 있었다. 또한 이들은 이경실 가족처럼 하나의 성씨로 구성된 것이 아니라 혼인을 통해 연결되어 있는 가구들의 연합체였다. 임광득의 입장

호적중초와 19세기 후반 제주도 마을의 사회구조

에서 보면 그는 6촌 동생 및 7촌 조카와 함께 달밭마을로 이주하였을 뿐 아니라 딸과 사위 그리고 사위의 삼촌까지 함께 이주하였다. 이는 혈통을 매개로 한 관계뿐 아니라 혼인을 매개로 한 관계도 제주도에서 매우 중요한 사회적 관계망의 원리였음을 의미한다.

혈통을 매개로 한 관계와 혼인을 매개로 한 관계의 합을 제주도에서는 '궨당(眷堂)'이라고 한다(김창민 1992 : 97). 궨당은 제주도에서 사회관계의 가장 중요한 기초이다. 제주도에서 친족을 의미하는 용어로 궨당 이외에도 '일가'와 '방상'이 있다. 일가는 부계친 전체를 의미하며 방상은 부계친 중 가까운 친족을 의미한다(김혜숙 1999 : 414).[5] 그러나 일상 생활에서 일가나 방상이 중요한 사회적 집단으로 기능하지는 않는다. 이는 제주도 마을에 동족마을이 거의 없고 또한 마을의 규모가 커서 대부분의 마을에 여러 성씨들이 함께 거주하고 있기 때문이다. 오히려 가장 일상적으로 사용되는 친족 개념은 '궨당'이다. 궨당은 특정한 개인을 중심으로 그와 혈통 또는 혼인으로 이어진 모든 사람을 의미한다. 따라서 '궨당'은 친족집단(kin group)이 아니라 친족관계(kinship relation)이다. 궨당은 조직화된 실체가 아니라 개인마다 서로 다르게 가지고 있는 관계망이다. 형제라 하더라도 결혼을 하게 되면 각자 서로 다른 혼인망을 가지게 됨으로써 처궨당이 달라진다. 따라서 형제여도 궨당관계는 서로 다를 수 있다.

제주도에서는 '알고 보면 모두 궨당'이라는 말이 있다. 이는 혼인망을 강조한 것이다. 혈통은 성(姓)과 본관(本貫)에 의해 구분되기 때문에 서

---

5   방상은 '집안' 또는 '당내(堂內)'와 같은 개념이다.

로 다른 성씨와는 혈통이 같을 수 없다. 그러나 혼인관계는 성씨를 관통하여 맺어지기 때문에 얼마든지 확장될 수 있다. 예를 들면 제주도에는 '성편 궨당', '외편 궨당', '처궨당'과 같은 말이 사용된다. 성편 궨당은 부계로 맺어진 친척을, 외편 궨당은 모계로 맺어진 친척을, 그리고 처궨당은 처가의 친척을 말하는 것이다. 고종사촌은 성편 궨당에, 이종사촌은 외편 궨당에 속하게 된다. 궨당은 세대에 따라서도 확장된다. 할머니를 통하여 맺어진 사람이나 증조모를 통하여 맺어진 사람, 그리고 대고모의 혼인으로 맺어진 사람 등도 궨당이 된다. 이런 방식으로 친족관계가 확장되기 때문에 궨당의 범위는 이론적으로는 무한 확장이 가능하다. 처음 만나는 두 사람도 이런 방식으로 관계를 추적하다 보면 어느 곳에서 혼인망이 확인되고 그러면 두 사람은 '궨당' 관계가 된다. '알고 보면 모두 궨당'이라는 말은 모든 사람은 궨당으로 연결된다는 말이며 처음 만나는 사람이라 할지라도 남이 아니라 관계가 있는 사이라는 것을 의미한다.

'궨당'을 이해하는 또 다른 말은 '제주도에서는 사둔 아니면 궨당'이라는 말이다. 이 말은 제주도 사람은 궨당이든 사둔이든 어떤 형태로든 다 연결된다는 의미이지만 궨당의 반대 범주는 사둔(사돈, 査頓)이라는 것을 의미하기도 한다. 즉, 사둔과 궨당은 서로 배타적 개념이다. 개념적으로 보면 사둔은 자기보다 아래 세대의 혼인으로 이어진 관계를 말한다. 자녀의 배우자 부모가 사둔이며, 이런 관계에 있는 사람을 궨당이라고 하지는 않는다. '사둔이 아니면 궨당'이라는 말을 기준으로 보면 사둔은 자기보다 아래 세대가 혼인을 하게 되면서 맺어진 관계인 반면 궨당은 자기와 동일 세대 또는 위 세대에서 혼인으로 맺어진 관계를 말하는

호적중초와 19세기 후반 제주도 마을의 사회구조

것이 된다.

개념적으로 궨당과 사둔은 구분되지만 '제주도에서는 사둔 아니면 궨당'이라는 말은 제주도의 모든 사람은 어떤 형태로든지 혼인으로는 이어진다는 말이기도 하다. 즉, 혈통집단으로만 따지면 서로 관계가 없는 사람일 수 있지만 혼인관계로 따지면 모든 사람이 친척관계에 포함될 수 있다. 제주도에서 궨당과 사둔이 강조되는 것은 친척관계를 확장하는 것이 일상생활에서 핵심적으로 중요한 전략이 된다는 것을 의미한다.

친족집단이 아버지와 아들 사이의 관계를 강조한 것이라면 궨당과 사둔은 어머니와 딸, 형제와 자매, 그리고 자매들 사이의 관계를 강조하는 것이기도 하다. 혈통을 중요시하면 여자들이 관여될 수 없지만 혼인을 강조하면 여자들도 친족관계의 중심이 될 수 있다. 외편궨당, 처궨당이라는 개념에서 보듯 결혼한 딸을 매개로 궨당관계가 확장된다. 이렇듯 궨당관계에서는 여자들 사이의 관계가 중요하다. 제주도는 마을내혼의 비율이 높았기 때문에 여자들은 결혼 후에도 친정과 긴밀한 관계를 유지할 수 있었다. 남자의 입장에서도 처가가 같은 마을에 있었기 때문에 처가 사람들과 협력하는 경우가 많았다. 이런 인간관계가 궨당의 기초이다. 즉, 친족집단은 단계적(unilineal) 혈통집단을 강조한 것이지만 궨당은 양변적(bilateral) 친척관계를 강조한 것이다. 그리고 친족집단이 자기 집단에 속한 사람과 속하지 않은 사람을 구분하는 배타적 원리의 지배를 받는다면 궨당은 누구나 혼인관계에 의해 맺어질 수 있음을 강조하는 것으로서 포용적 원리의 지배를 받는다. 또한 궨당의 범위는 주관적이다. 궨당인지 아닌지는 객관적 기준에 의해서 결정되는 것이 아니라 주관적인 인식에 의해 결정된다. 즉, 자신이 얼마나 멀리 떨어진 혼인관계에 있는 사람까지 궨당으로 인식하는가에 의해 궨당관계에 있는 사람의 범위가 정해진다. 따라서 궨당관계는 확장성을 가지고 있다.

제주도에서는 이 원리에 의해 딸이 중요시된다. 마을내혼의 빈도가 높기 때문에 딸은 결혼 후에도 같은 마을에 거주하는 경우가 많으며 재산을 상속받을 수 있는 권리도 가지고 있다. 결혼 후에 딸은 같은 마을에 있는 친정을 배경으로 가족 내에서도 남편에 대한 일정한 지위와 권한을 가지기도 한다. 결국 궨당은 결혼 이후에도 딸과의 연대를 강하게 유지하는 것이며 일상생활에서 딸과 협력하는 근거가 된다. 뿐만 아니라 궨당에서는 자매들 사이의 관계가 중요하다. 마을내혼의 비율이 높은 제주도에서 자매는 결혼 후에도 같은 마을에 살게 될 확률이 높다. 자매들은 결혼 후에도 일상생활과 노동과정에서 협력할 뿐 아니라 남편에게 궨당관계를 형성하게 한다.

달밭마을의 형성기에 도순마을에서 이주한 두 집단은 이런 면에서 그 성격이 서로 다르다. 고부 이씨들은 혈통관계에 기초하여 삼촌과 조카가 함께 이주하였지만 임광득으로 대표되는 가구들은 혈통과 혼인으로 매개된 궨당관계를 기초로 함께 이주하였다. 고부 이씨들은 도순마을에서도 비교적 많은 가구가 함께 거주하여 혈통관계를 중요시한 반면 임씨와 강씨들은 혈통관계보다 혼인관계를 더 중요시한 것으로 보인다. 그러나 다른 한편으로 보면 고부 이씨들과 임씨들도 먼 거리의 혼인관계로 매개되어 있었으며, 달밭마을로 이주한 이후 임씨와 이씨들은 혼인관계를 강화하여 달밭마을에서 궨당관계의 중심으로 자리 잡게 되었다. 요컨대, 달밭마을의 형성은 고부 이씨라는 혈통집단과 풍천 임씨로 대표되는 궨당관계에 있는 사람들이 집단으로 이주한 것이 결정적인 계기를 제공하였으며, 제주도에서는 궨당관계가 사회관계에서 핵심적으로 중요하다는 점을 알 수 있다.

1861년 호적중초에 등재된 사람들 중 도순마을에서 달밭마을로 이주한 것이 아닌 사람들은 그 이전부터 달밭마을 지경에 살고 있었던 사람들이거나 다른 마을에서 이주한 사람이었을 것으로 짐작된다. 당시 호적의 작성은 실제의 호구를 그대로 기록한 것이 아니라 마을마다 호구와 인구를 배정하고 그 수를 맞춘 관법에 의한 것이었기 때문에 마을의 중심지에서 멀리 떨어져 거주하던 가구는 등재에서 누락되었을 가능성이 크다. 법정사 항일운동에서 달밭마을 사람이라고 형사재판부에 기록된 인물들 중 상당수도 호적중초에 나타나지 않는 사람들이었다(김창민 2002 : 44-45). 이들은 아직 마을 중심부가 형성되지 못하였던 시기에 마을 주변부에 흩어져 거주하고 있었을 가능성이 크다.

마을 주민들의 구전에 의하면 도순에서 살던 사람들이 달밭마을로 이주하기 이전부터 달밭 지경에 살고 있었던 사람들은 '무그래미'나 '동물개', '먼애' 등 지금의 달밭마을을 기준으로 보더라도 마을의 주변부에 거주하고 있었다고 한다. 특히 중산간 지역과 삼림지대에서 살던 사람도 있었다. 중산간 지대는 해발 200m에서 500m에 해당하는 지역으로서 고려시대에 몽골이 탐라총관부를 설치한 이후 목장지로 이용되었다. 한편 삼림지대에는 화전농들이 거주하고 있었다. 삼림지대는 해발 500m 이상 되는 지역으로서 목초지로 이용되지 않고 화전 농경지로 주로 이용되었다. 삼림지대의 화전은 순환식이었다. 즉, 화전으로 한 번 이용된 땅은 지력이 급격히 떨어졌기 때문에 다시 이용하지 못하고 다른 지역을 대상으로 화전 농업을 하였다. 특히, 간림에서 서귀포로 이어지는 한라산 산간 지역은 화전 농업이 발달한 지역이었다. 삼림지대에 거주하던 사람들은 이동식 화전을 하던 사람들로서 관의 지배로부터 비교적 자유로웠다. 따라서 이들은 달밭마을이 독립된 마을이 되었을 때까지 호적 조사에서 누락되었을 가능성이 컸다.

이런 관점에서 도순과 달밭마을 사이에 위치하고 있는 '즌골'이라는 지역은 주목할 만하다. 4·3사건 이전까지 주민들이 거주하던 즌골은 4·3사건 때 소개되어 지금은 사람이 거주하지 않는 지역이다. 그러나 이 지역은 삼림지대에서 화전을 하던 사람들이 해안지역으로 내려와서 정착한 곳으로서 전형적인 밭농사 지역이었다. 화전을 하다가 농업에 종사하게 된 이들은 마을과 마을 사이의 주변적 지역에 정착하였다. 즌골에 거주하던 사람들은 화전을 하던 사람이라는 이유로 달밭마을과 도순마을로부터 사회적 지위가 낮은 사람으로 인식되었다. 즉, 달밭마을의 형성기에 달밭마을은 도순에서 이주해 온 중심적 세력과 그 이전부터 달밭 지경에 거주하고 있었던 주변부 사람으로 구성되어 있었다. 그리고 달밭마을의 형성과 함께 도순마을에서 이주해 온 사람들이 공간적으로도 마을의 중심부를 차지하면서 마을의 중심 세력을 형성하였고, 이전부터 달밭 지경에 거주하던 사람들은 마을의 주변지역을 차지하면서 도순에서 이주해 온 사람들과 함께 달밭마을을 형성하게 된 것이다.

이런 맥락에서 보면 고부 이씨들의 갑인년 설촌설은 고부 이씨 중심의 마을 형성과 관련된 구전이며 이는 현재 마을에서 차지하고 있는 고부 이씨들의 위상을 정당화하기 위한 정치적 담론임을 알 수 있다. 호적중초를 통해서 보면 실제 달밭마을은 고부 이씨만으로 형성된 것이 아니며 고부 이씨들이 최초로 마을에 이주한 것도 아니었다. 달밭마을에는 갑인년 이전에도 여러 사람이 거주하고 있었으며 달밭마을로의 이주도 고부 이씨 친족집단만이 아니라 풍천 임씨로 대표되는 궨당의 연망이 큰 몫을 담당하였다. 결국 달밭마을은 여러 세력들이 함께 이주하고 정착함으로써 형성되었다고 보는 것이 타당할 것이다.

마을의 형성과정에서 인근 마을과 공간적 경계를 정하는 것도 중요한 일이었다. 달밭마을의 도갑에는 이웃 마을과의 경계를 획정한 것으로 보이는 문서가 보관되어 있다. 한 장의 그림으로 된 이 문서에는 인근 도순마을과의 경계 그리고 하원마을과의 경계가 확정되어 있다. 이 그림이 달밭마을과 하원마을의 경계를 정하는 데 사용되었다는 근거는 그림에 그림을 작성하고 감수한 사람들의 직임과 명단이 기입되어 있기 때문이다. 그림이 오래되어서 정확한 판독이 어렵기는 하지만 하원과 달밭마을이 위치한 공간에 존위(尊位)를 포함하여 5명의 이름이 각각 기입되어 있다. 달밭마을의 경우 그중 존위를 포함한 세 명이 달밭마을 호적중초에 등재된 사람들로서 이들이 달밭마을을 대표하는 사람들이었음을 짐작하게 한다. 또한 그림에는 관인이 찍혀 있어 관에서 이 그림의 내용을 인증하였다는 것을 보여준다. 그리고 이 세 사람이 등재된 시기를 보면 1897년 호적중초부터 1901 호적중초에 동시에 등재되어 있다. 따라서 이 그림은 1900년을 전후한 시기에 그려진 것이라는 해석이 가능하다.

그림에는 도로와 오름(岳), 농지, 하천 그리고 집이 표시되어 있다. 그리고 하원은 연가(煙家) 삼백, 그리고 달밭마을은 연가(煙家) 팔십으로 기록되어 있어서 당시 마을의 규모를 짐작할 수 있게 한다. 호적중초에는 1897년 이후 연가 약 50호 정도로 등재되어 있는 것으로 미루어 호적중초에는 실제 호의 60% 정도가 등재되었던 것으로 짐작할 수 있다. 도로는 하원마을을 동서로 가로지르는 일주도로와 하원마을 북쪽 중산간 지대의 공동 목장에서 해안에 이르는 대로(大路)가 크게 그려져 있으며 소로(小路)도 곳곳에 표시되어 있다. 도로는 실선으로 표시하였다. 그리고 공동 목장에서 해안에 이르는 도로는 명칭이 '마로(馬路)'로 표기되어 있다.[6] 오름은 그 위치에 따라 삼각형으로 그려두었으며 오름의 이름을 한자로 기록하여 두었다. 농지는 네모 또는 동그라미로 표시하고 '공전(公田)'이라고 기록하였다. 하천은 점선으로 표시하였으며 하천의 이름을 기록하였다. 현재 '성귓네'로 불려지는 하천은 '선귀천(先歸川)'으로 표시하여 두었다. 그리고 집은 집이 위치하는 곳에 '가(家)'로 표시하였다.

달밭마을의 경계는 그림과 글자로 표시하였다. 우선 도순마을과의 경계는 지도의 오른편에 남북으로 선을 그리고 '이동도순경(以東道順境)'이라고 써 두었다. 선 주변에는 비교적 자세한 지형을 그려 두 마을 사이의 경계를 분명하게 하고자 하였다. 하원과의 경계는 그림의 왼쪽 아래, 즉 해안과 접한 부분에 하원과 달밭마을 두 마을의 분기점이라는 표시가 기록되어 있다. 또한 달밭마을은 앞에서 설명한 원 모양의 구릉지를 그림으로 표시하였다. 그 그림에 의해 달 모양의 구릉지 아래쪽이 달밭마을임을 가시적으로 표시하였다.

주변의 도순과 하원마을에 비해 늦은 시기에 달밭마을이 형성되었기 때문에 달밭마을의 공간적 경계를 정하는 일이 필요하였던 것으로

---

6   지금도 달밭마을 사람들은 이 길을 '몰질'이라고 부르고 있다. 과거에는 이 길을 이용하여 중산간 지대의 목장에서 길렀던 말들이 이동하였다.

호적중초와 19세기 후반 제주도 마을의 사회구조

보인다. 마을의 경계는 당사자 마을의 의견을 반영하여 관에서 인정하는 방식으로 진행되었다. 두 마을의 책임자들이 수결을 하였고 관에서 관인을 찍어 두 마을 사이에 합의가 이루어진 형식을 취하였기 때문이다. 결국 마을의 형성과정은 주민의 이주와 함께 관의 공인이 중요하게 작용하였다.

3) 생산기술의 발전과 마을 형성

주민들의 이주가 마을 형성의 단초를 제공하였지만 그동안 거주하는 사람들이 적었던 지역으로 집단적인 이주가 일어났다는 것은 다른 차원의 설명이 필요하다. 즉, 집단적 이주의 원인이 되는 실제적 이유에 대한 설명이 있어야 한다. 사람이 거주하지 않던 지역으로 집단적 이주가 일어나기 위해서는 인구 유인 요소와 유출 압력이 있어야 한다. 즉, 기존에 거주하던 지역으로부터 벗어나려는 이유가 무엇인지 아니면 새로이 이주하고자 하는 지역이 어떤 매력을 가지게 되었는지에 대한 고찰이 필요하다. 필자는 생산기술의 발전으로 집단적 이주의 원인을 설명하고자 한다.

달밭마을이 주변의 강정마을이나 도순마을 그리고 하원마을 보다 비교적 늦게 형성된 것은 이 지역이 밭농사에 적합한 지역이 아니었기 때문이다. 제주도는 전통적으로 밭농사 중심의 농업을 하였다. 제주도는 지형적 특성상 논의 발달이 힘들었기 때문에 쌀농사가 어려웠으며 대신 보리, 조 등 밭작물 재배가 제주도의 중심 농업이었다. 즉, 구분함

량이 적고 배수가 잘되는 토지가 선호되었다. 그러나 달밭마을의 토지는 '흐렁', '짐퍽'[7] 등 수분 함유량이 많은 토지로 분류되며 찰흙에 가까워 밭농사에는 오히려 부적합한 땅으로 인식되고 있었다. 논농사 기술이 부족하고 밭농사 위주로 농사를 하던 주민들에게 달밭마을의 토지는 경작에 부적합한 땅이라고 인식되어, 마을 형성 이전에는 적극적으로 이용되지 못하였으며 거주하는 사람들도 적었다.

달밭마을 토지에 수분 함유량이 많았다는 사실은 마을 지명에서도 나타난다. 달밭마을에서 사람들이 가장 나중에 거주한 지역이 '동동네'이다. 동동네는 일명 '물왙'이라고도 한다. 물왙은 '물이 많은 밭'이라는 의미로서 밭으로 이용되지만 수분 함유량이 많아서 물왙이라고 불리운 것이다. 이 지역은 토지에 수분 함유량이 많아 사람들이 주거하기 어렵다고 인식되어 달밭마을 지경에서는 맨 나중에 주거지로 이용되었다. 사람이 거주하기에 적합한 땅은 고부 이씨를 비롯한 미리 정착한 사람들이 차지하고 있어서 마을의 주변적인 위치에 있던 사람들이나 나중에 마을로 이주한 사람들이 주로 '동동네'에 거주하였다. 수분 함유량이 높은 토지는 달밭마을 사람들에게도 그리 선호되지 못하였다.

그리고 마을 형성 이전에 달밭마을 지경에 살던 사람들은 농업보다는 주로 해안 지대에서 어업에 종사하였다고 한다. 달밭 지경의 땅이 밭농사에 부적합하다고 인식되었기 때문에 대안으로 어로 활동에 종사한 것이다. 그러나 달밭마을은 어업에도 그리 적합하지 않았다. 달밭마을

---

7   흐렁과 짐퍽은 농경지의 일종이다. 두 가지 모두 토양 입자가 미세하고 수분 함유량이 많은 토지를 말한다. 이러한 토양으로 된 논은 사람이나 말이 들어가면 발을 빼는 것이 힘들 정도여서 토양을 경작하기가 쉽지 않았다.

의 해안은 절벽으로 되어 있어 포구가 형성되기 어려웠기 때문에 어업이 활성화되기 어려웠고 '테우'를 이용한 소규모 어로 활동만 가능하였다. 이런 환경에서 어업에 종사하는 사람의 수도 적을 수밖에 없었다. 달밭마을에서는 어로 활동과 함께 소금도 생산하였다. 갯벌이 형성되지 못한 제주도에서 소금은 바닷물을 끓여서 생산하였으며 이를 전오염이라고 하였다. 달밭마을에서는 동물개 일대의 '빌레[8]'를 소금 생산에 활용하였다. 소금을 생산하기 위해서는 먼저 바닷가의 평평한 빌레에 흙으로 둑을 만들고 그곳에 바닷물을 가두어 태양에 말렸다. 태양열에 의해 바닷물의 농도가 높아지면 이를 다시 큰 솥에 넣고 끓여서 소금을 생산하였다. 이렇게 생산된 소금을 전오염이라고 하였으며 이런 방식으로는 소금생산량이 많을 수가 없었다. 즉, 어업 활동이나 소금 생산을 하기는 하였으나 이런 생계방식은 그 규모나 생산성이 크지 못하였기 때문에 많은 인구를 부양할 수 없었다. 요컨대, 밭농사에 부적합한 토양과 어업에 적합하지 못한 자연환경으로 19세기 중엽까지 달밭마을 지경에는 사람들이 많이 거주하지 못하였다.

논농사 기술의 발달은 달밭마을에 사람들이 거주하게 만든 중요한 계기가 되었다. 19세기 중엽부터 제주도에 논농사 기술이 보급되면서 달밭마을은 농사를 할 수 없는 황무지에서 농사에 적합한 지역으로 재인식되기 시작하였고, 이에 따라 주민들이 모여들기 시작하였던 것으로 보인다. 인근의 도순이나 하원 등은 토지 이용도가 높았으나 그때까지

---

8   빌레는 바위의 제주도 방언이다. 제주도 바닷가는 파도에 의한 침식으로 바위가 드러나 있으나. 해안 등 융기가 심한 곳은 절벽이 되지만 융기가 일어나지 않은 곳은 평평한 지형을 만들게 된다. 이 바닷가의 평평한 바위에서 소금이 생산되었다.

달밭마을은 토지 이용도가 낮아 주민들이 이주하기 좋은 조건을 형성하였다. 따라서 마을 형성 초기에는 '흐렁'과 '짐펵' 등 수분 함유량이 높은 토지를 개간하여 논농사가 가능한 농경지로 만드는 일이 중요하게 되었으며, 이런 일을 하는 데 필요한 노동력이 가장 중요한 생산 요소로 간주되었다. 즉, 가구의 규모가 클수록 더 적응적이었으며 따라서 가구원의 수가 많은 가구일수록 마을에서 중심적인 지위를 가질 수 있게 되었다.

가구 규모는 제주도 농업에서 매우 중요하게 인식되었다. 토질이 척박하였기 때문에 농업 생산을 위해서는 토지보다 노동력이 더 중요하게 작용하였다. 새로운 토지를 개간하는 일이나 기존의 토지에 거름을 넣는 일, 농지를 관리하는 일 등이 토지 소유 자체보다 더 중요하게 인식되었다. 조선시대 이래 육지부에서는 소작을 하는 경우 생산량의 절반을 지주에게 지대로 제공하였지만 제주도에서는 전통적으로 생산량의 1/3만 지대로 제공하였다. 토지를 소유하는 것보다 노동력을 투입하는 것이 더 중요하다고 인식한 결과이다.

이런 조건에서 농업생산을 위해서는 대규모 가구가 적응적이었다. 가구원의 수가 많으면 더 많은 토지를 경작할 수 있었기 때문이다. 뿐만 아니라 노동력을 효율적으로 동원하기 위하여 친족관계망을 확대하는 것이 전략적으로 효과적이었다. 부계혈통집단만 강조하는 배제적 친족관계보다는 혼인으로 맺어진 모든 사람들을 친척으로 인식하는 포용적 친족관계가 요구되었다. 이는 제주 사회에서 혈통에 의해 조직되는 친족집단보다 혼인에 의해 관계를 맺게 되는 '궨당'이 중요한 문화 요소가 되는 배경이 되었다.

달밭마을로 초기에 이주한 사람들은 이런 배경에서 가구의 규모가 큰 집단이거나 궨당관계를 배경으로 노동력 동원을 잘 할 수 있는 집단이었다. 고부 이씨 집단과 풍천 임씨를 중심으로 하는 궨당 집단은 달밭마을로 이주하기에 적합했다. 이들은 풍부한 노동력을 기반으로 수분 함유량이 많은 달밭 지경의 토지를 논으로 조성하였으며 이를 통하여 경제적 성장을 이루었다. 이후 이들과 혈연 또는 혼인으로 연결된 사람들이 지속적으로 달밭마을로 이주하여 농업에 종사하였으며, 이에 따라 마을의 규모가 커지게 되었다. 달밭마을의 형성에는 논농사의 발달이 중요한 배경이 된 것이다.

마을의 형성 초기부터 달밭마을은 여러 성씨들이 함께 거주하였다. 혈통에 바탕을 둔 유력한 친족집단이 없었을 뿐 아니라 일상생활과 경제활동에서 더 적응적이었기 때문에 혼인을 매개로 한 궨당관계가 달밭마을에서는 잘 발달하였다. 이는 지금도 마찬가지다. 현재 달밭마을에는 고부 이씨가 가장 많이 거주하고 있기는 하나 이들이 지배적인 혈통집단을 형성하지는 못하고 있다. 오히려 달밭마을에는 고부 이씨를 비롯하여 밀양 박씨, 제주 고씨, 진주 강씨, 김해 김씨 등 여러 성씨들이 모여 살고 있으며 이들은 복잡한 혼인망으로 서로 연결되어 궨당관계를 형성하고 있다. 물론 부계혈통집단은 가족묘지 조성 등을 통하여 결속력을 강화하고 자신들만의 위세를 높이려는 노력을 하기도 하지만 일상생활에서는 궨당관계가 사회관계의 기본이다. 궨당은 장례식과 같은 의례적 상황이나 도의원 및 조합장 선거와 같은 정치적 상황 그리고 일상적인 노동력 교환이 필요한 상황에서 서로 협조하며 협력하는 관계이기도 하다. 요컨대, 19세기 중엽 달밭마을의 형성에는 농업생산기술의 발달과 사회조직의 원리로서 궨당관계가 중요한 원인으로 작용하였다.

05

인구의
구성과 변화

　인구 구성은 마을의 사회구조와 문화를 이해하는 중요한 수단이 될 수 있다. 성별 및 연령별 인구 구성의 비율은 사회상을 보여줄 뿐 아니라 그 사회의 가치관과 문화적 규범을 보여주는 것이기도 하다. 성별 연령 구성비의 차이는 남아 선호 또는 여아 선호의 관념을 보여주는 것이며, 유소년층 비율은 자녀의 수에 대한 그 사회의 문화적 규범을 보여주는 것이다. 연령별 인구 구성비는 인구의 성장과 감소를 예측할 수 있게 하는 자료일 뿐 아니라 부양가족과 피부양가족의 비율을 보여줌으로써 경제적 상황을 보여주기도 한다. 또한 성별 인구비는 그 사회의 성차에 대한 인식을 나타내고 있으며 결혼 형태에도 영향을 미치는 요소가 된다. 한편 인구의 변화는 그 사회의 사회변동을 가늠하는 가늠자 역할을 한다. 인구 증가 또는 감소의 양상과 그 원인은 무엇이 중요한 사회적 사건이었는지를 알 수 있게 하기 때문이다. 다시 말하면 인구에 대한 이해는 사회를 이해하는 출발점이 된다.

1) 달밭마을의 인구 구성과 그 특징

호적중초는 비록 불완전하지만 마을의 인구 구성과 그 변화 양상을 보여준다. 호적중초가 실제의 인구를 사실 그대로 등재한 것이 아니라 관에서 할당된 인구만큼만 등재하였기 때문에 광범위한 인구의 누락과 연령의 왜곡을 내포하고 있다. 그러나 호적중초는 마을 인구에 대한 가장 기본적인 자료로서 인구 현상을 이해하는 수단이 될 수 있다. 또한 호적중초를 시계열적으로 분석하면 등재의 왜곡 현상을 보정할 수 있다. 호적중초의 등재 왜곡은 일관성을 가지고 있기 때문에 매 식년의 인구를 분석하면 경향성을 파악할 수 있고 매 식년 사이의 상대적 인구 변화를 살펴보면 인구 변화의 양상을 이해할 수 있기 때문이다.

호적중초를 통해서 보면 달밭마을의 인구 구성은 극심한 성비의 불균형을 이루고 있으며 연령별 인구 구성의 비율이 급변하였다는 특성을 가지고 있다. 호적중초에 나타난 1861년 달밭마을의 호구는 3통(統) 16호(戶) 105구(口)로 구성되어 있다. 105명의 인구는 남 42명, 여 61명으로 극심한 여초 현상을 보이고 있다. 또한 1891년 달밭마을의 호구는 20호에 인구 122명으로 구성되어 있으며 이중 남자는 50명 여자는 72명으로 여전히 여초현상이 심각한 수준이다. 1897년에는 51가구에 인구 197명이며 이중 남자는 86명, 여자는 111명이다.

호적중초에 극심한 성비 불균형이 나타나는 이유는 우선 기록상의 누락을 들 수 있다. 앞에서 밝힌 바와 같이 조선 후기의 호적 작성 방법은 관법이었고 호구 조사의 목적도 조세와 군역을 부담시키기 위한 것이었다. 관법은 백성의 과중한 조세와 군역 부담을 줄이기 위한 목적을 가지고 있었기 때문에 군역의 대상인 남자의 수가 실제의 수보다 적게 배정되는 것이 일반적이었다. 따라서 통상 남녀의 성비를 1 : 1 정도로 가정하고 인구 구성이 피라미드를 이루고 있었을 것이라고 상정한다면 실제 달밭마을의 인구는 최소한 1861년에는 약 170명, 1891년에는 약 180명, 그리고 1897년의 인구는 220명 이상이었을 것으로 추정할 수 있다.

　1861년 호적중초에 나타난 인구를 성별·연령별로 나타내면 [그림 9]와 같다.

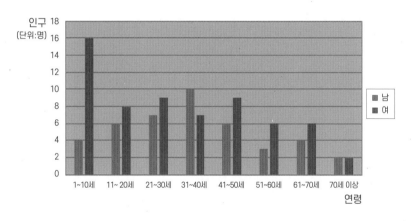

[그림 9] 1861년 성별·연령별 인구 구성

　우선 이 그림은 남녀 인구수에서 큰 차이가 난다는 점과 남녀 간 인구 피라미드 구조의 차이가 크다는 점에서 비정상적인 모습을 하고 있다. 이 그림을 보면 여자의 경우에는 전통사회 인구 구성의 전형적인 모습이라고 할 수 있는 피라미드 구조를 보인다. 즉, 연령이 낮을수록 인구가 많고 연령이 높아질수록 인구가 적은 모습이다. 그러나 남자의 경우는 이와 사뭇 다르다. 즉, 남자의 경우에는 31~40세 인구가 가장 많고 이를 기준으로 좌우로 점점 인구가 적어지는 모습을 보이고 있다. 특히 1~30세 사이의 인구가 지나치게 적다. 이는 1~30세 사이의 남자 인구가 의도적으로 과도하게 호적중초에서 누락된 것으로 해석될 수 있다.

남성 인구의 과도한 누락은 군역의 의무에서 그 원인을 찾을 수 있다. 군역의 의무가 없는 여성의 경우에는 인구를 비교적 정확하게 기록하여도 큰 부담이 없지만 남성의 경우에는 부담이 컸기 때문에 남성 인구를 과도하게 누락시킨 것으로 보인다. 특히 1~10세, 그리고 11~20세 남성 인구가 크게 누락된 것은 장래 군역의 의무를 부담해야 하는 사람을 미리 감소시킨 것으로 해석 가능하다. 관법에 의해 각 마을별로 호구를 배정하였지만 마을의 인구가 적게 등재되면 다음 호적 조사에서도 적은 수의 호구가 배정될 수 있었으므로 마을에서는 가능하면 인구의 수를 적게 등재하려고 하였으며 이는 국가가 부여하는 군역과 부역의 부담을 경감시키는 전략이 되었다.

이러한 남성 인구의 과도한 누락은 결과적으로 호적중초에 심각한 남녀의 성비 불균형을 만들어 내었다. 이는 호적중초에 나타난 남녀의 심각한 성비 불균형이 사회의 실제 모습을 담은 것이 아니라 의도적으로 조작된 것임을 의미한다. 따라서 최소한 연령별 남녀의 인구수를 비슷하게 상정하는 것이 당시의 실제 인구수를 더 정확하게 이해하는 것이 된다. 그리고 여성의 인구도 피라미드 구조를 하고 있었을 것으로 상정하면 1861년 달밭마을의 인구는 남녀 각 85명 정도로 추산 가능하게 된다.

1861년 호적중초에 나타난 달밭마을의 인구구조는 1891년 호적중초에도 그대로 유지되고 있다. [그림 10]은 1891년 호적중초를 기준으로 성별·연령별 인구 구성을 그림으로 나타낸 것이다.

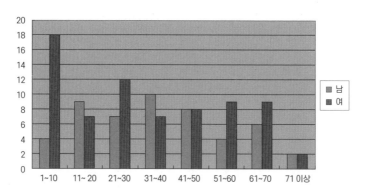

[그림 10] 1891년 성별·연령별 인구 구성

호적중초에 등재된 인구를 기준으로 보면 1891년 달밭마을의 인구 구조는 1861년과 대동소이하다. 1891년에도 여성의 경우에는 비교적 피라미드 구조를 유지하고 있다. 다만 10대와 30대 그리고 40대의 인구가 다른 연령층에 비해 다소 적은 모습을 보인다. 이 연령대의 여성 인구가 특별히 적은 구체적인 이유는 알 수 없으나 이 당시 인구구조가 피라미드 구조였을 것으로 상정하면 실제 인구가 기록상에서 누락된 것으로 볼 수 있다. 즉, 실제 여성 인구는 호적중초에 기록된 것보다 더 많았을 것이라는 추론이 가능하다. 그럼에도 불구하고 여성 인구에 비해 남성 인구의 왜곡은 더 심하다. 남성 인구는 1861년의 호적중초와 마찬가지로 30대 인구가 가장 많으며 이를 정점으로 연령이 높아지거나 낮아지는 쪽에서 인구가 줄어드는 모습을 하고 있다. 전통사회의 인구 구성이 통상 피라미드 구조를 하고 있고, 동일한 호적중초에서 여성 인구는 피라미드 구조를 하고 있음에 비추어 보면 남성 인구의 연령별 인구 구성비는 극단적으로 비정상적이다. 즉, 1~30세 사이의 인구가 크게 누락되었으며 연령이 어릴수록 더 크게 누락되었음을 의미한다.

특기할 만한 사실은 1861년과 1891년 호적중초의 성별·연령별 인구구조는 30년의 세월 차이에도 불구하고 크게 다르지 않다는 점이다. 인구수도 큰 변화가 없었을 뿐 아니라 호적중초에 등재된 내용을 기준으로 보면 인구구조 자체가 비슷하다. 또한 호적중초에 등재된 내용을 사료 비판을 통하여 보정하여 해석하더라도 그 결과는 비슷하다. 그러나 30년의 세월 차이를 두고 실제 마을에 거주하는 사람들은 많이 변화하였다. 즉, 1861년에 마을에 거주하던 호 중에서 상당한 수의 호가 1891년에는 사라졌고 반대로 1861년에는 등재되어 있지 않던 호가 1891년에는 새롭게 등재되었다. 이는 이 기간 동안 인구 이동이 많이 있었다는 깃을 의미한다. 30년 사이에 실제 마을에 거주하는 사람들은 크게 변하였지만 인구구조에는 큰 변화가 없었다. 즉, 호적중초에 등재된 내용으로만 보면 이 기간 동안 달밭마을은 사회인구학적 특성이 크게 변하지 않았다. 이는 30년의 세월 차이에도 불구하고 관법에 기초하여 관에서 배정한 달밭마을의 호구가 변하지 않았다는 것을 의미한다. 다시 말하면 실제 거주 인구는 30년간 변화가 있었을지라도 관에서 배정한 호구와 인구가 비슷하였기 때문에 호적중초상 등재된 사람을 기준으로 보면 인구구조가 유사하게 나타난 것이라는 해석이 가능하다. 또한 30년 동안 호적의 작성 방법이 변하지 않았다는 것으로도 해석 가능하다. 나이가 어린 남자를 대규모로 등재하지 않는 것이나 중년층의 나이를 의도적으로 올려서 등재한 것 등 호적에 인구를 등재하는 방법에도 큰 변화가 없었다는 것을 알 수 있다.

2) 인구 구성의 변화

1891년까지 안정적으로 유지되던 달밭마을의 인구구조는 1897년에 크게 변화하였다. 즉, 1897년의 호적중초에 나타난 인구구조는 1891년의 호적중초에 나타난 것과 상당한 차이를 보이고 있다. [그림 11]은 1897년 호적중초에 나타난 성별·연령별 인구구조를 그림으로 나타낸 것이다.

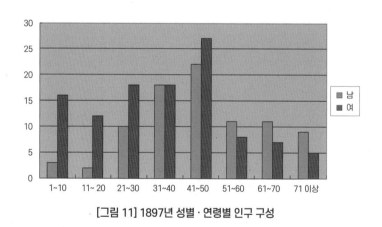

[그림 11] 1897년 성별·연령별 인구 구성

1897년의 호적중초에 나타난 인구구조는 1891년과 비교해서 두 가지 점에서 큰 차이를 보인다. 첫째는 여성의 경우에도 피라미드 구조가 무너지고 남성과 마찬가지로 40세 이하의 인구가 지나치게 적게 등재되어 있다는 점이다. 누락의 정도는 남성이 여성에 비해 훨씬 더 커서 1~20세까지의 인구는 거의 전원 누락되었다고 해도 과언이 아닐 정도이다. 뿐만 아니라 이전까지는 비교적 실재 인구와 비슷하게 기록되었던 여성의 경우도 1~40세까지의 인구가 비상식적으로 적게 등재되어 있다. 이는 군역이나 조세의 압력이 이전 시기에 비해 증가하여 의도적인 인구의 과소 등재가 일어났을 것이란 추론을 가능하게 한다. 또한 1896년에 공포된 호구조사규칙 및 호구조사세칙의 적용도 이런 왜곡의 원인으로 작용한 것으로 보인다. 새로운 호구조사규칙에 의하면 부모 세대와 자녀 세대는 호를 분리하게 되었으며 그 이전까지 하나의 호에 포함되어 있던 고공이나 친척들도 모두 분호(分戶)를 하여 독립된 호로 기록되게 되었다. 즉, 인구는 변화가 없음에도 새로운 호적조사규칙에 의하면 호의 수는 급증하게 된 것이다. 호의 증가는 호를 기준으로 하는 조세에 영향을 미치기 때문에 주민들의 조세 부담이 커지게 되었고 이에 대한 대응 방편으로 인구의 수를 크게 줄여서 등재한 것으로 보인다.

1897년 호적중초의 두 번째 특징은 50대 이상에서 남자의 수가 여자보다 더 많다는 점이다. 이전까지는 이 연령대에서도 여성의 수가 더 많았고, 통상 여성의 수명이 남성보다 더 길다는 점에서 본다면 이는 예외적인 현상이라고 할 수 있다. 50대 이상에서 남성이 여성보다 더 인구가 많다는 것은 여성의 등재 누락이 남성보다 더 심하였다는 것을 의미한다. 6년 사이에 이런 인구구조상의 변화가 나타난 것은 특기할만하며 별도의 설명을 요구한다.

호적중초와 19세기 후반 제주도 마을의 사회구조

3) 등재 나이의 왜곡

1897년 호적중초는 50대 이상에서 남성이 여성보다 더 많으며 30대에 비해 40대 인구가 더 많다는 특징을 가지고 있다. 이전까지는 30대 인구가 가장 많았으나 1897년 호적중초에서는 40대 인구가 30대 인구보다 더 많게 등재되어 있다. 이것은 실제 나이를 반영한 현상이라기보다 기록상의 왜곡 때문이다. 즉, 1897년 호적중초에는 1891년 호적중초에 비해 나이가 더 높게 기록되었다. 1891년 호적중초에 나이가 실제보다 적게 기록되었는지 아니면 1897년 호적중초에 나이가 실제보다 많이 기록되었는지, 즉 어느 식년의 나이가 실제에 더 부합하는지는 분석을 요하는 문제이다. [표 2]는 1891년과 1897년 호적중초에 동시에 기록된 동일인의 나이를 비교한 것이다.

[표 2] 1891년과 1897년의 나이 비교

남자의 나이		여자의 나이	
1891년	1897년	1891년	1897년
23	39	42	48
31	37	28	34
63	69	5	11
16	26	58	67
81	87	63	69
39	45	21	27
43	49	59	65
69	75	67	76
47	59	78	85
26	38	28	35
34	56	51	58
4	21	6	13

남자의 나이		여자의 나이	
1891년	1897년	1891년	1897년
42	48	5	13
45	50	42	48
24	36	20	28
44	65	38	50
17	40	51	59
36	42	44	68
49	62	25	31
26	32	38	45
8	23	69	81
39	49	32	38
58	78	42	47
33	61	41	48
41	47	60	79
57	63	25	31
61	71	41	47
34	44	56	63
30	35	61	68
		32	40
		20	28
		5	11
		2	9

　[표 2]에서 보는 바와 같이 1891년 호적중초와 1897년 호적중초에 동시에 기록된 남자는 29명이며, 여자는 33명이다. 상식적으로 생각해 보면 1891년과 1897년은 6년의 차이가 있으므로 동일인이라면 나이가 6살 더 많게 기록되어야 한다. 그러나 남자 29명 중 16명은 이런 상식에서 벗어나게 나이가 왜곡되게 기록되어 있다. 그리고 16명 중에서 두 사람은 정상보다 나이가 적게 증가한 것으로 기록되어 있으며 14명은 정상보다 더 많이 증가한 것으로 기록되어 있다. 그리고 적게 기록된 경우

　호적중초와 19세기 후반 제주도 마을의 사회구조

는 1살만 적게 기록되었지만 많게 기록된 경우는 4살에서 22살까지 많게 기록함으로써 왜곡의 정도가 훨씬 더 크다. 즉, 1897년 호적중초는 1891년 호적중초에 비해 나이를 더 높게 기록하였다고 할 수 있다.

이런 경향은 여자의 경우에도 그대로 나타난다. 1891년 호적중초와 1897년 호적중초에 동시에 기록된 여자는 33명이며 이 가운데 12명의 나이가 왜곡되어 있다. 여자의 경우에 나이를 적게 기록한 것은 한 명도 없으며 12명 모두 기간 차이보다 더 많이 나이가 증가된 것으로 기록되었다. 그리고 그 편차는 1세부터 18세까지이다. 요약하면 남자나 여자 모두 1897년 호적중초의 나이가 1891년 호적중초보다 더 많이 기록되었으며 남자의 경우가 여자의 경우보다 왜곡의 정도가 더 심하다고 할 수 있다. 즉, 1891년 호적중초와 1897년 호적중초에 동시에 등재된 사람들을 대상으로 하면 평균 연령은 6년의 시간 차이를 고려하더라도 1897년에 더 크게 증가하였다.

특기할만한 사실은 나이의 왜곡이 고부 이씨와 풍천 임씨 등 마을의 유력자일수록 더 심하다는 점이다. 예를 들면 고부 이씨인 이병구는 족보에 1848년생으로 되어 있다. 1891년 호적중초에는 그의 나이가 44세로 정확하게 기록되어 있지만 1897년 호적중초에는 65세로 기록되어 있다. 6년 사이에 21살이 늘어난 셈이다. 그의 아들인 이진식은 족보에 1868년생으로 되어 있다. 1891년에 그의 나이는 24세가 되지만 1891년 호적중초에는 17세로 기록되어 있다. 또한 1897년에 그의 나이는 30세가 되지만 1897년 호적중초에는 40세로 기록되어 있다. 1891년에는 실제보다 7살 적게 기록하고 1897년에는 오히려 실제 나이보다 10살 더 많이 기록한 것이다. 이런 왜곡은 군약과 조세의 대상이 되는 것을 피하기 위하여 장정이 되는 초창기에는 나이를 더 적게 기록하여 장남정(壯男丁)에서 빠지고, 일정 나이가 되면 나이를 높여서 기록하여 장남정(壯男丁)에서 빨리 벗어나고자 한 것이다. 그리고 나이의 왜곡이 심한 사람은 대부분 고부 이씨, 풍천 임씨, 경주 김씨 등 마을의 유력자들이었다. 군역과 조세의 부담을 줄이고자 하는 노력은 유력 집단에서 더 빈번하게 일어난 셈이다.

족보와 호적중초를 비교해 보면 장정(壯丁)의 경우 1891년까지는 비교적 실제 나이에 가깝게 등재되었으나 1897년 호적중초에서는 나이의 왜곡이 심하게 나타났다는 것을 알 수 있다. 이는 1897년을 전후하여 호적의 근간이 무너지고 있었다는 것을 의미한다. 인구의 수나 연령이 실제와 상당히 다르게 등재됨으로써 조세와 군역을 부담시키는 수단으로서 호적의 기능은 약화되었고, 그에 따라 호적은 더 이상 통치의 수단으로 기능하지 못하게 되었다.

호적중초에 대한 사료 비판을 통하여 19세기 후반 달밭마을의 인구구조를 살펴보면 달밭마을의 인구는 전형적인 피라미드 구조를 하고 있었다. 그리고 남녀의 인구도 비슷한 수준이었다고 할 수 있다. 다만 실제의 인구 구성과 호적중초상에 나타난 인구 구성은 상당한 차이를 보이는데 이는 호적중초가 실제의 인구를 있는 그대로 반영하지 못하고 있었기 때문이다. 그리고 실제의 인구와 호적중초에 등재되는 인구의 간극은 시간이 지날수록 더 심화되어 1897년 이후에는 더 이상 호적이 통치수단으로서의 기능을 유지할 수 없게 되었다.

실제와 등재된 것의 차이는 조세와 군역의 부담을 줄이고자 하는 국가의 배려와 주민들의 노력에 의한 결과이기도 하며, 다른 한편으로는

호적중초와 19세기 후반 제주도 마을의 사회구조

마을 내에서 가구들 사이의 권력 차이가 작동한 결과이기도 하다. 즉, 마을 내에서 유력한 가구일수록 조세와 군역의 부담을 줄이고자 하는 욕구가 커서 이들 가구에서 왜곡이 더 집중적으로 나타났다. 요컨대, 호적중초는 당시의 사회상과 그 역동성을 이해하는 중요한 수단이 될 수 있다.

인구 이동의
양상

호적중초에 나타난 인구와 가구의 수는 실제의 상황과 상당한 차이를 보인다. 이는 전술한 바와 같이 호적중초가 핵법이 아니라 관법에 의해 작성되었기 때문이다. 그러나 관법은 매 식년마다 일관되게 적용되었기 때문에 기록된 것과 실제 상황과의 차이는 일관성을 가지고 있다고 할 수 있다.[1] 따라서 기록된 자료와 실제 현상 사이의 차이에 대한 원인을 고려하여 호적중초 자료를 해석하고 그 변화의 추이를 보는 것은 당시의 사회적 실제를 이해하는 하나의 수단이 될 수 있다.

인구 이동은 사회의 변동성을 볼 수 있는 중요한 지표이다. 인구의 유입과 유출에는 원인이 있으며 이는 시대상을 반영하고 있다. 정치적 혼란과 산업화 그리고 전쟁 등은 인구 이동의 중요한 원인이다. 제주도

---

1 호적중초에 기록된 내용과 실제 상황의 차이는 일관성을 가지고 있다. 즉, 인구는 20세 이하 남자에게서 과도한 누락이 일어나며, 가구는 합호(合戶) 하는 방법으로 그 수를 줄였다. 자세한 내용은 김창민(2010b)을 참고할 것.

에서도 4 · 3사건과 1960년대 이후의 밀항은 대규모 인구 유출의 원인이 되기도 하였다. 또한 인구 이동이 남성과 여성 중 어느 성별을 중심으로 일어났는지, 그리고 어느 연령대에서 주로 일어났는지를 파악하는 것도 인구 이동의 양상으로서 중요하다. 산업화로 인한 농촌인구의 유출은 주로 성인 남자들을 중심으로 일어났다. 이렇게 인구 이동은 사회상을 반영하고 있다.

가구의 변동도 중요하다. 가구의 변동은 새로운 가구의 유입이나 기존 가구의 유출로도 일어나지만 분가에 의해서도 일어난다. 가구수의 증가는 마을 공유 자산을 이용할 수 있는 단위가 증가한다는 것을 의미하는 것으로서 마을 공동 목장과 바다 등 마을 공유 자산이 중요한 제주도에서는 중요한 의미를 갖는다. 즉, 가구의 증가가 분가에 의한 것인지 아니면 새로운 가구의 유입에 의한 것인지, 그리고 거주하는 가구가 어느 정도의 기간 동안 동일한 마을에 거주하고 있는가를 밝혀보는 것 등은 마을의 사회구조를 이해하는 중요한 수단이 될 수 있다.

1) 가구 단위의 이동

인구의 이동은 크게 가구 단위의 이동과 개인 단위의 이동으로 나누어 볼 수 있다. 가구 단위의 이동은 호적중초에서 새로운 가구의 등장과 소멸로 파악할 수 있으며 개인 단위의 이동은 동일한 호에 새롭게 등장하는 인물과 사라지는 인물로 파악할 수 있다. 호적중초라는 제한된 자료로는 인구 이동의 원인을 파악하기에는 한계가 있지만 이동의 양상은

호적중초와 19세기 후반 제주도 마을의 사회구조

어느 정도 파악이 가능하다. 먼저 호적중초를 통해서 본 달밭마을의 가구수 변화는 [표 3]과 같다.

[표 3] 연도별 가구수의 변화

	1861	1864	1867	1891	1894	1897
이전 연도 가구수	-	16	17	21	20	27
전출 가구수	-	0	0	14	2	1
증가 가구수	-	1	4	13	9	25
총 가구수	16	17	21	20	27	51
	1898	1899	1900	1901	1903	1909
이전 연도 가구수	51	49	48	48	48	46
전출 가구수	3	2	1	0	2	12
증가 가구수	1	1	1	0	0	40
총 가구수	49	48	48	48	46	74

이 표는 가구의 변화에서 몇 가지 중요한 특징을 보여준다. 첫째는 1867년과 1891년 사이에 전출 가구와 전입 가구가 상당히 많았다는 점이다. 즉, 1867년에 있던 21가구 중 14가구는 1891년 호적중초에서는 사라졌으며 대신 13가구가 새롭게 등장하였다. 24년 사이에 전체 가구의 약 70%가 다른 가구로 대체된 것이다. 이는 이 기간 동안 가구 단위의 이동이 상당히 심하였다는 것을 의미한다. 따라서 인구의 측면에서 마을의 연속성이 유지되기 힘들었다고 판단할 수 있다.

두 번째 특징은 1894년과 1897년 사이와 1903년과 1909년 사이에 가구의 수가 급증하였다는 점이다. 이 두 기간 동안 인구는 [표 1]에서 보는 바와 같이 각각 172명에서 197명으로, 그리고 195명에서 229

명으로 증가하여 큰 변화가 없는 반면 가구수는 [표 3]에서 보는 바와 같이 각각 27가구에서 51가구로, 46가구에서 74가구로 급증하였다. 이는 기본적으로 호적 편제상의 변화에 기인한다. 즉, 1896년에 호구 조사 방법이 변화되어 호의 기준이 실제 거주 단위로 변경되었다. 즉, 이전에는 하나의 호에 결혼한 아들들의 가족이나 노비들 그리고 궨당 가족까지 포함시켰지만 호적 작성 방법이 변경된 이후에는 이를 모두 분리하도록 하였다. 실제 생활 단위로 호적을 작성함으로써 인구의 증가가 없는 상태에서도 호의 증가가 이루어진 것이다. 그러나 실제 호적 작성에서는 이 원칙이 엄밀하게 지켜지지 않은 측면도 있다. 김창민(2010b)은 실제 호적중초의 분석을 통하여 호적 작성 방법이 변경된 이후에도 여전히 장남 가족을 부모와 하나의 호로 편제하거나 궨당이나 고공을 포함하여 하나의 가구로 편제한 사례가 다수 존재함을 보여줌으로써 호적 작성 방법의 변화가 결합 가족에 대해서는 비교적 엄격하게 적용된 반면 직세 가족에 대해서는 다소 느슨하게 적용되었음을 밝혔다. 그럼에도 불구하고 1897년의 가구수 증가에 호적 작성 방법의 변화가 직접적인 원인으로 작용하였음은 부정할 수 없다.

가구 단위의 인구 이동을 더 세밀하게 파악하기 위하여 1861년부터 1891년 사이의 가구주 변화를 살펴보면 [표 4]와 같다.

[표 4] 1861년~1891년 가구주의 변화

1861	1864	1867	1891
강계인	강계인	강진확 (강계인의 아들)	삭제
강세봉	강세봉	강세봉	강광량(강세봉의 조카)

호적중초와 19세기 후반 제주도 마을의 사회구조

1861	1864	1867	1891
강용혁	강용혁	강창원 (강용혁의 아들)	삭제
강인국	강인국	강인국	강의국(강인국의 형)
강창록	강창록	강창록	삭제
고영태	고영태	고영태	삭제
고한창	고한창	고한창	삭제
김성집	김성집	김성집	삭제
김소사	김소사	김소사	삭제
김한겸	김한겸	김한겸	김양송(김한겸의 아들)
송흥옥	송흥옥	송흥옥	송한능(송흥옥의 손자)
			송인원(송흥옥의 5촌 조카)
이경실	이경실	이경실	이항빈(이경실의 차자)
			이병구(이경실의 장손)
이종욱	이종욱	이종욱	삭제
임광득	임광득	임광득	임성규(임광득의 아들)
임시현	임시현	임의오 (임시현의 아들)	삭제
	임원보 (임시현의 조카)	임원보	임재일(임원보의 손자)
현상구	현상구	현상구	삭제
-	-	고한필	삭제
-	-	김광련	삭제
-	-	김여록	삭제
-	-	김흥현	삭제
-	-	-	강명량, 강영준, 고광효 고일원, 김상종, 김종현, 김형순, 박종학, 원인평, 정시진, 조성국

    [표 4]를 통해서 보면 1861년과 1864년 사이에는 임시현의 호가 두 호로 나누어진 것 외에는 호의 변화가 없었다. 그리고 1864년과 1867 년 사이에도 아들에게 호주가 계승된 호가 3가구이며, 신규로 등재된 호

가 4가구 있었을 뿐 큰 변화는 없었다. 그러나 1867년과 1891년 사이에는 시간 간격이 크기는 하지만 기존 호 중 호적에서 사라진 가구가 14가구 있으며 새롭게 등장한 호가 11가구 그리고 호가 계승된 경우가 7가구, 분호가 2가구 있었다. 전체 호 중에서 상당한 비율로 호의 이동이 있었다. 그 결과 1861년에 등재되었던 16가구 중 1891년에도 아들이나 손자 또는 조카 등을 통하여 가구가 이어진 경우는 6가구였으며 나머지 10가구는 1867년까지는 이어졌지만 그 이후에는 등재에서 사라지게 되었다. 또한 1867년에 신규로 등재된 4가구는 1891년에는 모두 호적중초에서 사라졌다. 이들은 달밭마을에 일시적으로 머물렀으며 정착하지는 못하였다.

이 시기에 인구이동이 극심하였던 것은 당시 제주사회가 구조적으로 불안정하였기 때문이다. 1800년대 후반은 민중에 대한 관의 수탈이 극심하였다. 특히 제주도에서는 화전세(火田稅)가 문제였다. 제주도는 농경지가 부족하여 기층 민중들이 한라산 중턱을 이용하여 화전을 하였다. 이전까지는 경작지를 확대하기 위하여 화전을 하는 사람들에게 세금을 적극적으로 부과하지 않았으나 1800년대 중반 이후 화전세 수취를 적극적으로 실시하였다. 1898년의 방성칠의 난과 1901년의 이재수의 난은 과도한 조세에 대한 저항으로 일어난 민란이었다. 적극적인 조세 저항으로서 민란은 1800년대 말에 일어났지만 민란이 일어나기까지 민중들에 대한 수탈이 심하여 유민으로 전락하는 경우도 많았다. 마을에 정착하여 살면서 과도한 세금에 시달리는 것보다 유랑하면서 세금의 부담에서 벗어나는 것이 더 전략적이었다. 유랑하는 사람들이 많아지면서 호적중초에도 등재된 호구의 변화가 심하게 나타난 것이다.

달밭마을에서 호적중초에 등재되어 있다가 삭제된 가구들은 대부분 궨당관계가 약한 가구들이었다. 이는 사회 관계망이 가구 이동의 중요한 원인이었음을 의미한다. 1891년 호적중초에서 사라진 14호 중 8개의 호는 마을 사람과 어떤 형태든 궨당관계를 맺고 있었으나 6개의 호는 궨당관계를 전혀 찾을 수 없는 독립된 호였다. 궨당관계가 있으면서 타 지역으로 이주한 8개 호의 호주는 대부분 풍천 임씨 및 고부 이씨들의 딸과 혼인한 사위들로서 이들에게 풍천 임씨 및 고부 이씨들은 처궨당에 해당하였다. 이들 중 고영태와 고한창 그리고 김성집은 이씨의 사위이거나 사둔이었으며, 강창록은 임광득의 사위였고 강창원은 강창록과 사촌 간이었다. 그리고 현상구 역시 이씨의 사위였다. 임의오와 이종욱은 풍천 임씨와 고부 이씨였다. 즉, 마을의 중심 세력이었던 고부 이씨와 풍천 임씨들의 딸과 사위가 다른 마을로 이주한 것이다. 사위와 딸이 주로 이주하였다는 것은 딸이 결혼하는 경우 초기에는 부모와 같은 마을에 동거하다가 시간이 지나면서 다른 마을로 이주하였음을 의미한다. 단편적 자료이기는 하지만 이러한 사실로 비추어 처궨당은 상대적으로 성궨당에 비해 결속력이 약했던 것으로 판단된다.

1867년 호적중초에는 없던 호가 1891년에 새롭게 등재된 경우는 11개 호였다. 이 경우 6개 호는 기존의 호주와 혈통 및 혼인으로 이어지지 않은 독립 가구였으나 5개 호는 궨당관계를 맺고 있었던 경우이다. 이들 중 강명량은 김한겸 사돈의 매부로서 김한겸의 아들인 김양송은 강명량 처남의 사위였다. 즉, 김한겸과 강명량은 사돈의 사돈으로서 부찌사돈에 해당하였다. 김상종은 이항빈과 이종사촌 간이었다. 김종현은 그의 아들이 이항빈의 손녀와 결혼한 관계로서 두 사람은 사돈 관계였다. 정시진은 임성규의 외6촌이었으며 조성국은 김양송과 사돈 관계였다. 새롭게 이주한 호주들은 기존의 마을 사람과 혼인관계나 혈통관계가 없는 독립된 가구인 경우도 있었으나 상당수는 혼인을 매개로 한 궨당관계를 맺고 있었던 사람들이었다.

한편 1891년부터 1897년 사이의 가구주 변화를 살펴보면 [표 5]와 같다.

[표 5] 1891년~1897년 가구주의 변화

1891년	1894년	1897년
강광량	삭제	-
강명량	강명량	강명량
		강명석(강명량의 동생)
강영준(위주)	강위주(영갑)	강영갑
강의국	강의국	강의국
고광효	고광효	고광효
고일원	고일원	고일원
김상종	김상종	김상종
김양송	김양송	김양송
김종현(종근)	김종근	김종근
김형순	김기휴(김형순의 아들)	김기휴
박종학	박종학	박창운(박종학의 아들)
송인원	송인원	송인원
송한능	송한능	송한능
원인평	삭제	-
이병구	이병구	이병구
이항빈	이항빈	이병체(이항빈의 아들)

호적중초와 19세기 후반 제주도 마을의 사회구조

1891년	1894년	1897년
임성규	임성규	임성규
		임시종(임성규의 아들)
	이제원(임성규의 사위)	이제원
임재일	임재일	임재일
		임의빈(임재일의 삼촌)
정시진	정시진	정시진
조성국	조성국	조성국
-	강용팔(이제원의 조카 사위)	강용팔
-	강선량	강선량
-	강우백	강우백
-	강제원	강제원
-		강성묵(강제원의 아들)
-	고일홍(성도) (임성규의 당)	고성도
-	김광원	김광원
-	조인평	삭제
-	현상률(정시진의 처의 고종사촌)	현상률
-	-	강세우, 강응순, 강재성, 고명수, 고광서, 김려순, 김려식, 김병선, 김용진, 김이숙, 김이황(김이숙의 형), 김재능, 김치백, 김항관, 송석준, 오도성, 오소사, 이병언, 이한주, 정명일, 한기행

[표 5]를 통해서 보면 1891년과 1894년 사이에는 가구의 증가가 눈에 뜨인다. 즉, 분가한 가구가 1가구, 사라진 가구가 2가구인 반면 새롭게 등장하는 가구가 8가구이다. 새롭게 등장한 가구 중 3가구는 기존의 가구와 혼인으로 맺어진 가구이며, 나머지 5가구는 기존의 가구와 친족관계나 궨당관계가 없는 독립된 가구이다. 이는 이 시기에 가구 단위의

인구 유입이 활발하였음과 가구 이동의 경우 혼인에 의한 연망이 중요하게 작용하였음을 의미한다.

1894년에 호적중초에 새롭게 등재된 인물 중 강우백(姜遇伯)이 있다. 강우백은 1897년 호적중초까지 등재되었으나 그 이후에는 더 이상 나타나지 않는다. 강우백은 1901년에 발생한 이재수의 난[2]에서 세 장두(狀頭) 중 한 명으로 활약한 인물로서 이재수의 난 처리 과정에서 교수형에 처해진 인물이었다. 강우백이라는 유력한 인물이 짧은 기간 동안 달밭마을의 호적중초에 나타난 것은 그동안 등재에서 누락되었다가 1894년부터 1897년 사이에 등재되었고 그 이후에 다시 누락되었음을 의미한다. 비록 짧은 기간 동안 호적중초에 등재되어 있었지만 강우백은 달밭마을에 터전을 잡고 살던 사람이었다. 달밭마을의 중요한 문서를 보관하는 도갑에는 강우백이 마을 사람에게 토지를 판매한 매매계약서가 남아 있다. 매매계약서의 내용은 이경실의 장손인 이병구에게 돈을 빌려 사용하였고, 그 돈을 갚지 못하여 토지 소유권을 넘긴다는 내용이다. 마을의 유력한 주민에게 돈을 빌렸다는 것과 토지를 가지고 있었다는 것은 그가 일시적으로 거주한 것이 아니라 장기간 거주한 사람임을 의미한다.

1894년과 1897년 사이에도 가구수의 증가가 있었다. 이 기간 동안

---

2   이재수의 난은 1901년 대정현을 중심으로 일어난 민란이다. 당시 제주목사는 조세를 징수하는 과정에 천주교도들을 동원하였다. 주민들은 천주교도들이 우월적 지위를 이용하여 자신들을 착취하는 것과 과도한 조세에 불만을 품고 민란을 일으켰다. 민란의 지도자인 장두(狀頭)로는 관노였던 이재수를 비롯하여 오대현, 강우백 세 사람이 선출되었다. 이재수의 난은 국가의 지배에 대한 지역 주민의 저항이라는 의미와 천주교라는 외세의 침탈에 대한 저항이라는 두 가지 의미를 가지고 있다.

호적중초와 19세기 후반 제주도 마을의 사회구조

호적중초에서 사라진 가구는 1가구, 분가한 가구가 4가구였다. 그리고 신규로 등재된 가구가 21가구였다. 사라진 가구의 가구주인 조인평 역시 1894년에 처음 등재되었다가 1897년에 삭제된 것으로 보아 일시 거주자였을 것으로 짐작된다. 반면 분가한 4가구는 풍천 임씨에서 2가구, 진주 강씨에서 2가구 있었다. 이들 가구는 규모가 큰 가구였으며 마을의 유력 집단이었다. 유력한 가구가 호적중초에서 사라졌다는 것은 이들이 마을에서 이주하였음을 의미하며 그만큼 이 시기는 인구 이동이 심하였던 시기임을 알 수 있다.

1897년 달밭마을 호적중초에서 총 51가구 중 21가구가 새롭게 등재되었다는 것은 이 당시 인구 이동이 매우 활발하였다는 것을 의미한다. 물론 호적 작성 방법의 변화에 의한 가구수의 증가가 큰 영향을 미쳤지만 새로운 가구의 유입도 적지 않았다. 새롭게 유입된 가구는 기존 마을 주민들과 궨당관계에 있던 사람들이었으며 그렇지 않은 경우에는 이주한 이후 기존 마을 주민들과의 혼인을 통하여 궨당관계를 형성하고자 하였다. 혈통에 의한 친족관계는 생득적인 것이지만 혼인에 의한 궨당관계는 개인의 노력이나 전략에 의해 형성할 수 있는 것이었기 때문에 마을에 새롭게 유입한 가구주들은 마을의 유력 집단과 궨당관계를 형성함으로써 마을에 정착하고자 시도한 것이다.

1903년의 호적중초와 1909년의 호적중초를 비교해 보면 가구수가 46가구에서 74가구로 증가하였다. 1909년 가구수 증가의 원인은 핵가족 및 부부 가족의 증가에서 찾을 수 있다. 1909년 74가구 중 핵가족은 45가구로 전체의 61%에 해당한다. 또한 핵가족 중 자녀 없는 부부 가족은 28구로서 전체의 38%에 해당한다. 핵가족의 증가는 그 이전까지 직계가족 또는 결합가족으로 편제되었던 가구가 핵가족으로 분리 편제되어 가구수가 증가하는 원인으로 작용하였다.

[표 6]은 증가 가구의 수를 원인별로 나타낸 것이다.

[표 6] 원인별 신규 등재 가구의 수

	1864	1867	1891	1894	1897	1898	1899	1900	1901	1903	1909
신규 호의 수	1	4	15	9	25	1	1	1	0	0	40
독립 전입	0	4	6	5	20	1	1	0	0	0	27
친족 전입	1	0	4	0	3	0	0	1	0	0	3
혼인 전입	0	0	5	4	0	0	0	0	0	0	0
분가	0	0	0	0	2	0	0	0	0	0	10

[표 6]에서 보는 바와 같이 1909년 호적중초에서 1903년에 비해 증가한 40가구 중 10가구가 분가에 의한 증가였다. 그러나 이는 이 기간 동안 실제 분가를 한 가구가 증가한 것이 아니라 호적중초에 호를 분리히여 등재히였기 때문이다. 즉, 1903년에도 실제 거주 공간은 분리되어 있었지만 호의 편제상 하나의 호로 되어 있던 가구가 1909년에는 실제 거주 단위를 기준으로 편제되었다.

한편 이 기간 동안 전입한 가구는 총 30가구였다. 전입 가구의 증가는 가구수 증가의 직접적인 원인이었다. 전입 가구의 수가 많음에도 불구하고 인구수는 1903년 104명에서 1909년 106명으로 크게 증가하지 않았다. 가구의 급증에도 불구하고 인구 증가가 미미한 것은 부부 가족의 수가 많다는 데서 원인을 찾을 수 있다. 즉, 부부 가구의 수가 비정상적으로 많아 가구별 평균 인구의 수가 급감하였으며, 이는 이 시기의 호적 조사에서는 어린이의 누락이 광범위하게 이루어졌음을 의미한다. 실

호적중초와 19세기 후반 제주도 마을의 사회구조

제 이 시기의 인구 피라미드를 보면 20세 이하의 연령층이 비정상적으로 적어서 이런 해석을 가능하게 한다. 따라서 1909년의 인구는 호적중초에 나타난 것보다 훨씬 더 많았을 것으로 추정할 수 있으며 호적중초가 실제의 마을 상황을 제대로 보여주지 못하게 되었다고 볼 수 있다.

한편, [표 6]은 연도별 가구의 증가 원인이 무엇인지를 보여주고 있다. [표 6]은 가구수 증가의 가장 중요한 원인이 독립 전입[3]이며, 다음이 분가, 그리고 나머지는 친족관계나 혼인을 매개로 한 전입임을 보여준다. 특히 가구수의 증가가 두드러지게 나타난 1897년과 1909년의 경우에 이런 경향이 잘 나타난다. 1897년의 경우 증가한 25가구 중 독립 전입이 20가구이며, 1909년의 경우에도 증가한 40가구 중 독립 전입이 27가구였다. 이는 1800년대 후반에서 1900년대 초반에 이르는 시기에 제주도의 인구 이동이 매우 활발하게 일어났음을 의미한다. 그리고 활발한 인구 이동은 마을 주민의 사회관계 변화에도 영향을 미쳤을 것이며 따라서 마을의 사회구조도 변화되었을 것으로 추론할 수 있다.

2) 개인 단위의 인구 이동

가구 단위의 인구 이동에서 가장 중요한 요인이 독립 전입이었다면

---

3   독립전입이라고 분류한 것은 전입한 가구주가 호적중초에서 기존의 마을 주민들과 궨당 관계를 형성하고 있지 않은 경우를 말한다. 그러나 호적중초상 궨당관계를 파악하지 못한 경우라도 호적중초에서 누락된 주민들과 궨당관계를 맺고 있을 수도 있었으며, 증조부 이전 세대에서 혼인관계로 맺어지 있을 수도 있어 실제 독립전입의 비율은 호적중초에 나타난 것보다 적었을 것이다.

개인 단위의 인구 이동은 이와 차이를 보였다. 개인 단위의 인구 이동은 가구원 중 일부가 들어오거나 나가는 것을 말하며 그 원인은 대부분 혼인이었다. 호적중초에 등재된 가구원을 그 이전에 작성된 호적중초 및 그 이후에 작성된 호적중초와 비교하면 개인 단위의 인구 이동 양상을 파악할 수 있다. 예를 들어 1894년 호적중초를 그 이전인 1891년 호적중초와 비교하면 누가 새롭게 가구원으로 들어왔으며 누가 나갔는지를 파악할 수 있다. 개인 단위의 인구 이동 양상을 파악하기 위하여 1864년과 1867년 그리고 1891년과 1894년의 호적 자료를 사례로 분석하였다.

1864년의 17개 호는 1867년에도 그대로 호적중초에 등재되어 있어서 호구별 인구 이동의 양상을 파악할 수 있다. 이 양상을 표로 나타낸 것이 [표 7]이다. 1864년의 호구원 중에 가운뎃줄이 그어진 사람은 1867년에는 등재되지 않은 사람이며 1867년 호구원 중 아랫줄이 그어진 사람은 새롭게 등재된 사람이다. 그리고 호주가 사망한 경우 1867년 호적중초에는 아들이 호주로 등재되어 있지만 1864년과의 비교를 위하여 가족관계를 1864년 기준으로 정리하였다.

[표 7] 1864년~1867년 사이의 호구 내 인구 이동

1864년		1867년	
호	호구원	호	호구원
1통1호 강계인	호주, 처, 자부, 손녀, 손녀, 자첩, 차자	4통2호	호주(사망), 자부, 손녀, 손녀, 손자, 자첩, 차자, 서손자
1통2호 강창록	호주, 모, 처, 자부, 녀, 차녀(5),[4] 육촌제(39, 여), 칠촌질녀	3통1호	호주, 모, 처, 자부, 녀, 칠촌질녀
1통3호 강용혁	호주, 처모, 처, 자, 자부	1통2호	호주(사망), 처모, 처, 자, 자부, 녀, 고공, 고공첩
1통4호 임시현	호주, 처, 자부, 손자, 손부, 차손녀, 증손녀(8), 증손녀	1통3호	호주(사망), 처, 자부, 손자, 손부, 차손녀, 증손녀,
1통5호 김성집	호주, 처, 자	1통4호	호주, 처, 자, 녀
2통1호 김소사	호주, 자, 녀, 외손녀	1통5호	호주, 자, 녀, 외손녀, 차외손녀
2통2호 현상구	호주, 모, 처	2통1호	호주, 모, 처
2통3호 이경실	호주, 자, 자부, 손자, 손부, 증손녀, 차손자, 차자, 차자부, 손부, 첩, 서녀, 고공, 고공처	2통2호	호주, 자, 자부, 손자, 손부, 증손녀, 차손자, 차자, 차자부, 손자, 손부, 첩, 서녀
2통4호 이종욱	호주, 처, 자, 자부, 손녀, 녀	2통3호	호주, 처, 자, 자부, 손녀, 녀, 차녀
2통5호 김한겸	호주, 모, 처, 자, 자부, 녀, 차자(10), 매	2통5호	호주, 모, 처, 자, 자부, 녀, 매, 손녀
3통1호 강인국	호주, 녀(14), 자, 제, 제수, 질녀	1통1호	호주, 자, 제, 제수, 질녀, 첩
3통2호 임광득	호주, 처, 자, 자부, 손녀, 차손녀, 차자, 이성 육촌제, 이성육촌제처, 아성칠촌질녀(5), 녀	3통2호	호주, 처, 자, 자부, 손녀, 차손녀, 차자, 이성육촌제, 이성육촌제처, 녀
3통3호 고영태	호주, 자, 자부, 손자, 손부, 증손녀, 손녀	3통3호	호주, 자, 자부, 손자, 손부, 증손녀, 손녀
3통4호 송흥옥	호주, 처, 자, 자부, 첩, 서녀, 차첩	3통4호	호주, 처, 자, 자부, 첩, 서녀, 차첩, 자첩
3통5호 고한창	호주, 모, 처, 이모부, 이모, 아모부제	3통5호	호주, 모, 처, 녀, 이모부, 이모,
3통6호 강세봉	호주, 처, 자, 자첩, 손녀, 차손녀	4통1호	호주, 처, 자, 자부(자부와 동일인), 손녀, 차손녀
3통7호 임원보	호주, 처, 자부, 손자, 녀(23), 차녀(17)	2통4호	호주, 처, 자부, 손자, 차손자

---

4   괄호 안의 숫자는 호적중초에 등재된 연령이다.

[표 7]을 통해서 보면 1864년과 1867년 사이에 호구원에서 빠진 사람이 16명, 새롭게 등장한 사람이 11명임을 알 수 있다. 인구가 유출된 경우는 사망이 4명, 혼인으로 인한 이동으로 추론되는 사람이 4명, 고공이었다가 가구원에서 탈락한 경우가 2명이었다. 즉, 1통1호의 호주와 호주의 처, 1통3호의 호주 그리고 1통4호의 호주는 사망한 경우이며 1통2호의 육촌제, 3통1호의 녀 그리고 3통7호의 여와 차녀는 연령으로 보아 혼인을 한 경우로 추측된다. 그리고 나머지 6명은 정확한 원인을 알 수는 없지만 혼인과 마을 외부로의 이주 또는 사망으로 추측된다. 반면 새롭게 등재된 사람은 출생이 7명이었으며[5] 첩의 신분으로 혼인한 경우가 2명이었다. 그리고 고공 부부로 호구원이 된 사람이 2명 있었다. 인구의 이입은 출생과 혼인이 가장 중요한 원인이었음을 알 수 있다.

한편, 1891년에 등재된 호구가 1894년에도 등재된 경우는 18가구이다. 이 기간 중 가구가 없어지거나 새롭게 등재된 경우는 호구원 개인의 인구 이동 양상을 파악할 수 없으며 연속으로 호구가 유지된 경우에만 개인별 이동 양상을 파악할 수 있기 때문에 연속으로 등재된 호구를 대상으로 인구 이동을 비교하였다. 1891년과 1894년 사이의 개인별 인구 이동 상황을 표로 나타내면 [표 8]과 같다.

---

5   4통2호의 서손자, 1통2호의 녀, 1통4호의 녀, 1통5호의 차외손녀, 2통3호의 차녀, 2통5호의 손녀, 3통5호의 녀가 이 경우에 해당한다.

호적중초와 19세기 후반 제주도 마을의 사회구조

[표 8] 1891년~1894년 사이의 호구 내 인구 이동

1891년		1894년	
호	호구원	호	호구원
1통1호 강의국	호주, 처, 자	1통1호	호주, 처, 자, 자부, 질녀
1통2호 이항빈	호주, 처, 자, 손자, 손부, 손녀, 증손녀, 손자, 자첩, 차자, 차자부, 손녀, 손녀(†)	1통2호	호주, 처, 자, 손자, 손부, 손녀, 증손녀, 손녀, 손자, 손부, 자첩, 차자, 차자부, 손녀,
1통3호 김종근	호주, 처, 자부, 서모	1통3호	호주, 처, 자부
1통4호 조성국	호주, 처, 자, 자부, 손녀, 손녀, 차자, 차자부	1통4호	호주, 처, 자, 손녀, 손녀, 자첩, 차자, 차자부
1통5호 임재일	호주, 처, 삼촌, 삼촌처, 삼촌자	1통5호	호주, 처, 자, 삼촌, 삼촌처, 삼촌자
2통1호 임성규	호주, 처, 자, 자부, 녀, 차자, 제, 제처모, 제처, 질녀, 질녀	2통1호	호주, 처, 자, 자부, 녀, 차자, 차자부, 제, 제처모, 제처, 질녀, 질녀
2통2호 이병구	호주, 처, 자, 자부, 제, 제처	2통2호	호주, 처, 자, 자부, 제, 제처
2통3호 강위주	호주	5통2호	호주, 처
2통4호 송인원	호주, 처, 자, 녀, 녀	4통4호	호주, 처, 자, 녀, 녀, 녀
2통5호 정시진	호주, 처	2통5호	호주, 처, 녀
3통2호 김형순	호주, 처, 자, 자부, 차자, 자첩, 차자처, 차손녀	5통1호	호주(사망), 자, 자부, 차자처, 차손녀, 손녀
3통3호 송한능	호주, 조모, 모, 처, 녀	3통4호	호주, 모, 처, 녀, 녀
3통4호 고일원	호주, 처, 처모, 처형	4통3호	호주, 처, 자, 녀, 처모
3통5호 김양송	호주, 모, 처, 형수, 질자, 질녀, 녀	3통5호	호주, 모, 처, 형수, 질자, 질부, 질녀, 녀, 육촌제, 칠촌질녀, 육촌매
4통1호 강명량	호주, 계모, 처, 녀, 녀, 제, 종조, 종조처, 오촌숙	4통1호	호주, 계모, 처, 녀, 녀, 녀, 제, 종조, 종조처, 오촌숙
4통2호 김상종	호주, 자, 손녀, 차손녀(8), 차자, 차부, 첩	2통4호	호주, 자, 손녀, 차자, 차부, 첩
4통3호 박종학	호주, 자, 자부, 차자, 질자부, 손녀, 첩	4통2호	호주, 자, 자부, 손녀, 차자, 질자부, 손녀,
4통5호 고괄후	호주, 처, 자, 녀, 외손, 외손	3통3호	호주, 처, 자, 외손녀

1891년과 1894년 사이에 호구 이동이 없는 18호 중 15개의 호구에서 호구원의 유입이 있었으며 9호구에서 호구원의 유출이 있었다. 유입된 인원은 총 21명이었으며 이 중 혼인에 의해 며느리 또는 처가 된 경우가 6명, 자녀의 출생 또는 누락되었던 자녀가 등재된 경우가 12명, 그리고 3명은 6촌 동생 가족이 호구로 편입된 경우였다. 이 사례를 통하여 개인별 이동의 가장 중요한 원인은 새로운 자녀의 출생과 혼인이었음을 알 수 있다.

한편 1891년에는 호구원으로 등재되어 있다가 1894년 호적중초에서는 호구원에서 빠진 인원은 총 13명이었다. 이 중 사망으로 추정되는 경우가 6명, 딸과 외손녀, 처형 등의 분가로 이출한 인원이 4명, 혼인으로 인한 유출로 추정되는 경우가 1명, 이혼으로 인한 유출이 2명이었다. 이혼의 경우는 1통4호의 자부와 3통2호의 자첩(子妾)이 해당된다. 특히, 3통2호의 자첩은 주목할 만하다. 호주의 아들은 처와 첩을 동시에 두고 있었기 때문이다. 호주인 김형순의 아들은 하나의 호구에 처와 첩을 동시에 두고 있다가 1891년과 1894년 사이에 첩과 헤어진 것으로 보인다. 이는 이 당시 제주도에서 후실로 첩을 두는 관행이 있었음을 의미한다. 요컨대, 개인 단위의 인구 유출은 사망과 분가 그리고 혼인관계의 중단이 중요한 원인이었다.

출생과 사망이라는 자연적 인구 이동의 요인을 제외하고 사회적 요인을 중심으로 인구 이동의 양상을 살펴보면 혼인이 인구 유입의 가장 중요한 요인이었다. 호구에서 새로운 혼인이 생기면 여자가 호구에 유입되었으며, 이혼을 하면 여자가 호구에서 유출되었다. 특히, 첩혼이 주목받을만하다. 처와 첩은 명칭으로도 구분되었지만 직역으로도 구분되

호적중초와 19세기 후반 제주도 마을의 사회구조

어 처는 '씨(氏)', 첩은 '소사(召史)'의 직역을 가졌다.[6] 직역으로도 처와 첩을 엄밀하게 구분한 것으로 보아 19세기 조선사회에서는 일부일처제의 원칙을 지키고 있었음을 알 수 있다. 하지만 호적중초에 나타난 바와 같이 실제로는 첩혼이 빈번하여 사실상은 일부다처제가 관용되었다고 할 수 있다.

개인별 이출의 가장 중요한 원인은 분가와 혼인의 종결로 보인다. 호적중초에 나타난 이출의 사례를 보면 아들과 자부 그리고 손·자녀가 일습으로 빠진 경우나 동생의 가족이 일습으로 빠진 경우, 6촌 동생의 가족이 일습으로 빠진 경우, 삼촌 가족이 일습으로 빠져 다른 호를 구성한 경우 등이 있었다. 핵가족 단위로 가구원이 일습으로 빠진 것은 분가로 유추할 수 있고, 분가한 가구가 새로운 호로 등재되지 않은 것은 등재에 누락되었거나 다른 마을로 이주하였기 때문이라고 유추할 수 있다. 호적 작성 방법이 변경되기 이전임에도 불구하고 분가가 이루어진 것은 결합가족 형태의 가구가 사실은 생활을 함께 한 실제의 결합가족이 아니라 생활은 따로 하지만 호구만 하나로 묶여 있던 등재상의 결합가족이었음을 의미한다. 즉, 19세기 후반에도 제주도의 가족은 핵가족이 원칙이었음을 알 수 있다.

인구 유출의 두 번째 원인은 이혼이었다. 아내나 며느리가 젊은 나이에도 불구하고 등재에서 누락된 경우가 다수 있었다. 이 경우 사망으로 유추할 수도 있지만 연령으로 미루어 이혼을 한 경우라고 보는 것이 더 타당할 것이다. 호적중초에는 이혼의 사례로 보이는 경우가 다수 존재

---

6   자세한 내용은 9장을 참고할 것.

하고 있다. 이런 사실로 미루어 19세기 제주도에서는 이혼이 상당히 빈번하게 이루어졌음을 알 수 있고, 특히 첩혼의 경우에 이혼이 자주 이루어졌다.

이혼으로 인한 호구의 변화도 주목할 만하다. 이혼을 하면 여자가 호구에서 빠지게 되지만 자녀가 있는 경우 여자와 자녀와 함께 빠지는 경우도 있었다. 이혼한 여자가 자녀와 함께 가구에서 빠졌다는 것은 자녀가 아버지에 속하는 것이 아니라 어머니에게 속하기도 하였다는 것을 의미한다. 이는 조선사회를 가부장제 사회로 이해하고 있는 일반적인 상식과 위배되는 사실이다. 가부장제 사회라면 부부가 이혼을 할 경우 자녀가 아버지 호구에 속하게 되지만 제주도의 경우에는 아버지 호구에서 누락되었던 것이다. 이는 호주가 여성인 호구가 다수 존재하고 있다는 사실과도 연관이 된다. 즉, 호적중초에는 여자가 호주인 경우도 다수 존재하고 있으며 이 경우 예외 없이 호주의 직역이 '소사'이다. 직역이 소사였다는 것은 신분이 낮은 사람이었을 수도 있지만 누군가의 첩이었을 가능성도 크다. 그리고 여성 호주는 자신의 자녀들과 호구를 구성하고 있었다.

이런 사실은 호적중초에 잘 나타나 있다. [그림 12]는 1867년 호적중초에 1통5호로 등재된 호구이다. 이 호의 호주는 김소사(金召史)이다. 그는 58세였으며 39세인 아들과 28세인 딸, 그리고 각각 11세와 3세인 외손녀들과 호구를 이루고 있었다. 39세임에도 처와 자녀가 없이 단독으로 등재된 아들은 직역 대신 양각병(兩脚病)이라는 병명이 직역으로 기재된 것으로 보아 질병을 앓고 있었던 사람으로 보인다. 그리고 호적중초에는 김소사의 아들과 딸의 아버지, 즉 김소사의 남편이 육지인이라고 별기되어 있다. 이 사실로 미루어 김소사는 육지인의 첩이었으며 남편과 함께 호를 구성하지 못하고 자녀들과 별도로 호를 구성한 것으로 보인다. 두 자녀를 둔 딸 역시 직역이 '소사'로 등재되어 있으며 두 자녀의 아버지가 육지인이라는 점이 별도로 기록되어 있다. 김소사의 딸이 남편의 호구에 등재되지 못하고 두 자녀와 함께 친정어머니의 호구에 등재된 것으로 미루어 그 역시 육지인의 첩이었다가 남편과 헤어진 것으로 파악된다. 이 사례에서 보듯 19세기 제주도에서는 첩혼이 관행적으로 존재하였으며 첩이 남편과 이혼하면 자녀들을 데리고 남편의 호에서 분리되었던 것이 일반적인 관행이었다고 할 수 있다.

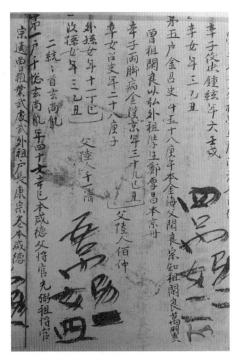

[그림 12] 1867년 1통 5호

이 관행은 자식은 어머니가 양육한다는 제주도 사람들의 인식에 바탕을 두고 있다. 물질 등을 하여 경제적 자활을 하는 강인한 여성이라는 제주 여성에 대한 이미지는 자녀 양육이 어머니의 역할이라는 제주도 사람들의 인식과 밀접하게 연관되어 있다. 제주도에서는 남편의 도움으로 자녀를 양육하는 것을 수치스럽게 생각한다. 자녀 양육에 필요한 경제적 자원은 어머니가 마련하여야 한다는 생각으로 제주 여성들은 물질을 배워 경제적 기반을 마련하였다. '여자는 혼자 되면 깨가 서 말이지만 남자가 혼자 되면 이가 서 말'이라는 속담도 제주 여성의 경제적 역할을 강조한 말이다. 흔히 제주도에서는 '상처(喪妻)를 한 남자는 탈상 전에 재혼해야 잘 산다'고 한다. 여성은 남편 없이도 잘 살 수 있지만 남성은 아내 없이 잘 살 수 없다는 이런 담론 역시 여성의 경제적 역할이 중요하다는 것을 의미한다. 여성의 경제적 역할이 강조되면서 여성들 사이의 협력이 중요해지고 이는 결혼 이후에도 여성들 사이의 관계를 유지하고 강화할 수 있는 궨당이라는 사회조직의 근간이 되었다.

호적중초에 나타난 달밭마을의 인구 변화를 살펴보면 호적중초가 작성되었던 1860년대부터 1900년대 사이에 인구 이동이 매우 많았음을 알 수 있다. 이전까지 등재되어 있던 호구가 다음 호적중초에서는 사라지는 경우도 있고, 새롭게 등장하는 호구도 많았다. 또한 호구가 유지되고 있더라도 호구원이 개인적인 사정에 의해 호구원에서 누락되는 경우와 새롭게 호구원으로 등재되는 경우도 많았다.

마을을 떠나는 호구는 대부분 궨당관계의 주변부에 있던 호구들이었다. 즉, 호적중초에서 사라지는 호구는 마을 주민과의 궨당관계가 없었거나 궨당관계가 있더라도 처궨당 관계만 있던 사람들이었으며 상대적으로 성궨당 관계를 맺고 있던 사람들은 호적중초에 지속적으로 남아 있는 경우가 많았다. 또한 새롭게 호적중초에 등재되는 사람들은 기존의 호구와 궨당관계에 있던 사람들이었다. 물론 기존의 주민과 궨당관계를 맺지 못하고 있었던 독립 호구의 유입도 있었다. 그러나 호적중초만으로 궨당관계를 완벽하게 추적하는 일이 제한적이기 때문에 독립 호구라 하더라도 실제로는 궨당관계를 맺고 있었을 가능성도 있었다. 즉, 호구의 이동에는 궨당관계가 중요한 요인으로 작용하였다. 궨당관계는 혼인으로 맺어진 관계가 중요하다는 점을 고려하면 결국 호구의 이동에는 혼인관계가 중요하게 작용하였다고 할 수 있다. 혈통으로 맺어진 친족관계에서는 아버지와 아들로 이어지는 부자관계가 중요하고 이를 수직적 인간관계라고 한다면 혼인으로 맺어진 궨당관계는 오빠와 여동생 또는 여자 형제들 사이의 관계가 중요하므로 이는 수평적 인간관계라고 할 수 있다. 결국 호구의 이동에는 형제와 자매 또는 여자 형제들 사이의 수평적인 협력관계가 중요하게 작용한 것이다.

개인별 이동에서도 혼인이 중요한 요인으로 작용하였다. 혼인은 새로운 가구원이 가구에 유입되는 통로가 되었으며 이는 새로운 궨당관계를 형성하는 기초가 되었다. 또한 혼인관계의 종결은 가구원이 가구를 떠나는 원인이 되기도 하였다. 혼인관계가 종결되면 여자만 호구를 떠나는 것이 아니라 자녀들도 동시에 호구를 떠나는 경우가 많았으며 이로 인하여 어머니 중심의 새로운 호구가 형성되기도 하였다. 요컨대, 혼인과 그로 인한 궨당관계의 형성은 19세기 제주도 마을에서 인구 이동의 가장 중요한 요인으로 작용한 것이다.

호구의 이주로 마을의 사회구조도 변화하게 되었다. 새로운 호구의 유입과 유출은 마을의 궨당관계에 영향을 미치기 때문이다. 즉, 마을 주민과 궨당관계에 있던 사람이 마을로 이주하게 되면 기존에 없던 새로운 궨당관계가 마을에 생겨나게 되며, 궨당관계에 있던 사람이 다른 마을로 이주하게 되면 마을 내에서 그 궨당관계는 소멸하게 되어 마을의 사회관계가 변하게 된다. 또한 기존의 마을 주민과 궨당관계가 없던 새로운 호구는 마을로 이주한 이후 기존의 마을 사람들과 혼인을 맺음으로써 새롭게 궨당관계를 형성하기도 하였다. 이 과정에서 새롭게 들어온 호구는 마을 궨당관계에 편입하게 되며, 기존의 마을 주민은 궨당관계를 강화하게 된다. 즉, 새롭게 유입된 호구는 혼인을 통하여 마을의 중심 세력과 궨당관계를 형성하였으며, 궨당관계의 중심 세력 역시 새롭게 유입한 가구와 궨당관계를 형성함으로써 사회적 연망의 범위를 확장할 수 있었다. 이 과정을 통하여 달밭마을은 마을의 핵심 세력을 중심으로 궨당관계가 강화되는 양상을 보이는 한편 궨당관계의 핵심을 이루는 가구와 주변을 이루는 가구로 분화되는 양상을 보이게 되었다.

07

가구 구성의
특성과 변화

1) 제주도 가족의 특징

제주도의 가족제도는 전통적인 한국의 가족제도와 상당한 차이를 가지고 있다고 알려져 있다(최재석 1976 : 123, 양영웅 외 1990 : 34, 김창민 1995 : 99, 이창기 1999 : 174). 장남까지 분가하는 철저한 분가에 의해 핵가족이 보편화되어 있다는 점, 아들뿐만 아니라 딸에게도 상속을 한다는 점, 제사 분할이 이루어지고 있다는 점, 문중 조직이 잘 결성되지 않는다는 점 등은 제주도 가족의 중요한 특징으로 지적되고 있다. 그러나 제주도 가족의 이러한 특징은 1970년대 이후 현대 사회를 대상으로 한 조사에 기반을 두고 있다(이창기 1999 : 229). 이는 제주도 가족의 특징이 전통적인 것인지 아니면 현대 사회에서 나타난 것인지에 대한 의문을 남긴다. 그리고 조선 중기까지의 한국 가족제도에서 균분 상속, 제사 분할 등이 광범위하게 나타났다는 점을 고려한다면 제주도 가속의 특징이 한국 전통사회의 가족제도와 어떻게 비교될 수 있는지에 대한 학문적 관심을 유발하게 한다. 즉, 조선시대까지는 제주도의 가족제도가 육지부의 가족제도와 차이가 없었지만, 육지부의 가족제도는 조선시대 후기 이후 유교의 영향으로 가부장제가 강화되는 방향으로 변화된 반면 제주도는 유교의 영향이 적어 조선시대 전통을 이어온 것이라는 추론이 가능하다. 이 관심을 해결하기 위하여 조선 후기의 제주도 가족에 대한 분석이 필연적으로 요구된다.

그러나 조선 후기 제주도 가족에 대한 연구는 그리 많지 않다. 이는 자료의 제한성 때문이다. 조선 후기의 가족을 다루기 위해서는 구술 자료나 현지조사 자료를 이용하는 것이 제한적이기 때문에 문헌자료를 활용하는 것이 불가피하다. 그러나 조선 후기의 제주도 가족에 관한 문헌자료는 그리 많지 않다. 중앙에서 파견된 제주도 목사들이 남긴 개인 문집들[7]이 있기는 하지만 가족에 관한 내용은 없거나 지극히 제한적으로만 서술되어 있다. 다행히 가족에 관한 내용은 마을마다 보관하고 있는 호적중초를 통해서 분석할 수 있다. 그러나 조선 후기 제주도의 가족과 가구의 상황을 이해하기 위해서는 호적 자료를 분석하는 것이 필수적인데 제주도에 남아 있는 호적 자료가 그리 많지 못하며, 분석에 이용될 수 있는 형태로 정리된 것은 더욱 드물다.[8]

호적 자료를 이용한 가족 분석이 많지 않은 이유는 호적 자료에 대한 사료 비판이 부족하기 때문이다. 기록된 자료는 객관적인 사실을 표

---

7   대표적으로 이형상 목사가 쓴 남환박물과 이원조 목사가 쓴 탐라지가 있다.
8   제주도의 호적중초 중 정리가 된 것으로는 서울대 규장각연구소가 영인한 하원리 호적중초, 제주대학교 탐라문화연구원에서 영인한 하모리호적중초, 덕수리 호적중초 등이 있다.

호적중초와 19세기 후반 제주도 마을의 사회구조

현하고 있다기보다 당시의 상황이나 맥락에 의해 변형되어 있을 수 있다. 따라서 자료에 표기된 내용은 당시의 상황이나 맥락이라는 관점에서 재해석되고 교정 될 때 비로소 객관적 사실에 더 가까워질 수 있다. 뿐만 아니라 호적중초는 등재의 단위가 호(戶)로서 호적중초의 호를 가구와 동일시할 수 있는가의 문제가 있다. 조선 후기의 사회상을 관찰할 수 없기 때문에 호적중초에 등재된 호(戶)가 실제 동일한 거주 및 경제 단위인지 여부를 파악할 수 없다. 특히, 호적중초에 등재된 호에는 고공(雇工), 비혈연 친척 등도 포함되어 있어 호가 생활 및 경제 단위였는지를 파악하기 어렵게 한다. 이런 난점으로 조선 후기의 가구 및 가족에 대한 연구는 제한적일 수밖에 없다. 여기서는 호적중초에 등재된 호(戶)를 가구로 간주하고 호구원 중에서 비혈연 호구원을 배제한 것을 가족이라고 간주함으로써 분석을 시도하였다.

조선 후기 제주도의 가구 및 가족을 이해하는 데 이창기의 연구(이창기 1999)는 주목할 만하다. 그는 덕수리의 호적중초를 이용하여 19세기 말 제주도의 가족과 혼인 양상을 분석하였다. 그는 우선 사료 비판을 통하여 호적중초에 기록된 사실을 보다 객관적으로 해석하고자 시도한 후 가구의 크기와 가족 유형, 분가한 장남의 편호 문제, 초혼 연령과 부부의 연령차, 축첩, 마을내혼, 겹사돈 등을 다루었다. 그는 자료 분석을 통하여 얻을 수 있는 다양한 내용을 종합적으로 다루고 있지만 이런 내용들을 유기적으로 통합하여 19세기 제주도 가족에 대한 일반적 해석은 시도하지 못하였다는 점과 한 마을의 사례만 다룸으로써 그의 연구 결론이 일반화를 시도하기에는 한계를 가지고 있다는 문제를 가지고 있다. 즉, 19세기 말 제주도의 가족 형태를 이해하기 위해서는 가족에 대한 체계적 분석과 함께 연구 사례의 증가가 필요하다. 따라서 달밭마을을 대상으로 한 분석은 이런 면에서도 의미를 갖는다.

흔히 제주도 가족은 핵가족이라는 특성을 가지고 있다고 주장되고 있다. 최재석은 제주도의 가족은 차·삼남은 물론 장남이라도 결혼하면 분가하는 것을 원칙으로 하고 한 울타리 안에 주거를 같이 하더라도 경제 단위는 분리하는 것을 원칙으로 한다(최재석 1976 : 19)고 주장하였다. 그가 제주도의 한 마을에서 20가구의 장남 가구를 대상으로 부모와 거주하는 유형을 조사한 결과, 같은 울타리 안에 부모와 자녀가 함께 살면서 취사를 공동으로 하는 경우는 1가구에 불과한 반면 취사를 분리하는 경우가 2가구, 주거를 달리하는 경우가 17가구임을 밝혀 그의 주장을 뒷받침하였다. 반면 이창기는 덕수리의 호적중초를 분석하면서 직계가족과 방계가족의 비율이 40%에 달한다는 점에 주목하였다(이창기 1999 : 249). 직계가족과 방계가족의 비율이 높다는 것은 제주도 가족이 핵가족이라는 견해와 상반된 것이지만 그는 호적중초에서 직계가족 등의 비율이 높은 것은 호적 작성 방법상의 문제로 실제의 직계가족 비율은 이보다 훨씬 적었을 것이라고 추론하면서 제주도의 가족은 기본적으로 핵가족이라고 주장하였다. 19세기 제주도의 가족이 호적중초에 나타난 대로 확대가족의 비율이 상당히 높았는지 아니면 이는 호적 작성 방법상의 오류일 뿐 실제로는 핵가족이 지배적인 가족 형태였는지는 보다 치밀한 분석 작업이 요구된다. 즉, 호적중초에 나타난 가족과 관련된 다양한 정보를 활용하여 장남까지 분가함으로써 핵가족의 특성을 가진다는 제주도의 가족 구조가 19세기에는 어떤 양상으로 나타나고 있는지를 분석할 필요가 있다.

2) 가구의 크기와 형태

가구의 크기는 가족의 형태와 관련이 있다. 일반적으로 확대가족은 직계가족에 비해 가구원의 수가 더 많으며 직계가족은 핵가족보다 가구원의 수가 더 많다. 그러나 제주도의 호적중초에는 가구원이 누락된 경우가 많아 단순히 가구원의 수만으로 가족의 형태를 파악하는 것이 어려울 수 있다. 따라서 호적중초에 나타난 호주와의 관계를 기준으로 가족 형태를 파악하는 것이 필요하다. 가구의 크기와 가족 형태를 분석하기 위하여 1861년과 1891년 그리고 1897년의 호적중초를 활용하고 비교하였다.

1861년에 달밭마을에 거주하고 있었던 16호의 가구는 성씨별로 고루 분포되어 있었으며 지배적인 성씨가 없었다. 16호를 성씨별로 보면 진주 강씨 5호, 풍천 임씨, 고부 이씨, 김해 김씨, 제주 고씨가 각 2호, 광주 김씨, 함덕 현씨, 옥구 송씨가 각 1호로 구성되어 있었다. 진주 강씨들이 5가구로 가장 많은 수를 차지하고 있지만 타 성씨에 비해 월등한 수적 우위를 차지한 동족마을의 형태를 가지지는 못하였다. 오히려 1861년 달밭마을은 지배적인 친족집단이 없는 각성마을 형태를 취하고 있었다고 할 수 있다. 이런 경향은 1891년과 1897년에도 동일하게 나타난다.

통상 핵가족에 비해 직계가족의 가구원 수가 더 많다는 점을 고려한다면 가구의 크기는 가족 형태를 짐작할 수 있는 수단이 될 수 있다. 각 가구들은 가구원의 수를 기준으로 그 규모가 상당한 편차를 보이고 있다. [표 9]는 가구원 수에 따라 가구를 분류한 것이다.

[표 9] 가구원 수별 가구수

가구원 수	1인	2인	3인	4인	5인	6인	7인	8인	9인	10인 이상	계
가구수(1861년)	0	0	2	1	0	5	3	3	0	2	16
가구수(1891년)	1	2	1	2	3	2	3	2	2	2	20
가구수(1897년)	0	16	14	6	5	3	1	5	1	0	51

[표 9]에서 보는 바와 같이 1861년의 가구당 가구원 수는 적게는 3명에서 많게는 15명까지 나타난다. 1861년 달밭마을의 가구당 평균 가구원 수는 6.9명이었으며 가구원 수가 6~8인 사이인 가구가 11호로서 전 가구의 70%를 점하고 있었다. 반면 1891년의 가구당 가구원 수는 1861년에 비해 상대적으로 고른 분포를 보인다. 5~7인 가구가 가장 많지만 1~3인 가구도 상당수 증가하였다. 가구당 평균 가구원 수는 6.1명이었다. 1897년에는 2~3인 가구가 가장 많이 나타나며 그 증가폭도 아주 크다. 즉, 전체 가구의 60%가 2인 또는 3인 가구로서 완전히 핵가족화되어 있음을 알 수 있다. 그리고 평균 가구원 수는 3.9명으로 대폭 적어졌다.

1861년과 1891년에 비해 1897년의 평균 가구원 수가 급격히 적어진 것은 1894년에 단행된 호적조사규칙의 변화가 원인으로 작용하였다. 즉, 1894년 이전까지는 원호(元戶)를 기준으로 호적을 작성한 반면 1894년 이후에는 연가(烟家)를 기준으로 호적을 작성하였다.[9] 즉, 1894

---

9   원호(元戶)와 연가(烟家)는 호적중초에 나타나는 용어다. 호적중초의 말미에는 호구에 대한 통계적 내용이 기록되어 있다. 즉, 남노정과 여노정의 수, 남장정과 여장정의 수, 남

년 이전까지는 부모와 자녀 세대를 하나의 호로 편성하였지만 1894년 이후에는 생활 단위가 다르면 호를 분리하여 편성한 것이다. 그 결과 1897년에는 인구수의 증가가 크지 않음에도 불구하고 호의 수는 2.5배 정도 증가하게 되었으며 평균 가구원 수도 절반 수준으로 줄어들었다.

또한 이 자료는 호적중초에 근거하여 가족의 형태를 이해하는 데도 의미가 있다. 일반적으로 제주도의 가족은 장남까지도 결혼 후 분가하는 철저한 핵가족 형태를 취하는 것으로 알려져 있다. 그러나 1861년과 1891년의 달밭마을 호적중초는 호의 구성이 이와는 상당히 다른 형태로 구성되어 있음을 보여준다. 1894년 이전까지 직계가족 또는 결합가족의 형태가 많았던 것이 사회적 실제를 반영한 것인지 그렇지 않으면 단순히 호적 편성상의 문제인지는 검토가 필요하다. 그러나 실제 가족 형태가 짧은 시간에 급격하게 변화되지 않는다는 점을 고려해 보면 1894년 이전과 이후의 가족 형태 변화는 호적 편제상의 문제라는 추론이 가능하며, 연가(煙家)가 실제 생활 단위를 기준으로 호를 편성한 것이라는 점에서 보면 1894년 이후의 호적 편제가 더 실제에 가까운 형태라고 할 수 있다. 따라서 19세기 중엽 이전에도 제주도의 가족은 1897년 호적중초가 보여주는 바와 같이 핵가족이 지배적인 형태였다는 추론이 가능하다. 즉, 1897년 자료에서 보는 바와 같이 생활 단위를 기준으로 했을 때에는 가구의 규모가 평균 가구원 수 3.9인 정도로 작아지며 이는

아정과 여아정의 수, 그리고 총호의 수가 기록되어 있다. 1860년대까지는 단순히 ○호로 기록되어 있지만 1891년 호적중초에는 원호 ○호로 기록되어 있고 1894년 이후의 호적 중초에는 연가 ∪호로 기록되어 있다. 이는 호의 기준이 변화되었음을 나타내는 것이다. 즉, 원호는 편제상의 호를, 연가는 실제 생활 단위의 호를 의미하는 것으로 보인다.

지배적인 가족 형태가 핵가족임을 의미한다. 이를 보다 체계적으로 이해하기 위하여 가구 형태를 분석해볼 필요가 있다. 1861년 달밭마을의 16호를 가구 구성 형태별로 분류하면 [표 10]과 같이 나타난다.

[표 10] 가구형태별 가구수(1861년)

	기본형	기본형+첩	궨당 동거형	기본형+첩+고공	계
핵가족	2	1	1	0	4
직계가족	7	1	1	0	9
결합가족	1	0	1	1	3
계	11	2	3	1	16

[표 10]에서 보는 바와 같이 1861년 달밭마을의 16호 중 핵가족 형태는 4가구에 불과하며 직계가족이 9호, 그리고 확대가족이 3호를 구성하고 있었다. 그리고 가장이 첩을 둔 경우가 2가구, 궨당을 동거인으로 두고 있는 경우가 3가구, 첩과 고공을 함께 둔 경우가 1가구 있었다. 핵가족의 기본형에 해당하는 가구는 단 2가구에 불과하였다. 호적중초에 등재된 가구 형태로만 본다면 1861년 달밭마을에서는 직계가족이 지배적인 가족 형태이며 핵가족은 예외적인 경우에 해당한다고 할 수 있다.

그러나 궨당이 동거하는 가구가 있었다는 점은 주목할 만하다. 궨당이 동거하는 가구에서 호주와 궨당의 관계는 다음과 같다. 한 가구는 6촌 동생과 또 다른 6촌 동생의 딸을 동거인으로 두었으며, 두 번째 가구는 이모와 이모부를 동거인으로 두었다. 세 번째 가구는 이성(異姓) 6촌 동생과 그의 처 및 딸을 동거인으로 두고 있었다. 이모부 또는 6촌 형제를 가구원으로 두었다는 것은 이들이 실제 하나의 가구를 구성하고 있

호적중초와 19세기 후반 제주도 마을의 사회구조

었던 것이 아니라 별도의 가구였지만 호적 편제상 한 가구로 분류하였다는 것을 의미한다. 하나의 가구가 될 수 없는 사람들이 하나의 가구로 편제되었다는 사실을 근거로 추론하면 1861년 호적중초에 나타난 직계가족과 결합가족은 여러 개의 핵가족이 하나의 호로 편재된 것일 뿐 실제 직계가족과 결합가족은 아니었을 것이라는 점을 시사한다.

첩의 경우도 마찬가지이다. 부인과 첩이 한 가구에서 생활하는 것이 어렵다는 점을 고려한다면 비록 첩이 남편 및 본처와 하나의 호구에 등재되어 있다고 하더라도 실제 생활을 같이 하였다고 보기는 어렵다. 이 경우 역시 실제는 다른 가구였지만 호적에는 하나의 호로 등재되었다고 판단할 수 있다.

이런 경향은 1891년에도 나타난다. 1891년의 가구형태별 가구수는 [표 11]과 같다.

[표 11] 가구형태별 가구수(1891년)

	기본형	기본형 + 첩	기본형 +궨당	계
핵가족	5	0	2	7
직계가족	2	0	4	6
결합가족	4	2	1	7
계	11	2	7	20

[표 11]에 나타난 바와 같이 1891년의 가구형태는 1861년과 유사한 패턴을 보이고 있다. 1891년에도 핵가족은 20가구 중 7가구에 불과하였으며 직계가족과 결합가족은 13가구였다. 그리고 기본형은 20가구 중 11가구였으며 9가구는 첩을 누고 있거나 궨낭과 농거하는 형태였다.

1891년 동거인으로 나타난 궨당과 호주와의 관계 역시 다양하였다. 이들은 삼촌 가족, 동생과 동생의 처가 식구, 동생 부부, 장모와 처형, 형수와 조카, 종조와 오촌 당숙, 딸과 외손이었다. 1861년에 비해 호주와 친척관계가 더 가깝기는 하였지만 여전히 독립된 가구를 형성할 수 있는 사람들이었다. 이렇게 독립된 가구를 형성할 수 있었던 사람들이 하나의 가구로 편재되었다는 것은 이들이 실제로는 하나의 가구가 아니었음을 의미한다. 즉, 실제로는 이들이 모두 독립된 핵가족이었다는 추론이 가능하다.

1861년과 1891년 호적중초에서 동거하는 궨당이 부계친뿐 아니라 모계친이나 처가친까지 포함하고 있다는 점은 주목할 만하다. 1861년에는 이모와 이모부를 동거인으로 두는 호가 있었으며 1891년에는 동생뿐 아니라 동생의 처가, 장모와 처형, 딸과 외손 등을 동거인으로 두었다. 모계친이나 처가친을 동거인으로 두었다는 것은 단순히 호의 편제상의 문제만이 아니라 친척관계의 문제이기도 하다. 즉, 처계친이나 모계친을 동거인으로 두었다는 것은 실제 생활에서도 모계친 또는 처가친과 교류가 활발하여 이들을 하나의 호로 편제하는 것에 대한 거부감이 약하였음을 의미한다. 부계친이 남성 중심의 친척관계라면 모계친이나 처가친은 여성 중심의 친척관계이다. 이런 면에서 19세기 제주도에서는 남성들 사이의 협력관계 못지않게 여성들 사이의 협력과 교류가 중요하였음을 의미한다.

제주도에서 모계친과의 교류가 활발한 것은 마을내혼의 비율이 높기 때문이다. 제주도 마을은 육지의 마을에 비해 규모가 클 뿐 아니라 동족마을도 거의 없어서 마을 안에서 배우자를 찾기가 더 용이하였다. 딸이 결혼한 후에도 같은 마을에서 살게 되면 딸과의 교류가 활발하게 되며 이는 궨당관계의 기초가 된다.

현재도 이런 경향은 강하게 남아 있다. 여성이 같은 마을 남자랑 결혼하여 마을에 오빠를 비롯한 친정 사람들과 함께 거주하게 되면 기존의 사회관계를 유지할 수 있게 된다. 남자의 입장에서도 같은 마을 여성과 결혼하면 처남이나 동서를 마을에 두게 되어 마을 내 입지가 더 좋게된다. 달밭마을에 존재하고 있는 무수한 혼인 연망은 사회관계의 기본을 이루고 있다.

첩도 주목할 만하다. 호적중초에서 첩은 처와 다른 방식으로 기재되었다. 우선 첩은 남자의 정실부인과 관련된 가구원을 모두 기재한 뒤 맨나중에 첩과 그 자녀를 기재하여 처와 구분하였다. 또한 직역도 첩은 예외 없이 '소사'로 등재되었다. 이런 사실에 비추어 보면 처와 첩은 공식적으로 엄밀하게 구분한 것으로 보인다. 반면 실제 생활에서는 처와 첩의 구분이 명확하지 않은 측면도 있었다. 예를 들면 정실부인이 없는 경우에도 첩으로 등록된 경우가 많이 있었다. 이는 정실부인과의 혼인관계가 사별이나 이혼 등으로 종료되어 혼자 남게 된 남자가 재혼을 하거나 사실혼의 관계를 맺게 되는 경우에 그 배우자가 첩으로 등재된 것이다. 또한 첩으로 등재되었다가 나중에 처로 수정되어 등재된 경우도 있었다. 이런 사실은 재혼한 정실부인의 경우에도 처가 아니라 첩으로 등재되었음을 의미하는 것으로서 정부인과 첩의 구분이 일상생활에서는 철저하지 않았음을 보여준다.

1861년과 1891년 달밭마을의 호적중초에 나타난 첩은 호주의 첩인 성우와 호주 아들의 첩인 성우가 있었다. 호주의 첩인 경우는 징저가 없었지만 아들의 첩인 경우에는 예외 없이 아들의 처가 있었다. 즉, 나이가 많은 호주의 경우에는 첩을 재혼한 여성으로 보는 것이 타당할 것이며, 젊은 아들의 경우 첩은 축첩을 한 경우라고 판단하는 것이 타당할 것이다. 호적중초에는 재혼을 한 경우와 축첩을 한 경우 모두 첩으로 등재되었다는 해석이 가능하다.

첩은 호주 또는 남편과 동일한 호에 등재되어 있었다. 처 없이 첩만 등재된 경우는 호주와 첩이 동일한 가구에 거주하였을 것으로 짐작되지만 처와 첩이 함께 등재된 경우는 동일 가구에 동거하였는지 여부를 판단하기 어렵다. 그러나 정실부인과 첩이 함께 한 가구에서 생활하였다기보다는 처와 첩이 주거를 달리하였을 가능성이 더 크다는 점에서 보면 첩을 하나의 가구에 편재한 것 역시 실제의 모습이 아니라 호구의 편제 문제라고 할 수 있다. 즉, 1894년 이전까지 호적중초는 광범위하게 여러 가구를 하나의 호로 편제하였으며 그 결과 핵가족의 비율이 낮게 나타났을 뿐 실제 생활에서는 핵가족이 지배적인 가족 형태였다.

여러 핵가족을 하나의 호로 편재한 이런 가구 구성은 1897년에 상당한 변화를 겪게 된다. [표 12]는 1897년의 가구형태별 가구수를 나타낸 것이다.

[표 12] 가구형태별 가구수(1897년)

	기본	기본+(궨당)+첩	궨당 동거	기본+고공	계
핵가족	23	0	7	2	32
직계가족	11	0	3	2	16
결합가족	1	2	0	0	3
계	36	0	11	4	51

호적중초와 19세기 후반 제주도 마을의 사회구조

[표 12]에서 보는 바와 같이 1897년에는 핵가족이 전체 51가구 중 32가구로서 그 비율이 이전에 비해 급증하였다. 그리고 결합가족은 단 3가구에 불과할 정도로 급격하게 감소하였다. 이는 호적 편제방식이 변화되었기 때문에 나타난 현상이다. 직계가족은 여전히 상당한 비율로 남아 있는 반면 결합가족이 급감하였다는 것은 호적 작성 방법의 변화가 주로 결합가족에 영향을 미쳤음을 의미한다. 또한 기본형이 대폭 증가하였다. 첩이 있는 가구가 급감하였으며, 고공 동거의 비율도 매우 낮게 나타났다. 반면 궨당 동거는 여전히 유의미하게 남아 있었다. 특히, 핵가족에서 동거 궨당의 비율이 높았다. 결합가족의 경우 궨당이 동거하는 경우가 없는 반면 핵가족에서 궨당 동거인이 많았다. 이는 호의 규모를 작게 만들고자 하는 의도가 내포된 것이라고 생각한다. 즉, 핵가족의 경우에는 궨당을 같은 호에 편제시킬 여지가 있었지만 결합가족의 경우는 이미 핵가족이 결합된 형태로서 궨당과 같은 부가적인 핵가족을 하나의 호로 편제하는 것을 기피한 것이다. 물론 이러한 변화의 일차적 원인은 호적 작성 방법의 변화 때문이다. 전술한 바와 같이 1894년 이전까지의 원호(元戶) 방식이 연가(烟家) 방식으로 변화되었기 때문에 이런 차이가 생겨난 것이다.

또한 호 구성이 단순화되었다. 비교적 호 구성이 단순한 핵가족의 경우에는 궨당이나 고공이 함께 등재되기도 하였지만 호의 규모가 큰 직계가족이나 결합가족에는 다른 가족이 함께 등재되는 경우가 줄어들었다. 즉 직계가족이나 결합가족이 궨당이나 고공 등과 함께 등재되면 호의 규모가 거대해지지만 이런 거대 호를 중심으로 호의 분리가 일어나 호의 구성이 단순화된 것이다.

그러나 그럼에도 불구하고 여전히 1897년의 호적중초에도 직계가족과 결합가족의 비율은 상당히 높은 반면 순수한 핵가족은 전체 51가구 중 23가구에 불과하다. 즉, 호적 작성 방법이 변화되었음에도 직계가족의 비율이 상대적으로 높게 나타나고 있는 것이다. 이 현상은 1861년 및 1891년의 호적중초 자료에 비해 1897년 호적중초 자료에서 결합가족의 비율이 급감하였다는 점에서 실마리를 풀어갈 수 있다. 1891년의 자료에 비해 1897년의 자료에서 직계가족의 비율은 크게 줄어들지 않은 반면 결합가족의 비율이 크게 감소하였다는 것은 호적 작성 방법의 변화가 실질적으로는 결합가족을 대상으로 적용되었다는 것을 의미하기 때문이다. 다시 말하면 호적 작성 방법의 변화로 부모와 둘 이상의 자녀를 한 호로 편제하던 관행은 변화되었지만 부모와 장남을 하나의 호로 편제하는 것은 관용적으로 허용되었던 것이다. 특히, 편부모의 경우 생활은 아들과 분리해서 하지만 호의 편성에서는 하나의 호로 하였을 가능성이 크다. 이러한 점은 1897년의 호적중초에 나타나 있는 직계가족의 구성을 통해서도 알 수 있다. 1897년 호적중초에 직계가족으로 등재된 16호 중에서 호주의 양 부모가 함께 하나의 호로 등재된 경우가 7호이며 나머지 9호는 편부 또는 편모로만 구성되어 있다. 즉, 직계가족으로 구성된 호의 상당수는 편부 또는 편모가 함께 등재된 것으로서 이는 편부 또는 편모를 모시는 것은 장남의 역할이라는 인식이 반영된 것이다. 편부 또는 편모가 실제 생활은 장남 가족과 별도로 하고 있었더라도 이를 하나의 호로 등재하는 것은 여전히 관행으로 남아 있었다.

제주도에서 부모와 자녀 가족이 실생활에서는 별도의 생활 단위이지만 편제에서는 하나의 가구로 간주되는 관행은 지금도 유지되고 있다. 현재에도 제주도에는 자녀 특히 장남이 결혼하면 부모는 안커레에서 거주하고 자녀는 밖커레[10]에서 거주하는 관행이 있다. 시간이 지나 자녀의 가족이 커지고 부모의 나이가 많아지게 되면 안커레와 밖커레를 바꾸어 자녀 가족이 안커레를 차지하고 부모는 밖커레에 거주하게 된다. 물론 부모와 자녀는 재산의 소유나 경제에서 별개의 단위가 된다. 심지어 취사도 달리한다. 부모가 아무리 나이가 많아도 자녀 가족과 함께 식사를 하지 않는다. 마을 회의에서도 부모와 자녀는 하나의 호로 간주되는 것이 아니라 별도의 호로 간주되어 마을 운영비를 납부하거나 의결권을 행사할 때도 별도로 권한을 행사한다.

부모와 자녀는 경제적 측면이나 일상생활의 측면에서 단위를 완전히 구분하는 생활을 하지만 한 울타리 안에 거주를 같이 하고 있기 때문에 하나의 호로 간주되는 경우도 있다. 마을 경조사가 있을 때 일을 도와주거나 마을 개발사업에서 노동력을 제공해야 할 경우에는 같은 울타리 안에 거주하는 사람을 하나의 호로 간주하기도 한다. 즉, 마을 성원으로서 권리를 주장할 때는 별개의 호로 간주하지만 의무를 수행하는 경우에는 하나의 호로 간주하는 경향이 있는 셈이다.

제주도의 안커레, 밖커레 문화를 하나의 호로 볼 것인가 아니면 별개의 호로 볼 것인가는 여전히 논란이 되고 있다. 즉, 하나의 울타리 안에 가옥을 달리하여 거주하면서 경제나 생활의 단위를 별도로 하고 있는 제주도의 가구를 별개의 호로 인식하는 것이 제주도의 문화이지만 공식

---

10   안커레와 밖커레는 안채와 바깥채를 의미한다. 통상 제주도 가옥은 안커레와 밖커레로 구성되며 부모와 자식 세대가 분리 거주하고 있다. 그리고 안커레 뿐 아니라 밖커레에도 부엌을 두고 있어 취사를 달리하고 있다.

적인 기록에서 이를 하나의 호로 편제하는 것은 문화적으로 크게 거부감이 없었을 것이다.

3) 궨당 동거

호적 작성 방법의 변화에도 불구하고 생활 단위를 기준으로 하는 연호 방식으로 호적이 철저하게 편성되지 않았다는 점은 궨당 동거 가구를 통해서도 살펴볼 수 있다. 궨당 동거 가구는 1861년에는 16호 중 3호, 1891년에는 20호 중 7호, 그리고 1897년에는 51호 중 11호가 존재한다. 1897년 호적중초에 나타난 궨당 동거 가구를 살펴보면 대부분의 동거 궨당은 가족 단위로 동거하고 있었다. 호주와 동거 궨당의 관계는 11가구 중 8가구가 동생 또는 형수의 가족이었으며, 한 가구는 사촌 동생 가족, 다른 한 가구는 종손자 가족, 그리고 한 가구는 조카 가족, 그리고 나머지 한 가구는 장모 1인이 동거하고 있었다.[11] 이들 동거 궨당은 독립된 호를 구성하기에 충분한 조건을 가지고 있음에도 불구하고 호주와 한 호로 편성된 것이다. 이런 설명은 동거하고 있는 고공에게도 동일하게 적용될 수 있다. 고공은 아내와 자녀까지 있어서 독립된 호를 구성할 수 있었지만 가족 전체가 호주의 호에 편제되어 있었다.

이런 사실에 비추어볼 때 1894년의 호적 작성 방법의 변경으로 친족관계가 먼 궨당은 호를 비교적 철저하게 분리하였지만 친족관계가 가

---

11 1897년 호적중초에는 11가구가 동거 궨당을 가지고 있었지만 그중 한 가구는 두 그룹의 동거 궨당을 가지고 있어서 동거하는 궨당은 총 12그룹이었다.

　　　　　　　　　　호적중초와 19세기 후반 제주도 마을의 사회구조

까운 사람, 즉 형제 관계나 부모-자식 관계에 있는 사람은 한 호로 편성하는 관행이 남아 있었으며, 따라서 부자 관계에 있는 사람들, 특히 장남 가족은 여전히 하나의 호로 편성하였음을 추론할 수 있다. 따라서 실제의 생활 단위와 호적에서 편제된 호는 달랐다. 비록 호적에는 하나의 호로 편제되어 있었다 하더라도 실제 생활은 핵가족을 단위로 분리되어 있었다. 즉, 1897년에도 호적 작성 방법의 변경은 철저하게 적용되지 못하였으며 따라서 직계가족이나 결합가족의 형태를 취하고 있는 가구도 실제로는 생활이 분리되어 있는 복수의 핵가족이었을 것이라는 추론이 가능하다.

한편 1909년에는 가구 형태가 핵가족과 직계가족으로 단순화되었다. [표 13]은 1909년의 가구형태별 가구수를 표로 나타낸 것이다.

[표 13] 가구형태별 가구수(1909년)

	기본형	기본형+첩	기본형+궨당	계
핵가족	43	0	0	43
직계가족	30	0	0	30
결합가족	1	0	0	1
계	74	0	0	74

[표 13]에서 보면 호적중초상으로는 첩이나 궨당 그리고 고공과 함께 호를 이루는 가구는 없어지게 되었다. 그리고 74가구 중 43가구가 핵가족, 30가구가 직계가족 그리고 1가구가 확대가족으로 재편되었다. 직계가족 중에서도 16가구는 결혼한 아들이 홀어머니와 함께 가구를 구성하는 형태로써 실실석으로는 핵가속이 지배석인 가구 형태라고 할

수 있게 되었다. 결합가족으로 등재된 1가구는 결혼한 두 형제가 어머니와 함께 호를 구성한 경우로, 동생 부부의 나이가 어리고 자녀가 없는 것으로 보아 결혼한 직후에 한 호로 등재된 것으로 추측할 수 있으며, 따라서 동생 부부는 조만간 핵가족으로 독립할 것으로 예상되는 가구였다. 즉, 1909년에 비로소 호적이 실제 거주 가구를 단위로 작성되었다고 할 수 있다.

1909년 호적중초에서는 이전에 하나의 호로 편제되었던 가구들이 분리하여 독립된 가구를 구성하는 경향이 강하게 나타났다. 예를 들어 1897년 호적중초에서는 2통 6호에 호주와 호주의 두 아들 그리고 호주의 동생이 하나의 호로 편제되어 있었다. 그러나 1909년 호적중초에는 동생은 사망한 것으로 기록되어 있고, 호주와 두 아들이 각각 별개의 호를 구성하여 3개의 호로 나누어졌다. 이 경우에는 장남도 아버지와 별개의 호로 나누어진 것이다. 또한 1897년 호적중초에서 4통 6호는 호주와 처, 호주의 아들과 며느리, 그리고 호주의 손자와 손주 며느리가 하나의 호로 편제되어 전형적인 직계가족의 모습을 하고 있었다. 그러나 1909년 호적중초에는 호주가 사망하여 호주의 처와 아들 내외가 하나의 호로 편제되었고, 손자와 손주 며느리는 별개의 호로 편제되었다. 그리고 1897년 호적중초에는 등재되지 않았던 호주의 둘째 손자가 1909년 호적중초에는 처와 함께 별개의 호를 구성하였다. 이런 사례에서 보듯 1909년에는 실제 생활을 기준으로 호가 구성되었고 따라서 핵가족 형태의 호가 급증하게 되었다. 1909년의 호적중초는 실제 생활 단위를 하나의 호로 편제한 것으로서 실제 모습에 가장 가까운 것이라고 할 수 있으며 따라서 19세기 제주도의 가족은 핵가족이 지배적인 형태라고 할

호적중초와 19세기 후반 제주도 마을의 사회구조

수 있다.

호적중초를 통해 달밭마을의 가구 형태의 변화를 살펴보면 초기에는 궨당, 고공 등 여러 형태의 기본 가족이 호주의 호에 함께 등재되어 호의 규모가 매우 컸으나 점차 핵가족 중심으로 호가 재편된 것을 알 수 있다. 이는 초기의 호적중초는 호의 편제가 실제의 모습과는 달랐으나 후기로 갈수록 실제의 모습에 가깝도록 등재된 결과이다. 즉, 초기에는 원호(元戶)를 기준으로 작성되어 실제의 가구 모습과는 달리 하나의 울타리 안에 거주하는 가구는 모두 하나의 호로 등재되었으나 1894년 이후에는 연가(烟家) 방식으로 작성되어 실제 생활 단위를 기준으로 등재되었다. 그 결과 초기의 대규모 호는 점차 규모가 작아져 1909년의 호적중초에서는 핵가족이 지배적인 가구 형태로 등재되었다. 이는 결국 19세기에도 제주도의 가구는 부모와 자녀 세대도 결혼하면 분가를 하는 핵가족이 지배적인 가구 형태였음을 의미한다. 오늘날 제주도 문화의 중요한 특징으로 이해되고 있는 핵가족 중심의 가구 형태는 최소한 19세기 말까지 거슬러 올라갈 수 있다고 할 수 있다.

혼인의 양상과
부부관계

혼인은 가족을 이루는 기본적인 문화 요소이지만 그 과정에는 많은 문화적 규칙이 작동하고 있다. 그리고 그 규칙을 이해하는 것은 그 사회의 사회구조를 이해하는 중요한 수단이 된다. 조선 후기 제주도의 혼인에도 여러 가지 혼인 규정이 존재하였으며 그 실체를 이해하기 위한 다양한 노력이 있었다. 최재석(1979)과 김혜숙(1993), 이창기(1999)는 통혼권의 관점에서 제주도의 혼인 규정을 연구하여 마을내혼의 비율이 높다는 점을 주장하였으며, 권오정(2003)은 신분과 계층의 관점에서 제주도의 혼인을 분석하여 제주도에서도 계층 내혼이 지배적인 혼인 관행이었음을 주장하였다.

한편 혼인에는 문화적으로 규정된 원리만 작용하는 것이 아니다. 혼인에는 문화적으로 규정된 원리를 넘어서서 구성원들의 전략적 선택이 작동하기도 하며 이 전략적 선택이야말로 혼인을 역동적이게 만드는 핵심석 요인이 된다. 즉, 계층 내혼이 문화적 규정이지만 결혼을 통하여 사회적 지위를 높이고자 앙혼을 할 수도 있으며, 마을내혼이 문화적 규정이지만 자신들의 우월한 사회적 지위를 과시하기 위하여 마을 바깥의 먼 거리에서 배우자를 찾기도 한다. 문화적 규칙과 개인의 전략을 동시에 고려하여 혼인을 이해할 때 비로소 혼인이 갖는 문화적 의미가 총체적으로 이해될 수 있다.

혼인 규정이나 혼인과 관련된 개인적 전략은 현지조사를 통해 밝히는 것이 원칙이지만 과거의 모습을 살펴보기 위해서는 문헌자료의 활용이 불가피하다. 혼인과 관련한 기록이 있을 경우 그 기록을 통해 과거의 모습을 이해할 수 있으며, 사료의 분석을 통해서도 과거의 모습을 재구성할 수 있다. 이런 면에서 호적중초는 혼인에 관한 정보를 담고 있어서 과거의 혼인 규정과 개인적 전략을 살펴보는 중요한 자료가 될 수 있다.

혼인과 관련하여 호적중초에 나타난 정보로는 부부의 나이와 혼인관계, 그리고 사회적 지위를 나타내는 지표가 있다. 호적중초에는 구성원의 나이가 기록되어 있어 부부의 나이 차이를 확인할 수 있다. 또한 호주와 처의 경우 직계 조상들의 이름과 외조의 이름이 기록되어 있으며 며느리의 경우도 부(父)의 이름이 기록되어 있어서 이 이름들을 비교하면 현재 마을 구성원들 사이의 혼인관계를 파악할 수 있다. 한편 성인의 경우 사회계급을 알 수 있는 직역이 기록되어 있다. 이를 토대로 계층 내혼이 문화적 규칙인지 아니면 계층 간 결혼이 문화적 규칙인지도 파악할 수 있다. 요컨대, 호적중초에 기록된 다양한 정보들을 종합하여 분석하면 혼인과 관련한 다양한 내용을 이해할 수 있다. 여기서는 부부간 연령 차이와 겹사돈 관계를 통한 혼인망을 분석해 보고자 한다.

호적중초와 19세기 후반 제주도 마을의 사회구조

1) 부부간 연령 차이

혼인한 부부의 연령 차이는 혼인 문화를 보여주는 단서가 된다. 일반적으로 조선시대 후기까지는 처 연상의 결혼 관습이 광범위하게 존재한 것으로 보고되고 있다(이광규 1998 : 148). 그러나 이 현상을 사회계층의 관점에서 보면 다른 측면도 나타난다. 즉, 이창기는 제주도의 마을을 사례로 조사하여 상층의 경우는 처 연상이, 하층은 남편 연상이 많다고 보고하였다(이창기 1999 : 260). 제주도의 경우 생계 활동에서 노동력을 확보하는 것이 중요하였기 때문에 나이 어린 아들을 나이 든 여자와 결혼시키는 관행이 보편적으로 존재하였을 것이다(이창기 1999 : 261). 그러나 이러한 주장은 구체적인 인구통계학적인 자료를 근거로 논의된 것이 아니라 문헌을 기준으로 논의된 것이다. 혼인한 부부의 연령 차이는 문헌 연구와 함께 구체적인 인구 통계학적 자료를 근거로 논의될 필요가 있다.

이창기의 지적대로(1999 : 257) 부부의 연령 차이를 파악하기 위하여 호적중초의 자료를 그대로 사용하는 것은 위험하다. 앞에서 지적한 바와 같이 호적중초에 등재된 사람들의 나이는 상당히 왜곡되어 있기 때문이다. 특히, 군역의 의무를 감당해야 하는 남성의 연령이 많이 왜곡되어 있고 변경도 심하게 되어 있다. 그러나 남성의 연령 변경이 결혼 무렵에 집중되었다는 사실(이창기 1999 : 257)은 결혼 이후 부부의 나이는 비교적 사실에 가까워졌다는 것을 의미한다. 부부의 실제 나이를 검토하기 위해서는 호적중초를 시계열적으로 분석하여 개인의 나이 변화를 추석하여야 하지만 날밭마을과 같이 인구 이동이 심한 마을의 경우 시계열적으로 나이의 변화를 추적할 수 있는 대상이 너무 적어 자료의 유용성이 떨어진다. 따라서 자료의 정확성에는 한계를 가지고 있지만 호적중초에 기록된 나이를 기본 자료로 활용하는 것이 불가피하였으며 호적중초를 시계열적으로 분석하여 나이를 보정하였다.

1861년 호적중초에서 연령을 확인할 수 있는 부부는 모두 27사례이며 1891년은 32사례, 그리고 1897년은 69사례다.[1] 첩을 제외하고 이들의 연령관계를 그래프로 나타내면 [그림 13], [그림 14], [그림 15]와 같다.

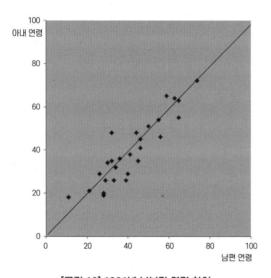

[그림 13] 1861년 부부간 연령 차이

---

1   사별하거나 별거하고 있는 경우 배우자의 나이가 기록되어 있지 않기 때문에 이 분석에서는 제외하였다.

호적중초와 19세기 후반 제주도 마을의 사회구조

이 그림에서 사선상에 있는 점은 부부의 나이가 동갑인 경우이며 사선 위쪽은 아내가 남편보다 나이가 더 많은 경우, 즉 처 연상의 경우이며 사선 아래에 있는 점은 남편 연상의 경우이다. 그리고 사선에서 멀어질수록 부부의 나이 차이가 크며 사선에 가까울수록 부부 나이 차는 크지 않다. [그림 13]을 통해서 보면 1861년에는 처 연상의 경우와 남편 연상의 경우가 거의 비슷하며 평균적으로도 부부의 나이가 비슷하다고 할 수 있다. 다만 처 연상 부부에 비해 남편 연상 부부의 경우 부부의 나이 차이가 약간 더 크다는 것을 알 수 있다.

그러나 이를 호적중초에 대한 사료 비판의 관점에서 보면 실제 1861년 부부 사이의 나이는 남편 연상이 더 많았다는 추론이 가능하다. 즉, 1861년의 호적중초에는 나이가 왜곡되게 기재된 경우가 많았고, 특히 군역을 피하기 위하여 남자의 나이를 적게 기록한 경향이 강하게 나타났기 때문이다. 다시 말하면 기록상으로는 부부의 나이가 비슷하다고 하여도 실제로는 남편의 나이가 아내에 비해 더 많았다는 추론이 가능하다.

이런 추론은 1891년 호적중초에 나타난 부부의 나이 차이를 통해서도 확인 가능하다.

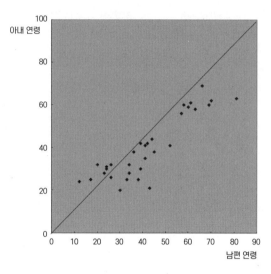

[그림 14] 1891년 부부간 연령 차이

　[그림 14]에서 보는 바와 같이 1891년에는 남편 연령이 10대와 20대인 경우에는 처 연상이, 그리고 남편 나이가 30대 이상인 경우는 남편 연상이 지배적인 유형으로 나타난다. 그리고 남편 연상의 경우에 나이 차이는 처 연상인 경우에 비해 훨씬 더 크다. [그림 14]에서 유독 10대와 20대에서만 처 연상이 나타나는 것은 주목할 만하다. 통상 시대가 올라갈수록 처 연상이 많고 후대로 올수록 남편 연상이 많다는 주장과 비교해 보면 이 현상은 통설과 반대되기 때문이다. 이 현상은 호적중초에 나이를 기록할 때 30대 이후엔 남성의 나이를 실제에 가깝게 기록하였지만 10대와 20대에서는 남자의 나이를 실제보다 적게 기록하였다는 사실과 연관되어 있다. 앞에서 지적한 바와 같이 남자 나이가 20세가 되어 군역의 의무를 부담하게 되면 나이를 줄여서 기록하다가 30대가 되면 나이를 실제 나이에 맞도록 수정하여 등재하였다. 즉, 1891년 호적중

　　　　　　　호적중초와 19세기 후반 제주도 마을의 사회구조

초에서는 10대와 20대에서 남자의 나이를 적게 기록함으로써 처 연상 부부가 두드러지게 나타나지만 30대 이상에서는 남자의 나이를 실제 와 가깝게 기록함으로써 호적중초에서도 남편 연상이 지배적인 양상으 로 나타난 것이다. 이를 통해서 보면 19세기 후반 제주도에서 부부의 나 이는 남편 연상이 지배적이었음을 알 수 있다. 그리고 이런 경향은 1897 년 호적중초에서도 확인되고 있다.

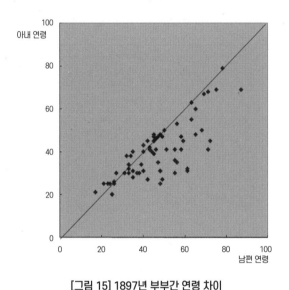

[그림 15] 1897년 부부간 연령 차이

[그림 15]는 1897년 호적중초에 나타난 부부간 연령 차이를 그림으 로 나타낸 것이다. [그림 15]에서 보는 바와 같이 1897년 자료는 1891 년 자료와 유사한 패턴을 보여 남편 연상이 지배적임을 알 수 있다. 그리 고 부부의 연령 차이는 1891년에 비해 상대적으로 더 크게 나타나고 있 다. 특히 부부 사이의 나이 차이가 15세 이상인 경우도 총 69사례 중 16

사례나 존재하였다. 부부간 과도한 나이 차이는 여러 가지 이유로 설명될 수 있다. 우선 재혼 부부이다. 나이 차이가 많이 나는 부부는 대부분 남자의 나이가 60세 이상이며, 처의 나이가 자녀의 나이와 큰 차이가 없어서 재혼한 부부임을 짐작하게 한다. 즉, 초혼에 비해 재혼의 경우에는 남자의 나이가 아내의 나이보다 훨씬 더 많은 것이 일반적이었다. 두 번째 이유는 40대 50대 남성의 나이를 더 많게 기록하였기 때문이다. 조세와 군역을 피하기 위하여 40대 이상의 남성의 경우 실제보다 나이를 많게 기록한 것이 이런 결과를 초래한 또 다른 이유라고 할 수 있다.

이 결과는 부부의 나이 차이에 관한 기존 연구와 차이를 보인다. 1897년 덕수리의 호적중초에서는 처 연상 부부가 전체 부부의 35%를 상회하였다(이창기 1999 : 260). 김혜숙(1993 : 158)도 청수리와 고내리의 경우 1900년대 초반으로 갈수록 처 연상 부부가 많다고 하였다. 또한 부부의 연령 차이는 신분과도 관계를 가지고 있어서 양반층일수록 처 연상 부부의 비율이 높고 상민층에서는 그 비율이 낮은 경향을 보인다는 주장(이창기 1999 : 260)도 있다. 달밭마을의 경우는 이런 기존의 연구 결과와 상당한 차이를 보인다. 즉, 달밭마을에서는 시기나 계층과 상관없이 남편의 나이가 아내의 나이에 비해 더 많은 경향을 보이고 있다.

달밭마을의 호적중초에 나타난 부부의 연령 차이에 관한 자료를 표면적으로 해석하면 1864년에는 처 연상 부부나 남편 연상 부부의 수가 비슷하였다가 1891년 이후 남편 연상으로 부부 나이 차이의 유형이 변화되었고 1897년에는 남편 연상의 정도가 더 심화되어 나타났다고 할 수 있다. 그러나 이 자료는 보다 심층적인 해석이 필요하다. 부부관계는 수십 년간 지속되기 때문에 통계적으로도 부부의 나이 차이는 쉽게 바꿰지 않기 때문이다. 따라서 이 자료는 호적에 부부의 나이를 어떻게 등재하였는가에 대한 추가적인 논의가 요구된다.

2) 나이의 왜곡

호적중초에 등재된 부부의 나이 차이가 갖는 의미를 정확하게 해석하기 위해서는 우선 호적 작성 방법과 그것 때문에 나타난 자료의 왜곡을 이해할 필요가 있다. 전술한 바와 같이 조선 후기 호적은 조세와 군역을 목적으로 작성되었고 백성들의 부담을 덜기 위하여 호구를 있는 그대로 기록하는 핵법이 아니라 중앙 정부가 배당한 호구만큼만 작성하는 관법을 사용하였다. 그 결과 실제 마을에 120명의 장정이 있다하더라도 중앙 정부가 80명만 배정하면 120명의 장정 중 80명만 장정으로 기록하고 나머지 40명은 아정이나 노정으로 기록하였다. 이 과정에서 마을 내 권력관계가 나타났다. 즉, 마을에서 호적 작성에 영향력을 발휘할 수 있는 사람들은 군역에서 빠지기 더 쉬웠고, 사회적 지위가 낮은 사람일수록 군역의 부담을 피하기 어려웠다. 국가는 군역과 조세를 양인에게 부과하고자 하였지만 백성들은 이런 부담을 경감시키기 위한 자구책을 마련하였으며 사회적 지위가 높은 사람일수록 이 시도가 성공할 가능성이 더 높았다. 호적에는 국가와 백성 사이의 긴장 관계가 내포되어 있었던 것이다. 그리고 이 과정에서 나이를 왜곡하는 관행이 광범위하게 나타났다.

이런 현상은 달밭마을의 호적숭조를 통해서도 확인 가능하다. 1861

년과 1891년은 시간 간격이 커서 가구주와 마을 주민의 연속성을 파악하는 것이 쉽지 않으나 1891년과 1897년은 6년의 차이이기 때문에 가구주와 주민의 연속성을 비교적 쉽게 파악할 수 있다. 즉, 1891년 주민 중 1897년에도 신원 확인이 가능한 사람은 남자가 29명, 여자가 33명이다. 호적중초에 나타난 이들의 연령을 비교해 보면 남자는 [그림 16], 여자는 [그림 17]과 같다. [그림 16]과 [그림 17]의 1897년 환산 나이란 1897년에 기록된 나이를 6년의 시차를 고려하여 1891년 기준으로 환산한 것이다. 즉, 1897년에 60세로 기록된 사람의 환산 나이는 54세가 된다. 따라서 두 연도의 나이 기록이 정확하다면 이론적으로는 모든 점이 사선상에 있어야 한다.

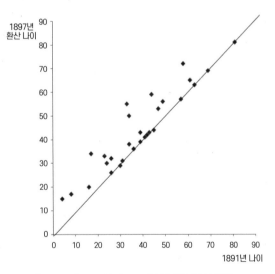

[그림 16] 1891년과 1897년 남자의 나이 비교

호적중초와 19세기 후반 제주도 마을의 사회구조

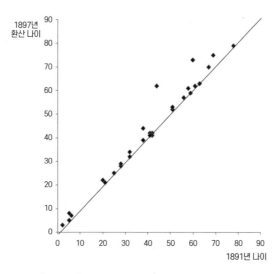

[그림 17] 1891년과 1897년 여자의 나이 비교

　그러나 위 두 그림은 1891년 나이와 1897년 나이가 일치하지 않는다는 것을 보여준다. 우선 남자와 여자 모두 1897년의 환산 나이가 1891년 나이보다 더 많게 기록되어 있다. 또한 위 두 그림을 비교해 보면 여자의 경우는 1891년 나이와 1897년 나이의 차이가 크지 않은 반면 남자의 경우는 그 차이가 상대적으로 더 크다는 것을 알 수 있다. 즉, 남자는 의도적으로 1891년에 나이를 적게 기록하거나 아니면 1897년에 나이를 많게 기록하였다. 남자의 나이에서 왜곡이 더 많이 나타났다면 이는 군역에 대한 부담이 작용한 결과로 해석 가능하다. 즉, 나이를 줄이거나 높여서 군역의 부담으로부터 벗어나고자 한 결과 남자의 나이가 크게 왜곡되게 등재되었다.

　그러나 남자 나이의 왜곡은 획일적이지 않았다. 이를 좀 더 구체적으로 살펴보면 10대와 20대는 1891년에 실제보다 나이를 적게 기록하고 1897년에 실제 나이로 기록하였으며, 40대와 50대는 1891년에 실제 나이로 기록하였다가 1897년에 나이를 많게 기록하는 경향이 있었다. 즉, 전 연령대에서 1897년도에 1891년에 비해 나이가 많게 기록되었지만 그 내용은 연령대에 따라 사뭇 달랐다. 이는 관법이 가진 특징 때문이다. 즉, 중앙에서 마을에 호구를 배정하면 그에 맞추어 나이가 상대적으로 적은 장정은 아정으로 기록하고 나이가 상대적으로 많은 장정은 노정으로 기록한 것이다.[2] 이 중 아정으로 기록된 사람은 결혼을 전후한 시기나 30세 무렵에 제 나이를 회복하여 기록하게 된다. 그 결과 남자의 경우는 1891년에 비해 1987년의 나이가 전반적으로 더 많게 기록된 것이다. 이는 통계적으로도 확인 가능하다. 남자의 경우는 1871년에 비해 1897년에 나이가 3세 이상 더 많게 기록된 사람이 29명 중 16명이며, 여자의 경우는 33명 중 4명에 불과하였다.

여자의 나이는 실제에 가깝게 기록된 반면 남자의 나이는 실제보다 적게 또는 많게 기록되었다는 사실은 호적중초 자료를 통해 부부의 실제 나이 차이를 확인하기 어렵게 하는 원인이 된다. 그러나 호적중초 자료는 다른 한편으로 부부의 실제 나이 차이를 단편적으로 확인할 수 있는 단서를 제공한다. 1891년과 1897년 자료 모두에서 부부의 나이를 확인할 수 있는 경우는 총 20사례이다. 이를 바탕으로 부부간 나이 차이를 기준으로 표로 나타내면 [표 14]와 같다.

---

2   자료 중 강여황은 1891년에는 16세였으나 1897년에는 26세로, 김재주는 1891년에는 4세에서 1897년에는 21세로, 이진식은 1891년에는 17세였으나 1987년에는 40세로 기록되었다. 또한 1891년과 1897년 사이에 이병구는 44세에서 65세로, 이병체는 49세에서 62세로, 임성규는 58세에서 78세로 기록되기도 하였다.

                                  호적중초와 19세기 후반 제주도 마을의 사회구조

[표 14] 1891년과 1897년 사이 부부의 나이 변화

		1897년			
		남편 연상	동갑	처 연상	계
1891년	남편 연상	8	2	1	11
	동갑	1	2	0	3
	처 연상	3	0	3	6
	계	12	4	4	20

　　[표 14]를 통해서 보면 1891년의 20사례 중 남편 연상이 11사례, 동 갑이 3사례, 처 연상이 6사례였지만, 1897년에는 남편 연상이 12사례, 동갑 4사례, 처 연상이 4사례로 변화되었음을 알 수 있다. 특히 1891년 6사례였던 처 연상은 각각 남편 연상 3사례와 처 연상 3사례로 변화되 었음을 알 수 있다. 이는 실제 처 연상 부부, 특히 20대와 30대의 처 연 상 부부는 남편의 나이를 실제보다 적게 기록한 결과로 나타난 현상으 로 이해 가능하다. 위 표에서 1891년에 처 연상이었다가 1897년에 남 편 연상으로 바뀐 세 사례는 각각 남편의 나이가 1891년과 1897년 사 이에 23세에서 39세로, 17세에서 40세로, 39세에서 49세로 바뀌면서 나타났다. 이런 근거에서 볼 때 1891년 이전의 호적중초에 나타난 처 연상 부부는 실제로는 남편 연상 부부였을 개연성이 매우 크다고 할 수 있으며 따라서 19세기 후반 달밭마을에서 부부의 나이 차이는 남편 연 상이 일반적이었다고 할 수 있다.

　　혼인은 개인 간의 결합이 아니라 집단 간 결합으로 이해되어야 한 다. 레비스트로스의 고전적 연구(Levi-Strauss 1969)는 혼인이 집단 간 여 자의 교환을 통하여 연대를 강화하는 문화적 장치로 이해되어야 한다는

점을 보여주었다. 한국 전통사회에서도 혼반(婚班)은 양반들 사이에 연대를 형성하기 위하여 비슷한 지위에 있는 집안이 결혼함으로써 형성되었다. 결혼은 단순히 가족을 이루는 첫 단계가 아니라 집단 간 결속력과 연대를 강화하기 위한 정치적 자원으로 활용되었다. 이런 맥락에서 보면 둘 또는 그 이상의 집단 간에 중복된 혼인관계를 맺는 것은 집단 간 연대를 더 강화하기 위한 수단으로 이해될 수 있다.

제주도에서는 전통적으로 마을내혼을 많이 하였다(이창기 1999 : 267). 제주도에는 사회적 신분이 다른 사람에 비해 두드러지게 우월한 친족집단이 별로 없었을 뿐 아니라 마을의 규모가 육지부의 마을에 비해 더 커서 대부분의 마을이 여러 성씨가 모여 있는 혼성마을이었다. 즉, 마을에서 족외혼의 원칙을 유지하면서 배우자를 찾는 일이 크게 어렵지 않았다. 또한 제주도에서는 부계혈통집단의 발달이 미약하여 마을 내에서 친족집단 구성원간 협력체계를 구축하는 일도 쉽지 않았다. 그 결과 혼인을 통한 친척 네트워크를 구축하는 것이 일상생활에서 필요하였다. 요컨대, 제주도에서는 마을 안에서 배우자를 구하는 것이 일상생활과 경제활동에서 협력 파트너를 구하는 적응적인 전략이었다.

제주도 마을에서는 혈통이 아니라 혼인이 집단 간 연대를 강화하는 중요한 수단이었다. 그리고 이 집단 간 연대를 강화하기 위한 수단으로 중복된 혼인관계를 맺기도 하였다. 두 친족집단 사이에 하나의 혼인만 성립된 것보다는 둘 이상의 혼인이 성립된 경우가 더 강한 관계라고 할 수 있기 때문이다. 그러나 겹사돈 관계는 사회구조적 관점에서 친족관계를 혼란스럽게 한다는 부정적 측면도 있다. 즉, 하나의 혼인으로 맺어진 관계는 하나의 친척관계로 인지되지만 둘 이상의 혼인이 매개되면

호적중초와 19세기 후반 제주도 마을의 사회구조

복수의 친척관계가 맺어지기 때문에 지위와 역할에서 혼란이 발생하게 된다. 따라서 겹사돈 관계에서는 연망은 강화하면서 친족관계의 혼란은 피하는 여러 가지 전략이 사용된다. 예를 들면 궨당관계가 멀어질 때 다시 혼인관계를 맺음으로써 궨당 간 친척관계의 거리를 다시 좁힌다거나 중복적인 혼인관계에 있는 사람들은 중복된 관계 중 더 가까운 관계로 상대방을 인식하는 것이 그러한 전략의 예이다.

달밭마을의 호적중초에 나타난 흥미로운 사실은 마을 내에서 겹사돈 관계가 매우 다양하게 발견된다는 점이다. 겹사돈은 한번 사돈 관계를 맺은 가족이 다시 사돈 관계를 맺음으로써 중첩적인 사회적 연망을 형성하는 것이다. 겹사돈을 제주도에서는 '부찌사돈'이라고도 한다.

그러나 겹사돈과 부찌사돈은 개념적 검토가 필요하다. 이창기(1999)는 당내친(堂內親)[3] 간의 중복된 혼인관계에 한정하여 겹사돈이라는 개념을 사용하고 있으며 이 개념에 근거하여 덕수리의 사례를 분석하였다. 이 분석에서 그는 한 집안에서 여자가 반복하여 다른 집안으로 시집간 경우[4]만 사례로 제시하였기 때문에 겹사돈이란 개념이 한집안의 여자가 중복적으로 다른 집안으로 시집간 경우에만 한정하고 있는지, 아니면 두 집안에서 서로 여자를 주고받는 경우까지 포함하고 있는지는 분명하게 밝히지 않고 있다. 반면 김혜숙(1999)은 중복된 혼인관계를 부찌사돈으로 개념화하고 있는데 이창기의 겹사돈 개념보다 더 넓은 범위

3 　당내친은 당내에 속한 친족을 말하는 것이며, 당내는 고조부를 공동의 조상으로 하는 후손들의 집단을 말한다. 즉, 8촌 범위의 부계혈통집단이 당내이다. 당내에서는 종손이 핵심 인물이 되며 제사를 함께 지내는 기능을 한다. 제주도에서는 당내를 '방상'이라고 한다.

4 　이 경우는 여자를 주는 집안과 여자를 받는 집안이 고정되어 한 방향으로 여자가 이동하게 된다.

의 중복된 혼인관계에 사용하고 있다. 그는 부찌사돈과 겹사돈의 관계를 4가지로 나누어서 설명하고 있다. 첫째의 구분은 겹사돈을 한집안의 여자들이 반복해서 다른 집안으로 시집가는 경우로, 부찌사돈은 두 집안이 서로 여자를 교환하는 경우를 말하는 것으로 보는 것이다. 즉, 겹사돈은 두 친족집단 간 일방적 여자 제공을, 부찌사돈은 두 친족집단 간 한정교환을 하는 경우를 말한다. 둘째는 겹사돈과 부찌사돈을 첫째의 경우와는 반대로 생각하는 것으로서 겹사돈은 두 친족집단간 여자를 서로 교환하는 것으로, 부찌사돈은 한 집단이 다른 집단에 일방적으로 여성을 보내는 경우로 본다. 셋째는 겹사돈은 사돈 관계에 있는 사람이 다시 사돈이 되는 경우를, 부찌사돈은 사돈의 궨당을 지칭하는 것으로 보는 것이다. 넷째는 겹사돈과 부찌사돈을 구분 없이 사용하며 이 경우 한 집안의 여자들이 반복해서 다른 집안으로 시집가는 경우와 두 집안이 서로 여자를 교환하는 경우를 포함하는 것이다. 그는 부찌사돈에 대한 설명 중 네 번째 경우를 가장 지배적인 견해로 받아들이고 있다.

이창기와 김혜숙은 공통적으로 겹사돈과 부찌사돈을 당내집단 또는 부계혈통 집단을 기준으로 설명하고 있다. 그러나 달밭마을에서는 부찌사돈을 '이종사촌 또는 고종사촌이 사돈 관계를 맺게 된 경우'나 '어쩌다 보면 사돈 관계에 있는 두 사람이 한 집안과 동시에 사돈이 되는 경우'라고 설명하고 있다. 이 설명은 부찌사돈이 부계혈통 집단만 단위로 하는 것이 아니라 궨당이나 사돈 관계에 있는 사람을 범주로 하여 형성된 사회적 관계임을 의미한다. 반면 겹사돈은 두 집안이 중복된 혼인관계를 형성한 경우를 말한다. 즉, 부찌사돈은 궨당 또는 사돈 관계에 있는 사람이 동시에 한 집단과 사돈 관계를 형성하게 되는 것을 말하며 겹사돈은 두 혈통집단 사이에 중복된 혼인이 발생한 경우를 말한다.

이런 기준에서 1861년의 겹사돈 및 부찌사돈 관계를 보면 [그림 18], 및 [그림 19]와 같다. [그림 18]은 풍천 임씨와 고부 이씨가 세대를 두고 서로 여자를 주고받은 경우이다. 즉, (3-2)[5]와 (2-4)는 7촌 조카와 6촌 여동생이 결혼하여 서로 사돈 관계를 맺고 있는 것을 보여준다. 그러다가 다음 세대에서 다시 손녀와 7촌 조카가 결혼함으로써 중복된 사돈 관계를 맺게 되었다. 이 두 번의 혼인으로 겹사돈이 된 풍천 임씨와 고부 이씨는 강력한 사회적 연망을 형성하게 되었다.

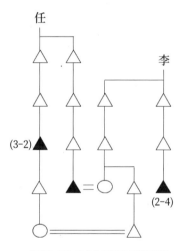

[그림 18] 1861년의 겹사돈 관계

[그림 19]의 경우는 부찌사돈의 예이다. 풍천 임씨인 (3-2)는 청주

---

5   그림에서 검은색 삼각형에 (3-2) 등으로 표시된 것은 2통3호의 호주라는 의미이다.

정씨 집안의 딸과 혼인함으로써 청주 정씨와 궨당관계를 형성하고 있었다. 고부 이씨인 (2-4)의 6촌 여동생은 풍천 임씨인 (3-7)과 혼인함으로써 고부 이씨는 풍천 임씨와는 사돈 관계를 맺고 동래 정씨와는 부찌사돈이 되었다. 즉, 이 혼인으로 고부 이씨인 (2-4)와 (2-3)은 풍천 임씨인 (3-2), (1-4) 및 (3-7)과 사돈 관계가 된 것이다. 그리고 풍천 임씨와 청주 정씨는 이미 당관계에 있었기 때문에 고부 이씨가 풍천 임씨와 사돈 관계를 맺게 됨으로써 고부 이씨와 청주 정씨는 부찌사돈 관계를 맺게 되었다.

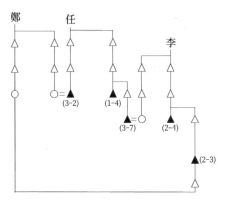

[그림 19] 1861년의 부찌사돈 관계

한편 1894년 달밭마을의 겹사돈 관계는 [그림 20]과 [그림 21] 그리고 [그림 22]를 통해서 살펴볼 수 있다. [그림 20]은 풍천 임씨와 고부 이씨 사이의 겹사돈 관계를 나타낸 것이다. 풍천 임씨와 고부 이씨는 세대 차이를 두고 서로 여자를 한 번씩 주고받았다. 즉, 1894년에도 풍천 임씨와 고부 이씨는 겹사돈 관계를 유지하고 있었다.

호적중초와 19세기 후반 제주도 마을의 사회구조

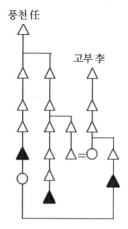

[그림 20] 1894년 풍천 임씨와 고부 이씨 사이의 겹사돈 관계

[그림 21]은 고부 이씨와 진주 강씨 사이의 겹사돈 관계를 나타낸 것이다. 고부 이씨와 진주 강씨는 변형된 누이 교환을 하였다. 즉, 고부 이씨 A는 질녀를 처남과 결혼시킴으로써 두 친족집단 사이에 여자를 교환하였으며 이를 통하여 중복된 혼인 관계를 형성하였다. 개인의 입장에서 보면 중복된 혼인 관계는 두 사람 사이의 관계에서 갈등 요인이 될 수도, 더 친밀한 관계를 이루는 계기가 될 수도 있다. [그림 21]에서 A의 질녀는 A의 부인이 숙모이면서 동시에 시누이가 된다. 이 두 사람 사이의 관계를 동일 세대로 볼 것인가, 아니면 다른 세대로 볼 것인가는 두 사람 사이의 관계 문제이다. 수평적인 관계가 필요할 경우에는 시누이-올케 관계로 인식할 것이고, 세대 간 위계의 관계가 필요할 경우에는 숙모-조카 관계로 인식할 수도 있다. 즉, 중복된 관계는 지위와 역할의 문제에서 혼란을 줄 수도 있지만 필요에 따라 인간관계를 선택할 수 있는 여지도 주고 있다.

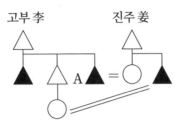

[그림 21] 1894년 고부 이씨와 진주 강씨 사이의 겹사돈 관계

[그림 22]도 이와 비슷한 사례이다. 김해 김씨인 B의 누이는 경주 김씨와 혼인함으로써 경주 김씨와 김해 김씨는 사돈 관계가 되었다. 그리고 다시 김해 김씨 B는 매부의 질녀와 결혼함으로써 경주 김씨와 겹사돈 관계를 형성하였다. 경주 김씨와 김해 김씨는 비교적 나중에 달밭마을로 이주한 사람들로서 마을 내에 특별한 궨당관계가 없었다. 이런 사람들이 서로 겹사돈 관계를 맺음으로써 강한 결속력을 가지게 되었고, 이는 마을 내에서 사회적 지위를 상승시킬 수 있는 근거가 되었다.

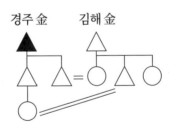

[그림 22] 1894년 경주 김씨와 김해 김씨 사이의 겹사돈 관계

이 두 사례는 여자를 주고받는 것이 동일 세대가 아니라 세대 간에 이루어졌다. 이는 세대의 원칙을 중요하게 생각하는 한국 문화에서 보면 특징적인 것이라 할 수 있다. 즉, [그림 21]의 사례를 A의 입장에서

호적중초와 19세기 후반 제주도 마을의 사회구조

보자면, 자기의 질녀가 처남댁이 되었고, 처남이 다시 질서(조카사위)가 됨으로써 세대 간 위계와 모순이 일어나게 되었다. [그림 22]의 사례 역시 마찬가지다. B와 결혼한 여자는 자신의 숙모가 시누이가 되어 세대의 혼란이 일어나게 되었다. 이런 점으로 미루어 1800년대 후반 제주 사회에서는 세대의 원칙이 비교적 느슨하게 작용하였다고 추론할 수 있으나 이는 더 정밀한 검증이 필요한 주제라고 생각한다.

겹사돈과 부찌사돈은 비슷한 관계이지만 그 성격은 상당히 다르다. 즉, 겹사돈은 두 친족집단 간 중복된 혼인을 함으로써 결속력을 강화하는 수단이지만 부찌사돈은 사돈의 사돈 관계를 인정하는 것으로서 사회적 연망을 확장하는 수단의 성격을 갖는다. 고부 이씨와 풍천 임씨가 겹사돈 관계를 형성한 것에서 보듯 겹사돈은 마을의 핵심 세력들이 서로 결속력을 높임으로써 마을의 지배력을 강화하는 수단으로 기능한다. 반면 부찌사돈은 궨당의 사돈이나 사돈의 사돈까지 포함하는 개념으로, 사회적 관계의 망을 확장시켜 인식하는 수단이다. 다시 말하면 겹사돈은 스스로 형성할 수 있는 관계이지만 부찌사돈은 스스로 사돈 관계를 맺는 것이라기보다 궨당이나 사돈이 사돈 관계를 맺는 것으로서 사돈의 범위를 확장시키는 수단이 된다. 이런 맥락에서 보면 부찌사돈은 사돈이 아닌 사람을 사돈의 일종으로 분류하는 것으로서 사회적 관계를 강조하는 명명법이라고 할 수 있다. 부찌사돈의 개념이 제주도에서 적극적으로 사용되었다는 것은 혼인망을 확장시켜 인식하는 태도로서 친척관계가 아닌 사람까지 친척관계로 인식하는 태도라고 할 수 있다. 이렇게 친척관계를 확장하여 인식하는 것이 궨당관계의 핵심이었다.

달밭마을에서 고부 이씨들은 이 겹사돈과 부찌사돈 관계를 적극적으로 활용함으로써 마을의 주도세력으로 성장하였다(10장 참고). 마을의 형성 초기에 달밭마을로 이주할 당시 고부 이씨들은 부계친족 중심이었으며 혼인관계망은 취약하였다. 반면 풍천 임씨들은 혼인망을 통하여 궨당관계를 형성한 사람들과 함께 마을로 이주함으로써 달밭마을에서 중심 세력을 형성하였다. 그러나 마을 이주 이후 풍천 임씨들은 혼인관계망을 적극적으로 확장하지 않은 반면 고부 이씨들은 혼인관계망을 적극적으로 확장하였다. 고부 이씨는 마을 형성의 초창기에 풍천 임씨와 겹사돈 관계를 형성함으로써 마을 핵심 세력의 궨당이 되었다. 이후 고부 이씨들은 다른 성씨들과 혼인관계를 확장하고 중요한 성씨들과는 겹사돈 관계를 맺었을 뿐 아니라 부찌사돈 관계를 확장함으로써 풍천 임씨를 밀어내고 마을의 중심 세력의 지위를 차지할 수 있게 되었다. 혼인관계에 기초를 둔 궨당관계 형성은 마을 내 정치과정의 일부로 기능하였던 것이다.

신분구조와
변화

1) 조선시대 신분제도

개인이 사회 내에서 차지하는 위치는 서로 다르며, 이 위치가 서열화되어 있을 때 이를 계층이라고 한다. 그리고 계층이 고착화되거나 세대간에 전승됨으로써 변화할 가능성이 적어진 상태를 신분이라고 한다. 신분은 한 사회에서 개인이 차지하고 있는 지위를 말하는 것으로서 개인의 일상생활을 규정하는 기준이 되며 대인관계를 맺는 준거가 된다. 통상적으로 조선시대는 신분사회로 이해되어 왔다.

조선시대 신분구조에 대해서는 크게 두 가지의 입장이 있다. 하나는 조선시대 신분이 4가지로 구성되어 있다는 것으로 흔히 4분설이라고 하는 것이며 다른 하나는 조선시대 신분이 양민과 천민으로 구성되어 있다고 하는 이분설(二分說)이다(이범직 1994 : 43-55). 4분설은 조선시대의 신분구조가 양반, 중인, 양인, 천민으로 구성되어 있으며 신분에 따라 사회적 역할이 엄격하게 구분되어 있다는 인식이다. 반면 이분설은 조선시대 신분은 양인과 천인의 두 가지로 구성되어 있으며 양인 신분이 양반과 중인 그리고 양민으로 분화되어 갔다는 주장이다. 전자는 상대적으로 조선시대의 신분구조가 고정되어 있는 것으로 인식한 반면, 후자는 신분구조의 역동성과 변화 가능성을 강조하고 있는 입장이다.

4분설과 이분설은 시기적으로 보면 모두 조선 초기의 신분구조를 설명하는 것이다. 즉, 사분설은 조선 초기부터 4가지 신분이 비교적 안정적으로 구조화되어 있었다고 보는 반면, 이분설은 조선 초기에는 양인과 천인으로 이분화되어 있던 신분구조가 중간층을 확대하는 방식으로 분화되어 점차 4가지 신분으로 안정화되었다고 인식한다. 특히, 이분설은 신분의 분화에 양인들의 개방성과 변동성이 적극적으로 개입되어 있다고 인식한다. 양인으로 일반화되어 있는 사람들 중 일부는 자신의 신분에 안주하지 않고 학문과 과거 급제라는 개인적 성취를 바탕으로 양반이라는 특별한 신분을 획득한 것이다.

한편 4분설과 이분설은 신분과 계급이란 관점의 차이로도 설명 가능하다. 조선시대의 계급은 양인과 천인으로 두 가지가 있었지만 신분은 양반, 중인, 상민, 천민의 4가지가 있었다는 것이다. 즉, 4분설과 이분설은 서로 다른 관점의 사회계층에 대한 설명으로 이해될 수 있으며 어느 것이 옳고 어느 것이 잘못된 것이 아니라는 해석이다. 이런 관점에서 보면 양반은 계급이 아니라 신분을 나타내는 용어이다. 따라서 양반은 세대 간 계승되는 지위가 아니다. 양반의 신분은 가문에 과거 급제자가 계속 나와야 하며, 양반의 신분을 유지할 수 있는 경제적 기반이 담보되어야만 유지되는 신분이었으며 이런 조건을 충족시키지 못할 경우에는 양반의 지위를 상실할 수도 있었다. 반면 중인과 상민 역시 과거에 급제를 하거나 경제적 부를 기반으로 더 높은 신분을 가질 수 있었다.

조선시대의 신분은 사회적 역할을 규정한 것이기도 하였다. 즉, 신분에 따라 각기 상이한 사회적 역할이 주어졌다. 양반, 중인, 양인, 천민은 서로 다른 사회적 역할을 담당하였으며 신분에 따라 주어진 사회적 역할은 배타적이었다. 이런 면에서 조선시대는 사회적 역할을 위계적으로 인식하였다는 해석이 가능하다. 그리고 이렇게 위계화된 사회적 역할은 직역으로 표현되었다. 직역은 국가와 사회를 위하여 개인이 담당해야 하는 역할을 구체화한 것이었다.

원칙적으로 신분과 직역은 일치하게 되어 있었으나 간혹 신분과 직역이 일치하지 않는 경우도 있었다. 대표적으로 신량역천층(身良役賤層)이 있었다. 이들의 신분은 양인이었으나 담당하는 직역은 사회적으로 천시되는 것이었다. 신량역천층은 국가적으로 필요하지만 사회적으로 천시되는 직역을 세습하여 맡은 사람들로서 직역으로는 천한 일을 하였지만 신분으로는 양인으로 인정받은 사람들이었다.[1]

신분에 따른 직역의 구분은 학자에 따라 상이하기도 하지만 대체적으로 보면 공통적인 요소가 더 크다. 우선 서당이나 향교와 관련된 직책, 그리고 중앙 벼슬은 양반이 맡는 직역으로 분류된다. 장의(掌議), 유향좌수(留鄕座首), 교생(校生), 통덕랑(通德郞), 통사랑(通仕郞) 등과 같은 직역이 이에 해당한다. 중인은 아전이나 지방군인과 관련된 직역이 주로 해

---

1   간(干)이나 척(尺)으로 불리던 직역이 이에 해당하는 것으로서 염간(鹽干), 철간(鐵干),
      봉화간(烽火干), 생선간(生鮮干), 종묘간(宗廟干), 수척(水尺), 화척(禾尺), 도척(刀尺),
      해척(海尺) 등이 여기에 해당하였다(이범직 1994 : 37).

당한다. 향리(鄕吏), 집사(執事), 공생(貢生), 품관(品官), 한량(閑良), 천총(千摠) 등이 이런 직역들이다. 양인 또는 평민은 서원(書員), 가솔(假率), 기수(旗手), 진무(鎭撫), 모군(募軍), 답한(畓漢) 등 실무를 담당하는 직역이 해당한다. 그리고 천민은 노비로 구성되었다.

조선시대 신분은 직역에 따라 엄밀하게 구분되어 있는 것이었지만 그 신분이 고정적인 것만은 아니었다. 양반이라고 하더라도 반역죄와 같은 중죄를 지면 천민이 될 수도 있었고, 집안에 상당 기간 관직에 나가는 사람이 없으면 양반의 지위를 상실하고 상민이 되기도 하였다. 또한 경제적으로 몰락하여 양반 신분은 유지하였지만 실제 생활에서는 상민과 마찬가지의 삶을 사는 경우도 있었다. 중인이나 양인도 과거를 통하여 양반이 되는 길도 있었다. 조선 후기에는 호적을 작성하는 과정에서 직역을 유학과 관련된 직역으로 변경함으로써 양반의 지위를 얻는 사람도 증가하였다. 그러나 조선 중기까지 신분의 변화는 개인적인 성취의 결과였을 뿐 구조적인 문제는 아니었다. 즉, 조선 중기까지 신분구조는 상당히 안정적이어서 개인의 신분이 변화되기 어려웠으며 단지 개인적인 성취와 실패에 의해서만 부분적으로 개인의 신분이 변화될 여지가 있었다.

그러나 조선 중기까지 비교적 안정적으로 유지되던 신분구조는 조선 후기가 되면 급속하게 변하게 된다. 즉, 조선 후기가 되면 사회상의 변화로 양반 신분을 획득하는 사람의 수가 증가하고 천민 신분이 없어지게 된다. 양반의 증가는 중인과 양인이 양반으로 신분 변화를 하였기 때문이며 이에 따라 전반적으로 신분 상승이 생겨나게 되었다. 이러한 현상은 단순히 신분구조의 해체로만 이해될 수 없고 사회상의 변화로 이해되어야 한다. 조선 후기는 임진왜란의 결과로 국가의 재정이 고갈된 시기이며 반면 상공업의 발달로 양인들 중에는 경제적인 부를 축적하는 사람들도 다수 발생하였다. 국가는 재정을 보충하기 위하여 조세의 부담을 더 많은 사람들에게 부과할 필요성이 있었고 또한 공명첩이나 납속책 등을 팔기도 하였다. 즉, 천민 신분이 없어지는 것은 양인에게만 부여되던 조세와 군역의 의무를 천민에게까지 확대하는 과정에서 나타난 현상이며, 양반의 증가는 공명첩 등을 구매함으로써 신분 상승을 도모한 사람들이 크게 증가하였기 때문이다. 결국 이런 신분구조의 와해는 갑오경장을 통하여 신분제의 폐지로 이어지게 되었다.

이 연구의 분석 시기인 19세기 후반은 이렇게 신분구조가 크게 와해되던 때라고 할 수 있다. 양반의 신분을 획득한 사람들은 족보의 편찬 등을 통하여 신분의 변화를 공인받고자 하였다. 빈번한 족보의 발간은 새롭게 양반의 족보에 편입된 사람들이 많았기 때문에 나타난 현상으로 이해된다. 족보가 사적 영역에서 양반 신분의 획득을 정당화한 것이라면 호적은 공적 영역에서 이런 신분 변화를 정당화하는 방법이 된다. 즉, 양반의 지위를 획득한 사람들은 호적에 등재할 때도 양반의 직역을 사용함으로써 신분의 변화를 공식화하려고 하였다. 호적은 관에서 관리하던 문서인 만큼 호적에 양반 직역으로 등재되면 양반 신분을 공인받는 것이 되기 때문이다. 따라서 호적에 등재된 직역을 분석하면 신분구조의 양상과 변화를 파악할 수 있을 것으로 기대된다.[2]

---

2   조선시대 신분구조 연구에서 초기에는 직역을 신분과 동일시하는 연구 경향이 강하였다. 신분을 파악하기에 직역만큼 구체적인 수단이 없었기 때문이다. 즉, 직역의 변화를 분석하여 신분구조의 변화를 이해하고자 하였다. 그러나 근래에는 조선 후기 직역의 변화가

19세기 후반은 신분의 변화가 심하였기 때문에 호적에 기록된 직역의 변화도 심하였다. 동일한 인물의 직역이 시간이 지나면서 변화하기도 하고 아버지 세대의 직역과 아들 세대의 직역이 차이를 보이기도 한다. 이러한 급속한 직역의 변화는 그만큼 이 시기의 신분구조가 급속하게 변화되었기 때문이라고 할 수 있다. 즉, 호적에 나타난 직역의 변화는 사회상의 변화를 가늠할 수 있는 지표가 된다.

2) 직역의 양상과 이동

19세기 중·후반 달밭마을에서도 신분의 변화가 급격하게 일어났다. 이러한 변화는 직역의 양상과 변화를 통해서 살펴볼 수 있다. [표 15]는 1861년과 1891년 그리고 1897년의 호주들의 직역을 비교한 것이다.

[표 15]는 이미 1861년에 양반 직역이 62.5%나 되어 호주의 과반이 양반 직역을 가지고 있었음을 보여준다. 반면 중인은 31.3%, 상민은 6.3%에 불과하다. 이는 조선 초기에 비하면 양반의 비율이 상당히 높은 것이다. 이후 1891년과 1897년에도 양반의 비율은 더 증가하여 대부분의 호주가 양반의 직역을 가짐으로써 신분구조가 와해되었음을 보여준다.

너무 급진적일 뿐 아니라 지배계층, 즉 양반의 비율이 급증하는 것은 보편적인 신분구조의 변화와 다른 양상이라는 점에서 직역을 통한 신분 연구의 한계를 지적하는 연구 경향도 나타나고 있다(송양섭 2005 참고).

호적중초와 19세기 후반 제주도 마을의 사회구조

[표 15] 호주의 직역

신분	직역	1861년	1891년	1897년
양반	장의, 청금장의	1	12	32
	교생	1	2	2
	유생, 유학	2	1	0
	품관	2	0	1
	유향별감, 유향좌수	0	2	7
	통정대부	0	0	1
	사생	1	0	0
	사과	1	0	0
	원생	1	0	0
	통사랑	1	0	0
	소계	10(62.5%)	17(85%)	43(84.3%)
중인	천총, 파총	3	2	2
	공생	0	0	1
	성장	1	0	0
	호장	0	0	1
	집사	0	0	1
	소사	1	0	1
	소계	5(31.3%)	2(10%)	6(11.8%)
상민	가솔	1	1	1
	자망	0	0	1
	소계	1(6.3%)	1(5.0%)	2(4.0%)
계		16	20	51

한편, 1861년과 1891년 사이에 양반에 해당하는 직역이 크게 증가하였다. 특히 장의 또는 청금장의 직역을 가신 호주가 크게 증가하였다.

장의는 벼슬을 하지 않은 유생이 일반적으로 가질 수 있는 직역으로서 양반 신분을 가질 때 가장 흔하게 사용하는 것이었다. 호주의 직역으로 장의가 가장 많이 증가하였다는 것은 벼슬을 하지 않으면서 유생의 신분을 가지게 된 사람이 많아졌음을 의미한다. 즉, 실제 관직에 진출하여 신분 상승이 일어난 것이 아니라 관직과 무관하게 유생의 신분을 가짐으로써 양반으로 신분 상승이 많이 일어난 것이다. 이는 실제 신분의 변화가 일어난 것이 아니라 명목상의 신분이 변화하였음을 의미한다.

한편 중인에 해당하는 직역은 크게 감소하였다. 이는 중인의 신분을 가진 사람들이 양반 신분으로 신분 상승을 하였다는 것을 의미하는 것으로서 특히 천총, 파총과 같은 군사적 직역을 가진 호주의 비율이 감소하였다. 호적의 작성은 양인으로 하여금 군역의 의무를 담당하게 할 목적이 가장 중요하였다. 따라서 초기에는 군사적 직무를 담당하는 직역이 가장 일반적이었다. 그러나 신분제도가 붕괴되면서 군사적 직역은 점차 사라지고 대신 유생 직역이 증가하는 경향을 보였다. 이런 경향성은 허원영의 연구(허원영 2003)에서도 보여주고 있다. 그는 사계리의 호적중초를 분석하여 시기별로 직역의 변화를 보여주었으며 19세기 중반까지는 군사 업무를 담당하는 직역의 비율이 가장 높았으나 19세기 후반이 되면서 이 부류의 직역이 크게 감소하고 대신 유학층 직역이 급증하였음을 보여주었다.

군사적 직역의 감소는 세금을 부과하는 제도와 연관되어 있다(허원영 2003). 19세기 중반까지 제주도에서 조세는 군역에 치중되어 있었다. 양인들은 군역의 부담을 지게 되었으며 실제 군인이 되거나 아니면 세금으로 그 부담을 대체하였다. 군사 관련 직역이 많았던 것은 조세를 부

호적중초와 19세기 후반 제주도 마을의 사회구조

과하기 위한 방편이었던 것이다. 그러나 대원군이 제정한 호포제는 이런 제도를 전환시키는 계기가 되었다. 호포제 실시 이전까지는 군역을 개인에게 부과하였지만 호포제의 실시로 이 부담이 호(戶)와 동(洞)으로 전환되었다. 따라서 군역 부담자로서 개인의 직역은 이제 더 이상 의미를 가지지 못하게 되었다. 대신 호의 증가가 수반되었다. 조세의 부담이 호에 주어짐으로써 호의 수를 증대시키는 것이 필요하게 되었던 것이다. 호의 수가 증가하도록 호적 작성 방법을 변화시킨 것은 이런 조세법의 변화를 반영한 결과였다.

호주를 포함한 마을 구성원 전체의 직역도 호주의 직역과 비슷한 양상을 보이고 있다. [표 16]은 마을 전체 구성원의 직역을 연도별로 표시한 것이다.

[표 16] 마을 전체 구성원의 직역

신분	직역	1861년	1891년	1897년
양반	장의, 청금장의	2(5%)	25(49%)	50(60%)
	교생	4	5	4
	유생, 유학	3	4	5
	품관	8	3	1
	유향별감, 유향좌수	0	6	11
	통정대부	0	0	1
	사생	1	0	0
	사과	1	0	0
	원생	3	0	0
	통사랑	1	0	0
	소계	23(56%)	43(84%)	72(86%)

신분	직역	1861년	1891년	1897년
중인	천총, 파총	5	3	3
	공생	0	0	1
	성장	3	1	0
	호장	0	0	1
	집사	0	0	1
	통덕랑	1	0	0
	진무	1	0	0
	서원	2	0	0
	별장	0	1	2
	소계	12(29%)	5(10%)	8(10%)
상민	가솔	6	3	3
	자망	0	0	1
	소계	6(15%)	3(6%)	4(5%)
계		41	51	84

[표 16]을 통해서 보면 전체 구성원들의 직역이 호주의 직역과 크게 차이가 나지 않는다는 것을 알 수 있다. 1861년에 이미 전체 구성원의 56%가 양반 직역을 가지고 있었으며, 중인이 29%, 상민이 15%의 비율을 구성하고 있었다. 또한 [표 16]은 1861년과 1891년 사이에 양반 직역의 비율이 크게 증가하였다는 것과 장의 및 청금장의 직역이 크게 증가하였음도 보여주고 있다. 이러한 경향은 가구원의 신분이 호주의 신분에 따라 결정되기 때문에 나타나는 현상이다. 호주의 직역이 양반 직역으로 변화하면 그 아들의 직역도 양반 직역으로 변경되는 것이 일반

호적중초와 19세기 후반 제주도 마을의 사회구조

적이었다.[3]

양반 직역의 증가는 필연적으로 중인 및 상민의 감소를 불러왔다. 전술한 바와 같이 중인계층은 양반계층으로 이동함으로써 그 수와 비율이 감소하였으며, 상민 역시 신분제의 와해로 그 수가 줄어들었다. 상민인 가솔의 증감을 연구한 정수환에 의하면 1864년 이후 제주도에서 가솔은 지속적으로 감소하였으며 그 원인은 사회적 혼란으로 인한 도망과 이주, 그리고 신분제 와해로 인한 직역 변화가 자리하고 있다고 하였다(정수환 2003 : 212-213). 중인 및 상민 신분의 개인이 양반으로 신분 이동을 하면서 19세기 후반 달밭마을에서는 대부분의 사람이 명목상 양반의 직역을 가지게 되었다.

이런 맥락에서 보면 직역의 변화를 신분의 변화로 기계적으로 해석하는 것은 위험할 수 있다. 달밭마을의 직역 변화는 실제의 신분 변화와 무관하게 이루어진 경우가 많았다. 실제는 중인이면서 직역만 양반의 것을 갖는 경우도 많아 호적중초에 등재된 직역이 실제 양인이 부담해야 하는 백성으로서의 의무와 직접적으로 연관되어 있다고 보기 어렵다. 직역의 변화는 명목상 신분의 변화로 해석하는 것이 타당할 것이다.

가구원의 직역 중 여성의 직역은 특기할만하다. 달밭마을의 호적중초에서 여성의 직역은 씨(氏)와 소사(召史)만 있다. 통상 씨는 양반의 직역이며, 소사는 중인 또는 상민의 직역으로 이해되고 있다(김동전 1995 :

---

3   호구원의 직역이 호주를 따라간다는 것이 일반적인 학설이지만 여성의 경우에는 다른 주장도 있다. 즉, 여성은 남편의 신분에 따라 직역을 가진다는 주장과 함께 친정아버지의 신분에 따라 직역을 가진다는 주장도 있다. 여자가 누구의 직역을 따라가는가에 대한 논란은 있지만 이느 경우에나 여성의 직역은 결혼 전 또는 결혼 후 호주의 직역을 따라간다는 사실에는 변함이 없다.

72). 달밭마을 여성의 직역을 연도별로 나타내면 [표 17]과 같다.

[표 17] 여성의 직역 변화

직역＼연도	1861년	1891년	1897년
씨	19(46%)	35(76%)	67(81%)
소사	22(54%)	11(24%)	16(19%)
계	41(100%)	46(100%)	83(100%)

여성의 직역 변화도 양반의 비율 증가를 보여준다. 즉, 씨는 1861년 46%였지만 1897년에는 81%로 증가한 반면, 소사 직역은 54%에서 19%로 감소하였다. 여성의 직역이 아버지의 직역을 따라가는지, 남편의 직역을 따라가는지에 대해서는 논란이 있지만(김동전 1995 : 72) 부부 사이에 직역의 연관성이 강하게 나타나는 것은 분명하다. 즉, 달밭마을의 호적중초에서 씨(氏)의 배우자는 교생, 사생, 사과, 품관, 유학, 천총, 장의, 유생, 유향별감, 유향좌수, 청금, 통정대부였으며, 소사(召史)의 배우자는 사과, 천총, 가솔, 파총, 원생, 성장, 집사, 호장, 자망, 공생이었다.[4] 직역이 씨인 여성의 배우자는 대체적으로 양반의 직역을 가졌으며, 직역이 소사인 경우에는 배우자가 중인 또는 상민의 직역을 가졌다. 이러한 사실을 통해서 보면 여성의 직역은 남편의 직역을 따라가는 경향이 강하였다.

한편, 부부의 직역 사이에 불일치가 나타나는 경우도 있었다. 이는

---

4   천총의 배우자는 1861년에는 소사, 1891년에는 씨의 직역을 가졌다. 이는 천총이라는 직역이 양반과 상민의 중간적 위치에 있었음을 의미한다.

호적중초와 19세기 후반 제주도 마을의 사회구조

여성이 처가 아니라 첩일 경우이다. 첩인 경우에는 남편의 직역과 상관없이 예외 없이 소사라는 직역을 갖는다. 이는 신분구조의 변화에도 불구하고 정실과 첩실 사이의 구분은 견고하게 유지되었음을 의미한다고 볼 수도 있으나 이에 대해서는 더 면밀한 분석이 필요하다. 즉, 호적중초에 기록된 '첩'의 신분이 문제가 될 수 있다. 호적중초에 등재된 첩은 두 가지 경우로 나누어볼 수 있다. 하나는 처가 있는 경우이며 다른 하나는 처 없이 첩만 있는 경우이다. 첫 번째 경우의 첩은 소실이 분명하나 두 번째 경우의 첩은 소실인지 재혼인지 구분하기 어렵다. 호적중초를 시계열적으로 분석해 보면 첩이었던 사람이 나중에는 처로 수정되어 등재되는 경우가 종종 나타난다. 이는 재혼의 경우에도 초기에는 첩으로 등재되었음을 의미하는 것으로서 첩이라는 용어를 소실의 경우에 한정하여 사용한 것은 아니라는 추론을 가능하게 한다. 따라서 재혼인 경우에도 초기에는 관계를 첩으로 기록하고 직역을 소사라고 등재한 것은 첩의 직역을 소사라고 기계적으로 인식한 결과이다.

신분구조의 변화는 호주를 비롯한 가구 구성원들의 직역을 통해서뿐만 아니라 조상의 직역을 통해서도 확인할 수 있다. [표 18]은 호적중초에 등재된 가구주 및 배우자 조상들의 직역을 나타낸 것이다. 1861년과 1891년의 호적중초에는 배우자의 조상들이 등재되어 있지만 1897년에는 호주 조상들의 직역은 표시가 된 반면 배우자 조상의 직역은 표시되지 않아 배우자 조상의 직역을 파악할 수 없었다. 그러나 호주 조상의 직역만으로도 경향성을 파악하는 데는 무리가 없을 것으로 보인다.

[표 18] 조상들의 직역

직역	1861년		1891년		1897년	
	호주	배우자	호주	배우자	호주	배우자
학생	18(30%)	18(30%)	52(64%)	39(64%)	132(67%)	
업무	8	8	4	2	6	
장관	6	9	6	1	3	
성장	11	6	0	1	2	
호장	3	4	1	1	4	
유향별감, 유향좌수	1	1	3	2	15	
통정대부, 통훈대부	1	0	3	1	7	
장사랑, 통사랑, 통덕랑	2	0	0	0	3	
천총, 파총	4	0	2	1	3	
장의, 공생, 청금	0	2	4	6	4	
교생, 유생, 원생	0	0	0	1	3	
한량	0	3	0	0	0	
향공진사	0	1	1	0	1	
품관, 교품	0	2	0	0	2	
훈련원 봉사	0	2	0	1	0	
전력부위, 사과, 진무	1	2	0	1	1	
무과급제, 무과초시, 출신	0	1	1	3	4	
향리, 향리치격, 서원	3	0	1	0	0	
사복	0	1	0	0	0	
가선대부	1	0	0	0	0	
즉청	1	0	1	0	0	
기관	0	1	1	0	0	
근위장군, 절형장군, 조방장	0	0	1	1	1	
장령	0	0	0	0	1	
도훈장	0	0	0	0	1	
사생	0	0	0	0	2	
남원부사	0	0	0	0	1	
계	60	61	81	61	196	

호적중초와 19세기 후반 제주도 마을의 사회구조

[표 18]을 통해서 보면 조상들의 직역은 학생 직역의 증가가 두드러진다는 것을 알 수 있다. 즉, 1861년의 경우 학생 직역을 가진 조상이 30%에 불과하였으나 1891년에는 64%로 증가하였고, 1897년의 경우에는 67%로 증가하였다. 학생이란 직역은 생존해 있는 사람에게는 사용되지 않았고 죽은 사람에게만 사용되었던 직역이다. 학생이란 직역이 벼슬하지 않은 선비들이 죽은 뒤 가진 직역이란 점에서 보면 학생 직역의 증가는 양반 또는 선비의 신분을 가진 것으로 인정되는 사람이 증가하였다는 것을 의미한다. 또한 자신의 직역이 양반의 직역이 아니더라도 조상의 직역은 학생이라는 양반의 직역을 사용함으로써 조상의 신분을 높이는 경향이 있었다. 살아있을 때는 양반이 아니었지만 죽은 뒤에는 양반의 직역을 사용하는 것이 허용되었다는 것은 직역의 사회적 중요성이 그만큼 약화되었음을 의미하는 것이기도 하다.

조상들의 직역에서 나타난 두 번째 특징은 성장(城將)이나 호장(戶長)과 같은 무관 직역의 비율이 감소한 반면 유향좌수, 유향별감, 통정대부와 같은 문관의 직역을 가진 사람의 비율이 증가하였다는 점이다. 무관에 비해 문관의 지위가 더 높았고, 호장이나 성장의 직역이 중인들의 직역인 반면 유향좌수 등의 직역은 양반의 직역이었음을 고려하면 이역시 양반 신분의 비율이 증가하였다는 점을 보여준다. 또한 전술한 바와 같이 무관 직역의 감소는 군역을 부담시킨다는 호적 조사의 목적 자체가 변화되었음을 보여준다. 뿐만 아니라 조선 후기 사회가 문민화되었으며 군사적 필요성이 감소되었다는 해석을 가능하게 한다.

직역의 변화는 호적중초가 기록된 연도의 변화를 통해서도 살펴볼 수 있지만 한 호구에서 호수들의 직역이 어떻게 변화하였는가를 통해서도 분석 가능하다. 달밭마을에서 1861년부터 1897년 사이에 지속적으로 유지된 호구는 5가구이다. 이 다섯 호구 호주의 직역 변화를 표로 나타낸 것이 [표 19]이다.

[표 19] 호주의 직역변화[5]

호주(1897년 기준)	관계	1861년	1891년	1897년
임성규	호주 본인	(掌議)	留鄕別監	留鄕別監
	부	品官	學生	學生
	조부	將官	學生	學生
	증조	業武	業武	學生
	고조	戶長	X	X
이병채	호주 본인	X	(掌議)	掌議
	부	(校生)	掌議	學生
	조부	掌議	學生	學生
	증조	千摠	學生	學生
	고조	千摠	千摠	X
	현조	城將	X	X
강의국	호주 본인	幼生	掌議	掌議
	부	學生	學生	學生
	조부	學生	學生	學生
	증조	學生	學生	學生

---

5   호주는 1897년 기준이다. 또한 표에서 x는 해당 연도 호적중초에는 당사자가 등재되지 않았음을 의미하며, 소괄호 안의 직역은 해당 연도의 호적중초에서 호주가 아니라 호주의 아들 또는 손자로서 가진 직역이었음을 의미한다.

호적중초와 19세기 후반 제주도 마을의 사회구조

호주(1897년 기준)	관계	1861년	1891년	1897년
	호주 본인	X	掌議	掌議
	부	把摠	學生	學生
김양송	조부	千摠	學生	學生
	증조	將官	將官	學生
	고조	戶長	X	X
	호주 본인	X	掌議	掌議
	부	X	學生	學生
송한능	조부	千摠	千摠	千摠
	증조	卽請	卽請	學生
	고조	業武	X	X
	현조	學生	X	X

[표 19]는 직역의 변화와 관련하여 세 가지 사실을 말하고 있다. 첫째, 1861년에는 죽은 조상의 경우에도 직역을 구체적으로 표시하였으나 1891년과 1897년에는 조상의 직역이 학생으로 통일되어 갔다는 점이다. 즉, 1861년에는 조상의 직역이 살아있을 당시에 가지고 있었던 직역으로 등재되었으나 1891년 이후에는 특별한 경우가 아니면 조상은 학생이라는 직역으로 통일되게 등재되었다. 이는 최소한 1891년에는 이미 신분구조가 무너져 호적상에는 반상의 구분이 사라져 가고 있었다고 추론할 수 있다. 둘째, 조상의 직역이 중인 계급, 특히 군사적 직역인 경우에는 비교적 지속적으로 실제 직역이 등재된다는 점이다. 1861년 송한능의 조부는 천총(千摠)이라는 직역을 가지고 있었으며 이 직역은 1897년까지 지속되고 있다. 그 외에도 1891년까지 남아 있던 직역

은 천총, 업무, 장관, 즉청 등과 같은 중인 계급이었다. 군사적 직역은 비교적 지속적으로 실제 직역으로 등재되었다는 것은 호적 조사의 목적이 양인으로 하여금 군역을 부담시키기 위함이었음을 의미한다. 셋째, 제한적인 자료이기는 하지만 시간이 지날수록 직역이 더 높아지고 있다는 점이다. 임성규는 1861년에는 장의였으나 1891년 이후에는 유향별감으로 직역이 변화되었으며, 이병채의 부(父)도 교생에서 장의로, 그리고 강의국도 유생에서 장의로 직역이 변하였다. 이는 후대로 갈수록 직역이 전반적으로 상승되고 있으며 이는 신분의 상승을 도모하고 있었음을 보여준다.

호적중초를 통해서 본 달밭마을의 신분구조는 1861년과 1897년 사이에 급격한 변화가 있었다. 그 변화는 전통적인 신분구조가 와해되어 양반 직역이 크게 증가하였다는 것으로 요약된다. 이는 조선 후기 신분구조의 변화를 반영하고 있는 것이며, 호적중초에 등재된 직역은 이러한 신분구조의 와해를 정당화하고 있는 것으로 해석 가능하다.

3) 신분과 혼인

일반적으로 신분사회에서는 신분이 사회 구성원들의 일상생활을 규제하는 가장 중요한 기준이 된다. 특히 혼인에서는 신분내혼의 규정이 준수될 것으로 기대된다. 그러나 실제 신분사회에서도 신분내혼의 규정이 철저하게 지켜지지는 못하였으며 신분외혼이 일어나기도 하였다. 신분내혼의 규칙에도 불구하고 신분외혼이 일어났다는 사실이 신분사회에서 신분의 중요성이 낮았다는 것을 의미하지는 않는다. 오히려 이 사실은 문화적 원칙과 실제 사이의 관계를 이해하게 한다. 즉, 문화는 실제 행위 그 자체가 아니라 이념적 규범이다. 이념적 차원에서 구성원이 가지고 있는 규범이 그 사회의 문화이지만 실제 행위에서는 이념적 규범에 따르기만 하는 것은 아니다. 행위자는 이념적 규범에 따라 행동하는 것이 원칙이라고 인식하지만 다양한 맥락과 정치적 상황에서 그리고 때로는 전략적으로 규범과 불일치하는 행동을 하기도 한다. 즉, 이념적 차원에서는 신분내혼을 하여야 한다고 생각하지만 실제 상황에서는 신분외혼이 일어날 수도 있다.

원칙과 실제 사이의 이런 괴리는 원칙의 위배로 이해될 것이 아니라 사회의 역동성을 보여주는 중요한 근거로 이해되어야 한다. 실제의 삶은 원칙만으로 구성되지는 않는다. 개인은 각자가 추구하는 목표가 있고 그 목표를 달성하기 위하여 여러 가지 자원을 활용한다. 목표를 달성하기 위하여 어떤 자원을 어떤 방식으로 활용할 것인가는 개인적인 전략에 따른다. 이 과정에서 원칙은 다르게 해석되기도 한다. 신분내혼이 원칙인 사회에서도 신분 상승을 목표로 삼는 사람에게는 신분외혼이 선택 가능한 수단이 될 수 있다. 이 경우 신분외혼은 또 다른 논리에 의해 정당화 된다. 이렇듯 문화적 규범을 지켜야 하는 것이지만 때로 그 규범을 어기는 행동을 하기도 하는 것이 실제의 생활이다.

19세기 달밭마을에서 신분이 일상생활에서 어떤 역할을 하였는지를 이해하기 위해서는 혼인관계를 살펴볼 필요가 있다. 신분사회인 조선에서 신분내혼은 문화적 규범으로 작용하였다. 그러나 실제 모든 혼인이 신분내혼으로만 이루어지지는 않았다. 신분내혼이 규범이었지만 신분외혼이 일어난 것을 단순히 문화적 규범의 위반으로 이해할 수는 없다. 신분외혼이 일어났다면 어떤 맥락에서, 그리고 어떤 목적에서 신분외혼을 하였는지를 분석하는 것이 당시의 혼인을 문화적으로 이해하는 것이다. 즉, 신분사회의 견고한 구조가 와해되어 가던 시기에 신분이 혼인에서 어떤 역할을 담당하였는지, 그리고 혼인에서 신분이 어떻게 전략적으로 활용되었는지를 분석하면 그 당시의 사회상을 이해할 수 있다.

달밭마을에서 신분내혼의 규정이 어느 정도로 견고하게 준수되고 있었는가를 파악하기 위하여 신분을 규정할 필요가 있다. 통상 조선시대 신분은 양반, 중인, 상민 그리고 천민의 4가지가 있었다고 인식되지만 신분을 판단하는 기준은 명확하지 않다. 양반의 경우에는 4대조 안에 과거에 급제한 사람이 있어야 한다는 비교적 구체적인 기준이 있었지만 중인이나 상민의 경우에는 그런 명시적 지표가 없었으며 따라서 신분은 상대적으로 인식되기도 하였다. 즉, 신분 개념은 고정적인 것이 아니라 유동적인 것이었다. 양반이라고 하더라도 세거지(世居地)를 떠나 타지에서 생활하면 신분이 상대적으로 낮게 인식되기도 하였으며, 상민만 거주하는 마을에서는 중인이 양반의 지위를 가지기도 하였다.

그러나 분석을 위하여 신분을 구체화할 필요가 있다. 조선시대의 신분은 직역을 통하여 구체화되었다. 즉, 양반에게는 양반의 직역을, 중인에게는 중인의 직역을 부여한 것이다. 그리고 이 직역은 호적에 명기되었다. 호적이 작성된 이후 개인에게 부여된 직역이 신분을 판단할 수 있는 중요한 근거로 활용되었으며, 따라서 여기서는 신분의 기준으로 호적중초에 기록된 직역을 사용하고자 한다. 직역은 국가가 백성들에게 사회적으로 담당하여야 하는 역할을 규정한 것으로서 당시의 기준으로

호적중초와 19세기 후반 제주도 마을의 사회구조

보면 귀천의 차이가 있었다. 그리고 신분에 따라 직역은 달리 주어졌다. 통상 양반의 직역, 중인의 직역 등과 같이 직역은 신분의 지표로 간주되었다.

혼인과 신분의 관계를 분석하기 위하여 혼인 당사자의 직역이 아니라 아버지의 직역을 신분의 기준으로 삼았다. 아버지의 직역을 신분 분석의 기준으로 삼은 그 이유는 두 가지이다. 하나는 19세기 조선사회에서 혼인의 주체는 혼인 당사자가 아니라 혼인 당사자의 아버지였기 때문이다. 자유 연애혼이 아니라 중매혼이 일반적이었던 조선 후기에 혼인 대상자를 정하는 것은 아버지의 역할이었다. 또한 혼인을 매개하는 사람의 입장에서는 두 집안의 신분 유사성을 일차적인 기준으로 삼았고 그 기준은 호주의 신분이었다. 이처럼 혼인에서 신분이 중요한 기준이 되었던 상황에서 혼인 상대방의 신분은 당사자가 아니라 당사자의 아버지였다. 즉, 호주의 신분이 일차적인 고려 대상이었다. 두 번째 이유는 여성의 경우 직역만으로는 혼인 당사자 여성의 구체적인 신분을 알 수 없기 때문이다. 앞에서 언급한 바와 같이 여성은 혼인 이전에는 직역이 없었다. 직역이 없는 사람의 신분을 직역으로 파악할 수는 없다. 또한 혼인을 한 이후에도 여성은 씨(氏) 또는 소사(召史)라는 두 가지 직역 중 한 가지를 가졌기 때문에 남성에 비해 신분의 구체성을 확인하기 어렵다. 씨와 소사라는 직역만으로는 이 여성의 신분이 양반과 중인, 상민 그리고 천민이라는 4가지 신분 중 어느 신분에 해당하는지를 파악하기가 어렵다. 반면 혼인한 여성의 아버지의 직역은 구체적이어서 신분을 비교하기에 더 용이하다.

직역과 혼인의 관계를 살펴보기 위해 1861년 오석동조 사료와

1891년 호적중초 자료를 비교하고자 한다. [표 18]에서 보는 바와 같이 1897년 호적중초에는 결혼한 여성의 경우 아버지의 직역이 표기되지 않았기 때문에 혼인 당사자 아버지의 직역을 비교하는 것이 불가능하였다. [표 20]은 1861년 달밭마을의 호적중초에 나타난 혼인 당사자 아버지의 직역을 비교한 것이다.[6]

[표 20] 1861년 직역과 혼인의 관계

남 \ 여	학생	문관	무관	유생	향청	중인	상민
학생	2		1	1		1	
문관 (통사랑, 통훈대부, 출신)			2				
무관 (천총, 파총, 성장, 업무, 장관)	2	1	4		1	3	
유생 (장의, 교생, 유생)	1	1		1			
향청 (유향좌수, 호장, 즉청)			1				
중인 (향리, 품관, 서원)	1						
상민 (가솔, 사복)				1			

[표 20]은 직역이 서로 다른 사람들 사이에 혼인이 빈번하게 일어났음을 보여준다. 아버지의 직역이 학생인 남자는 학생, 무관, 유생, 중인의

---

6   여기서 말하는 혼인 당사자는 1861년에 결혼한 사람을 의미하는 것은 아니며, 1861년에 부부로 등재된 사람을 의미한다. 즉, 이 자료는 해당 시기의 혼인 상황을 말하는 것이 아니라 그 시기까지 이루어진 혼인에 대한 것이다.

딸과 결혼하였으며, 아버지의 직역이 문관인 남자는 무관의 직역을 가진 자의 딸과 혼인하였다. 아버지의 직역이 무관인 남자는 무관의 직역을 가진 자의 딸과도 혼인하여 직역내혼의 사례를 보여주기도 하지만 학생, 문관 등 직역이 더 높은 자의 딸과 결혼하기도 하였으며, 향청, 중인 등 직역이 더 낮은 자의 딸과 혼인하기도 하였다. 사례가 하나밖에 없기는 하지만 상민인 남자는 양반 직역인 유생의 딸과 결혼하기도 하였다. 1861년 달밭마을의 결혼 상황은 신분이 다른 사람들 사이의 혼인이 광범위하게 일어났음을 보여준다. 이는 1861년까지 달밭마을에서는 직역이 혼인의 중요한 기준이 되지 못하였음을 의미한다. 즉, 1861년에는 신분내혼의 규제가 강하게 작용하지는 않았다는 해석이 가능하다.

한편 [표 21]은 1891년의 호적중초에 나타난 직역과 혼인의 관계이다. [표 21]은 1861년과 달리 직역내혼의 경향을 강하게 보여준다. 아버지의 직역이 학생인 남자 15명 중 학생의 딸과 결혼한 경우가 12사례였으며, 아버지의 직역이 유생인 남자 9명 중 유생의 딸과 결혼한 사례도 6사례였다. 1861년에는 직역이 혼인을 규정하는 요인이 아니었지만 1891년에는 혼인에서 직역이 중요한 혼인규정으로 작용하였다.

이는 조선시대에 대한 상식과 부합하지 않는다. 통상 조선시대는 초기일수록 신분제가 원칙적으로 작용하였으며 후대로 갈수록 신분제가 완화되었다고 인식된다. 즉, 초기일수록 신분내혼의 경향이 강하게 나타나고 후대로 갈수록 신분외혼의 경향이 상대적으로 더 강하게 나타나야 하지만 [표 20]과 [표 21]은 이런 일반적인 상식과 상반된 결과를 보여주고 있다. 따라서 이 현상은 다른 각도에서 분석될 필요가 있다.

[표 21] 1891년 직역과 혼인의 관계

남＼여	학생	문관	무관	유생	향청	중인	상민
학생	12		1	2			
문관 (통사랑, 통훈대부, 출신)							
무관 (천총, 파총, 성장, 업무, 장관, 조방장)	1						
유생 (장의, 교생, 유생, 청금)	1	1		6	1		
향청 (유향좌수, 호장, 즉청)				1			
중인 (향리, 품관, 서원)							
상민 (가솔, 사복)				1			

1861년에는 신분외혼의 경향이 강하였으나 1891년에는 신분내혼의 경향이 강하게 나타난 것은 흥미롭게도 신분구조의 와해에서 그 원인을 찾을 수 있다. 즉, 신분구조의 변화로 학생이나 유생 등 양반 직역이 크게 증가함으로써 1891년에는 중인이나 상민 직역에 해당하는 사람의 수가 크게 줄어들었다. 즉, 1891년 혼인관계에 있던 남자 27명 중 아버지의 직역이 학생인 경우가 15명, 유생인 사람이 9명으로 24명이 이 두 직역에 속하게 되었다. 여자의 경우도 27명 중 아버지 직역이 학생인 경우가 14명, 유생인 경우가 10명으로 24명이 이 두 직역에 속하게 되었다. 1861년에는 상대적으로 직역이 다양하여 직역 또는 신분 간 혼인의 비율이 높았던 반면 1891년에는 직역이 단순화됨으로써 직역내혼의 경향이 높게 나타난 것이다. 1891년 호적중초에 나타난 신분내혼

의 경향은 문화적 규정이었다기보다는 신분구조가 와해됨으로써 나타난 통계적 왜곡 현상이라고 할 수 있다. 따라서 1891년 호적중초에 나타난 혼인 양상만으로 당시에는 신분내혼이 지배적인 문화적 규범이었다고 단언할 수 없다. 오히려 1891년에도 사람들의 인식에는 여전히 신분외혼이 문화적 규정으로 자리하고 있었다고 보는 것이 타당할 것이다. 조선시대가 신분사회였고 개인의 신분을 변화시키는 것이 매우 어려운 일이었음을 고려한다면 짧은 시간 안에 신분외혼이 신분내혼으로 변화되었다고 단정하기에는 어려움이 있다. 1891년에도 표면적으로는 직역이 양반화되었지만 여전히 신분적 차이를 인식하고 있었으며 혼인에서는 이 신분이 중요한 요인으로 작용하였다. 즉, 1861년에 나타난 신분외혼의 양상이 19세기 제주도의 보다 일반적인 혼인 양상이라고 할 수 있다.

1861년의 사례처럼 19세기 제주도에서 직역외혼의 경향이 문화적 규범으로 작용하였다고 한다면 이에 대한 설명이 필요하다. 신분사회임에도 불구하고 신분내혼의 규정이 지켜지지 못하고 신분외혼의 경향이 나타난 것은 제주도의 혼인에서 신분내혼의 규정보다 더 중요한 규정이 있었음을 의미한다. 그 문화적 규정은 혼인관계의 확장이다.

19세기 제주도의 마을에서 유력자들은 정치적 목적과 경제적 목적에 따라 마을 내 혼인관계의 망을 확장하고자 하였다. 대부분의 일상생활이 마을 내에서 이루어졌기 때문에 마을 내에서 협력자를 만드는 것은 무엇보다 중요한 전략이었다. 특히, 친족집단이 발달하지 못한 제주도에서는 혼인관계가 가장 중요한 협력의 기반이었다. 다양하고 넓은 혼인관계는 협력과 지지를 이끌어낼 수 있는 사람이 증가하는 것을 의미하였고 중첩된 혼인관계는 협력의 강도를 높이는 핵심적인 수단이 되었기 때문에 마을에서 협력의 기반과 영향력을 확대하고자 하는 사람들은 혼인관계망을 확장하고자 하였다. 더 넓은 범위의 사람과 혼인관계를 맺기 위한 방안으로는 신분내혼의 전략보다 신분외혼의 전략이 더 적응적이었다. 신분내혼은 혼인 대상자의 범위가 좁고 확장성이 제한적이지만 신분외혼은 혼인 대상자의 제한이 없기 때문이다. 이런 이유로 다소 신분의 차이가 있더라도 혼인이 용인된 것이 1861년 달밭마을의 혼인 양상이라고 할 수 있으며 따라서 신분사회였던 조선시대였음에도 제주도에서는 신분외혼이 보편적으로 나타날 수 있었다.

혈통관계는 신분을 중요시한다. 혈통으로 맺어진 친족집단은 동일한 신분을 가지며 이 신분을 유지하고 상승시키는 것이 친족집단의 핵심적인 목표이다. 반면 궨당은 관계망을 중요시한다. 신분이 다르더라도 혼인으로 맺어지면 사돈 또는 궨당이 된다. 궨당은 신분을 넘어서는 관계망의 형성으로서 궨당과 신분외혼은 밀접히 연관된 개념이다.

혼인관계망의 확장이 가장 중요한 혼인규정으로 작용함으로써 제주도에서는 신분외혼이 광범위하게 나타나고 이에 근거하여 궨당관계가 발달할 수 있었다. 궨당은 혈통과 혼인으로 맺어진 친척을 포괄하여 이르는 개념이다. 혈통으로 맺어진 친족은 그 범위가 한정되지만 혼인으로 맺어진 관계는 확장성을 가지고 있다. 따라서 혈통을 근거로 친척관계를 고려하는 것에 비해 혼인을 근거로 친척관계를 고려하면 친척의 범위가 크게 확장될 수 있으며 이 궨당관계에 있는 사람이 마을 내에 많을수록 영향력과 협력의 범위가 더 넓어질 수 있다. 제주도에서 궨당관계를 확장하여야 한다는 필요성이 신분외혼을 가능하게 한 중요한 원인으로 작용한 것이다.

호적중초와 19세기 후반 제주도 마을의 사회구조

궨당관계와
변화

1) 달밭마을의 궨당관계

궨당은 제주도 문화의 중요한 특징이다. 종종 제주도 정치 영역에서 '궨당 정치'라는 말이 사용되기도 하고, '궨당 없이는 못 산다'고 말하기도 한다. 유교 전통이 강한 육지부에서는 친족이나 집안, 문중 등과 같은 부계혈통체계에 근거한 친족용어가 많이 사용되는 데 반해 제주도에서는 이런 용어 대신 궨당이라는 용어가 주로 사용된다. 제주도 문화를 이해하기 위하여 궨당을 이해하는 것은 필수 과정이다.

궨당은 개인을 중심으로 한 친족 범주의 개념이다. 즉, 궨당은 성(姓)궨당과 외(外)궨당 그리고 처(妻)궨당 또는 시(媤)궨당으로 구성되기 때문에(김혜숙 1999 : 401) 개인마다 궨당의 범주가 달라진다. 제주도의 마을은 마을내혼의 비율이 상대적으로 높아(김혜숙 1999 : 395-397 참고) 마을 내에서 궨당관계가 복잡하게 얽혀 있다.[1] 궨당관계는 개인적 관계에 머무는 것을 넘어서서 사회적 연망을 구성하게 되며 이 연망이 마을의 결속력과 통합성을 높이는 문화적 장치의 역할을 한다. 특히, 중첩된 혼인은 결속력을 유지하고 강화하는 중요한 수단으로 작용한다. 혼인으로 맺어진 관계는 세대가 지나면서 심리적 거리감이 멀어져 궨당으로 인식되는 범위를 벗어날 수 있다. 이때 다시 혼인관계를 맺게 되면 심리적 거리감이 줄어들고 결속력은 높아지게 된다. 이런 이유로 달밭마을에서는 겹사돈이나 '부찌사돈'으로 표현되는 중첩된 혼인이 광범위하게 나타났다.

궨당은 혈통과 혼인으로 맺어진 친척관계로서 일종의 '친족연결망'(백광렬 2017)이다. 백광렬은 17세기 중후반 조선사회의 지배 엘리트들 사이에 존재하는 친족연결망을 분석하였다. 그는 혈통집단뿐 아니라 혼인관계망을 포함하는 '친족연결망' 개념을 제안하였으나 장인-사위의 관계를 부-자 관계와 대등한 것으로 간주함으로써 혼인으로 맺어진 관계를 혈통으로 맺어진 관계로 환원시켜서 인식하였다. 결국 혼인으로 맺어진 관계도 혈통집단에서 친족간 거리를 나타내는 촌수로 환원됨으로써 혈통으로 맺어진 관계와 혼인으로 맺어진 관계의 차이가 무시된 것이다. 그럼에도 불구하고 '친족연결망' 개념은 개인들 사이의 관계를 분석하는 데 혼인관계를 포함하였다는 점에서 의의가 있으며 제주도

---

1   김혜숙은 마을내혼의 비율이 생태적 조건에 따라 다르게 나타난다고 인식하였다. 즉, 지리적으로 고립된 해안마을이나 도서마을이 육지부 농촌 마을에 비해 마을내혼의 비율이 높게 나타난다고 인식하였다. 그는 대포리의 호적중초 자료를 분석하여 1870년대부터 마을내혼의 비율이 매 10년마다 꾸준히 증가하여 전체 혼인의 절반 이상이 마을내혼임을 밝히기도 하였다(김혜숙 1999 : 384).

호적중초와 19세기 후반 제주도 마을의 사회구조

의 궨당관계 역시 친족연결망이라는 개념으로도 이해 가능하다.

궨당은 개인 간 친척관계를 촌수와 같은 거리로 개념화하는 것은 아니다. 부계혈통집단이 발달하지 못한 제주도에서 궨당은 혈통관계보다 혼인관계가 더 강조되는 개념이다. 혼인관계망은 수평으로 확대되는 특성을 가지고 있어 이론적으로는 무한확장이 가능하다. 제주도에서 흔히 들을 수 있는 '알고 보면 모두 궨당'이라는 말은 이런 맥락에서 이해될 수 있다. 혈통으로 맺어진 관계나 혼인으로 맺어진 관계 모두를 궨당이라는 하나의 개념으로 인식하는 것이 제주도 문화이다. 이런 관점에서 보면 누구나 혈통 또는 혼인관계로 연결될 수 있고 따라서 모든 사람이 궨당의 범주에 포함되게 된다. 그러므로 궨당은 주관적으로 인식하는 친척관계이다. 궨당의 범주는 개인에 따라 상대적으로 인식된다. 즉, 마을에서 혈통이나 혼인으로 맺어진 사람이 많은 경우에는 궨당의 범위가 상대적으로 좁게 인식되는 반면 혼인관계나 혈통관계가 약한 사람의 경우에는 궨당관계가 더 넓게 인식된다.[2] 여기서는 호적중초를 분석함으로써 19세기 제주도 마을이 실제 어떤 궨당관계로 구성되었는지, 그리고 그 관계가 어떻게 변화되었는지를 살펴보고자 한다.

전술한 바와 같이 호적중초는 호주와 배우자의 부, 조부, 증조부 그리고 외조부의 이름을 담고 있으며, 며느리의 경우 부의 이름을 기재하고 있다. 따라서 이런 이름들을 상호 비교하면 혼인관계를 파악할 수 있

---

[2] 달밭마을에서 친척관계가 전혀 없는 필자가 동성동본인 마을 사람과 궨당이라고 할 수 있는가는 항상 논란이 되었다. 마을 내에서 궨당이 많은 사람은 동성동본이라고 궨당이 되는 것은 아니라고 한 반면 궨당이 별로 없는 사람들은 궨당이 될 수 있다고 하였다. 달밭마을에서 사람을 소개 받을 때 동성동본이라는 것이 밝혀지면 종종 궨당으로 간주되기도 하였다.

다. 이미 논의한 바와 같이 호적중초는 실제 거주하는 모든 구성원을 기록한 것이 아니라 상당한 누락이 있었기 때문에 호적중초를 통해서 파악할 수 있는 혼인관계는 실제 혼인관계보다 적을 수밖에 없다. 다시 말하면, 조사 마을의 실제 혼인관계는 호적중초를 통해 파악할 수 있는 것보다 더 복잡했을 것으로 예측된다. 그럼에도 불구하고 호적중초를 통해서 파악한 혼인관계만으로도 달밭마을 사람들은 매우 복잡하게 궨당관계를 형성하고 있었다.

　동치3년인 1864년 달밭마을의 총 호수는 17호였으며 이 중 12호는 혈통과 혼인으로 서로 연결되어 있었다. 이들이 맺고 있는 궨당관계를 그림으로 표시하면 [그림 23]과 같다.

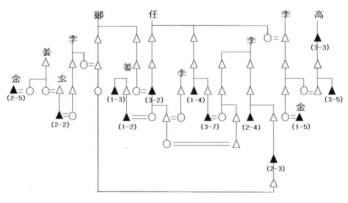

[그림 23] 1864년 달밭마을의 궨당관계

　[그림 23]은 달밭마을 17가구 중 12가구가 혈통과 혼인관계에 의해 상호 연결되어 있음을 보여주고 있다. 이를 궨당관계의 측면에서 분석해보면 우선 [그림 23]에서 (3-2)와 (1-4) 그리고 (3-7)은 같은 임씨로서

　호적중초와 19세기 후반 제주도 마을의 사회구조

동일한 혈통에 속해 있기 때문에 상호 성궨당 관계라고 할 수 있다. 같은 맥락에서 (2-4)와 (2-3)도 이씨로서 동일한 혈통에 속한 성궨당이다. 그리고 (1-2)는 (3-2)의 사위로서 임씨의 궨당에 해당하지만 강씨인 (1-3)은 (3-2)와 사둔(사돈) 관계에 있다. 제주도에서 궨당과 사둔은 상호 배타적인 관계로 설명되므로 (1-3)은 임씨의 궨당이라고 할 수 없다.[3] 그리고 임씨인 (3-7)과 이씨인 (2-4)는 6촌 처남-매부 관계에 있으므로 상호 궨당이다. 즉 이 관계에 의해 임씨와 이씨는 궨당으로 맺어지게 된다. 또한 (3-3)과 (3-5)는 고씨로서 같은 혈통에 속하므로 상호 궨당이다. (1-5)는 이씨의 사위로서 이씨의 궨당관계에 포함되며 (3-5)는 (1-5)의 처고모부 동생으로서 처궨당에 해당한다.

한편 (3-2)와 (2-3)의 아들은 6촌 동서로서 서로 처궨당 관계이다. 그리고 김씨인 (2-5)는 현씨인 (2-2)의 이모부로서 궨당이다. (2-2)는 이씨의 사위로서 이씨와 궨당관계에 있다고 할 수 있지만 (2-4) 및 (2-3)과는 관계가 너무 멀어 궨당관계라고 하기는 어렵다.[4]

[그림 23]을 통해서 보면 궨당관계의 중심에 임씨인 (3-2)와 이씨인 (2-3)이 있다는 점과 이 두 가구는 서로 중첩된 혼인관계로 맺어져 있다

3 　제주도에서 사둔과 궨당은 서로 보완적인 관계이다. 흔히 '사둔 아니면 몬딱 궨당'이라는 표현에서 보듯, 제주사람들의 사회관계는 사둔과 궨당으로 요약된다. 사둔과 궨당은 모두 혼인을 매개로 이루어진 관계이지만 분석적인 차원에서 보면 양자는 구별된다. 즉, 자신보다 아래 세대에서 혼인을 하여 맺어진 관계는 사둔, 자기와 동일 세대 또는 위 세대에서 결혼하여 맺어진 관계는 궨당이다.

4 　경우에 따라 (2-2)와 (2-4)가 궨당관계라고 주장될 수도 있다. 궨당관계는 주관적 인식의 문제이기도 하기 때문에 필요에 따라 두 사람이 서로 궨당이라고 하는 것도 가능하다. 궨당관계가 잘 형성되어 있는 사람의 경우 궨당의 범위를 좁게 인식하지만 그렇지 않은 경우에는 궨당의 범위를 넓게 인식하기 때문이다.

는 점을 알 수 있다. (2-3)은 (3-2)의 6촌 동서의 아버지였으며 동시에 (3-2)의 7촌 조카인 (3-7)은 (2-3)의 7촌 고모부였다. 뿐만 아니라 (2-3)의 8촌은 (3-2)의 손녀와 결혼한 사이였다. (3-2)는 풍천 임씨로서 1864년 호적중초에는 가구원이 11명으로 나타나 있었다. 한편 (2-3)은 고부 이씨며 가구원이 15명으로 구성되어 있었다. 즉, 달밭마을에서 가장 많은 가구원을 가지고 경제적, 사회적으로 우월한 위치에 있던 두 가구가 집중적인 혼인망으로 맺어져 있었던 것이다.

이 두 가구의 혼인관계는 중첩적이다. 우선 [그림 23]에서 보는 바와 같이 임씨와 이씨는 4번의 혼인을 맺었다. 이 중 이씨의 딸을 임씨 아들에게 혼인시킨 경우가 3회였으며 한번은 임씨의 딸을 이씨의 아들에게 혼인시켰다. 그리고 1864년 당시 임씨의 핵심 인물이었던 (3-2)와 이씨의 핵심이었던 (2-3)의 아들은 6촌 동서지간이었다. 즉, (2-3)의 아들은 정씨의 딸과 결혼함으로써 (3-2)와 6촌 동서가 되었다. 이러한 중첩적인 혼인관계를 통해 풍천 임씨와 고부 이씨는 매우 강한 결속력을 가진 궨 당관계를 형성할 수 있었다.

풍천 임씨와 고부 이씨의 중첩된 궨당관계는 마을 형성과정과 결부 시켜 해석해볼 수 있다. 앞에서 언급한 바와 같이 달밭마을의 형성과정 에서 도순리에 살던 고부 이씨들이 달밭 지경으로 이주한 것은 마을 설립의 중요한 계기로 작용하였다. 지금도 달밭마을에서는 고부 이씨들이 마을을 설촌한 성씨로 인식되고 있으며 이들이 이주한 갑인년이 마을 설립연도로 인식되고 있다. 그리고 마을의 중요한 풍수지리에 관한 설명도 대부분 고부 이씨 및 그들의 묘소와 연관되어 있다. 역사 및 역사에 대한 해석은 정치성을 내포하는 과정이라는 점을 고려해 본다면 달밭마을 설촌과 관련된 이러한 담론은 고부 이씨들이 마을에서 가장 유력한 성씨로 자리 잡은 이후에 형성된 것으로 보인다. 실제 호적중초에 나타난 내용으로 본다면 고부 이씨와 풍천 임씨들은 비슷한 시기에 도순마을에서 달밭마을로 이주하여 마을 형성의 결정적 계기를 제공하였다. 이주할 당시 풍천 임씨는 3가구가(3-2, 1-4, 3-7) 함께 이주하였으며 고부 이씨는 한 가구만 이주하여 상대적으로 풍천 임씨의 영향력이 더 컸다. 고부 이씨들이 달밭 지경으로 이주하는 과정에는 이미 (3-2)의 할아버지 세대에서 임씨와 이씨 사이에 맺어진 혼인관계를 비롯한 중첩된 혼인관계가 중요한 역할을 하였던 것으로 보인다.

달밭마을로 들어온 고부 이씨 중에서 (2-3)이 중심인물이었다. 그의 아들은 1864년 당시 39세로서 이미 (3-2)의 6촌 처제와 결혼하여 14살 된 아들을 두고 있었다. 다시 말하면 (2-3)의 아들 입장에서 보면 유력한 기존세력인 풍천 임씨(3-2)와 6촌 동서 사이로서 서로 궨당이었다([그림 23] 참고). 또한 (3-2)의 7촌 조카인 (3-7)은 1864년 당시 54세로서 (2-3)의 7촌 고모에 해당하는 사람과 혼인한 사이였다. 이러한 사실로 보면 고부 이씨들이 달밭 지경으로 이주하던 당시에 이미 풍천 임씨와 고부 이씨는 궨당관계였으며 이 궨당관계를 매개로 하여 고부 이씨들은 달밭 지경으로 이주하여 정착할 수 있게 되었던 것으로 보인다.

고부 이씨들이 이주한 이후 (3-2)의 아들은 다시 고부 이씨의 딸과 혼인하였으며, (3-2)의 손녀는 고부 이씨의 아들과 혼인하여 두 성씨 사이에 강력한 궨당관계를 형성하게 되었다. 두 성씨 사이의 강한 궨당관계는 달밭마을에서 이들의 사회적 지위를 높이는 수단이 되었을 것으로 추론된다. 이미 가구 수와 가구원 수에서 다른 성씨들에 비해 우월한 입장에 있었던 이 두 성씨는 서로 강한 궨당관계를 형성함으로써 다른 성씨들과는 차별적인 지위를 누릴 수 있었던 것으로 보인다.

풍천 임씨와 고부 이씨들이 매우 강력한 궨당관계를 형성하고 있었지만 이들이 다른 성씨와 맺은 관계는 상당한 차이를 보인다. 풍천 임씨는 (3-2)의 딸이 진주 강씨인 (1-2)와 혼인을 한 것[5]을 제외하면 더 이상의 궨당관계를 형성하지 않았다. 반면 고부 이씨들은 달밭 지경으로 이주한 이후 다른 성씨들과 궨당관계를 활발하게 형성하였다. [그림 23]에서 보는 바와 같이 고부 이씨들은 김해 김씨인 (1-5)와 혼인관계를 맺었다. 1864년 호적중초를 기준으로 (1-5)는 43세였으며 그의 처는 32세였다. 그리고 두 사람 사이에 3살 된 아들이 있었다. 이는 두 사람의 혼인이 고부 이씨들의 이주 후에 일어난 것임을 보여준다. 이미 (1-5)는 제주 고씨인 (3-3) 및 (3-5)와 궨당관계에 있었기 때문에 이 혼인으로 고부 이씨들은 궨당관계를 확대할 수 있었다.

또한 [그림 23]에서 보는 바와 같이 고부 이씨는 함덕 현씨와도 혼인을 하였다.[6] 함덕 현씨 역시 김해 김씨인 (2-5)와 궨당관계에 있었기 때문에 이 혼인을 통하여 고부 이씨들은 마을 내에서 궨당관계를 더 확장할 수 있었다. 이러한 사실을 종합하면 고부 이씨들은 달밭 지경으로 이

5　이 혼인 당사자인 (1-2)와 그의 처의 나이는 각각 59세 및 49세였다. 이는 이 혼인이 이미 오래전에 이루어진 것임을 의미한다.

6　이 혼인 당사자인 (2-2)는 당시 36세였으며 그의 처인 고부 이씨 여자는 51세였다. 그리고 둘 사이에 자녀는 없는 것으로 되어 있다. 이는 고부 이씨 여자가 재혼을 한 것이라는 유추를 가능하게 한다. 또한 3년 뒤 자료인 1897년의 호적중초에서 부인의 나이는 54세인 반면 남편의 나이는 47세로 기록되어 있다. 이는 호적중초의 작성에서 나이가 정확하게 기재되지 않았음을 보여주는 사례이다. 그리고 이후의 자료에서 이 가구는 등장하지 않고 있다.

　　　　　　　　　호적중초와 19세기 후반 제주도 마을의 사회구조

주한 후 혼인을 통하여 궨당관계를 적극적으로 확장하였음을 알 수 있다. 확장된 궨당관계를 배경으로 하여 고부 이씨들은 마을 내에서 사회적 지위와 영향력을 확대할 수 있었으며 마을의 중심 세력이 될 수 있었다.

호적중초에 나타난 정보만으로는 궨당관계에 있는 사람들이 어떤 사회적 의무를 상호 부담하고 있는지 알 수 없다. 그러나 현지연구를 통하면 궨당관계에 있는 사람들의 사회적 의무를 파악할 수 있다. 궨당관계에 있는 사람들은 상호 간에 일정한 의무관계를 가지고 있다. 특히 장례식에서 궨당은 매우 중요하다. 부계친족집단의 발달이 미약한 제주도에서도 장례식에서는 유교식 전통에 따라 복친을 둔다. 복친은 장례식에서 상주를 도와 장례식을 원만하게 치루는 사람이다. 복친은 조문객을 맞이하는 일, 입관을 하는 일, 산소를 조성하는 일 등 장례 전반에 걸쳐 상주를 돕는 역할을 한다. 육지부에서는 부계친족집단 성원이 복친이되지만 제주도에서는 궨당이 복친이 된다. 궨당의 수가 적을 때는 '동네궨당', '갑장 궨당'이라는 이름으로 이웃이나 갑장까지 복친으로 세운다 (김창민 1992 : 107).

[그림 24]는 고부 이씨의 어머니가 돌아가셨을 때 장례식에서 두건을 쓰고 복친 역할을 한 사람들의 일부를 나타낸 것이다.[7] 물론 상주의 부계친인 고부 이씨들도 복친이 되어 장례식을 도왔지만 부계친이 아닌 성궨당과 외궨당도 복친이 되었다.

---

7   그림에서 사선이 그어진 사람이 사망한 사람이며, 검은 색으로 표시된 사람이 복친이 된 사람들이다.

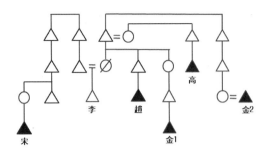

[그림 24] 어느 고부 이씨의 복친

[그림 24]에서 송씨는 상주인 이씨의 6촌 여동생의 아들로서 성괸당에 해당한다. 송씨 입장에서 보면 상주인 이씨는 외재종숙으로서 외괸당에 해당한다. 조씨는 이씨의 외사촌으로서 외괸당이며 金1 역시 이씨의 이종사촌의 아들로서 외괸당에 해당한다. 한편 고씨는 망인의 외사촌으로서 상주인 이씨의 입장에서 보면 외괸당에 해당한다. 金2는 외6촌 매부로서 외괸당에 해당한다. [그림 24]에서 보는 것과 같이 부계친 외에도 상주의 외괸당이 복친으로 다수 참가하였다. 다시 말하면 망인의 친정 쪽 괸당이 복친으로 참가한 것이다. 이는 육지부에서 출가외인이라고 하여 결혼한 여자는 남편의 친족집단에 속한다는 인식과 상당한 차이를 보이고 있다. 제주도에서는 여자가 결혼하더라도 친정과 밀접한 사회적 관계를 유지하고 있다는 방증이다. 괸당관계는 남자의 입장에서 보면 외가 및 처가와의 협력체계를 만드는 것이지만 여자의 입장에서 보면 결혼 후에도 친가와 밀접한 관계를 유지할 수 있다는 것을 의미하며, 이러한 협력관계는 일상생활에서도 중요하게 작용한다.

고부 이씨 어머니의 장례식에 다양한 괸당이 복친으로 참가하였다. 이렇게 괸당은 의례적 상황에서 일정한 의무와 역할을 감당하여야 하며 궨당이 많을수록 의례는 더 풍성해지며 원활하게 일이 진행될 수 있다.

궨당관계의 다른 한 단면은 '궨당 망하면 나도 망한다'는 말에서 찾아볼 수 있다. 이 말은 장례식이나 결혼식과 같은 의례적 상황에서 의례 참가자들이 재미 삼아 하는 넉동배기[8]에서 가장 흔하게 들을 수 있다. 넉동배기는 마당에 멍석을 펴고 2 : 2로 윷을 노는 것이다. 특징적인 것은 이 과정에 윷을 노는 선수가 돈을 걸고 게임을 한다는 것이다. 비단 선수만 돈을 거는 것이 아니라 구경을 하는 사람들도 두 편 중 어느 한편에 돈을 걸고 내기를 한다. 심판을 보는 사람은 두 편에 걸리는 돈의 액수가 같아야 하므로 선수의 기량이 비슷하도록 편을 짜기도 하며, 어느 편에 돈이 적게 걸려 균형이 맞지 않으면 돈을 더 걸라고 유도하기도 한다. 게임이 진전될수록 걸리는 돈의 규모도 커지고 선수들의 부담도 커지게 된다. 그러면 점점 실력이 있는 사람들이 선수로 참여하게 되고 넉동배기의 분위기는 고조되게 된다.

돈을 걸고 돈을 따는 게임이지만 돈을 거는 데는 일정한 규칙이 있다. 구경꾼들은 선수 중에 자기의 갑장[9]이나 궨당이 있으면 그쪽에 돈을 걸어야 한다. 승부에만 집착하여 이길 확률이 더 높은 쪽에 번갈아 가면서 돈을 거는 것은 넉동배기에 올바르게 참여하는 것이 되지 못한다. 결국 갑장에게 또는 궨당에게 돈을 걸었다가 갑장이나 궨당이 게임에서 지면 돈을 잃게 된다. 따라서 '갑장 망하면 나도 망한다'거나 '궨당 망하면

---

8   넉동배기는 제주도의 윷놀이를 말하는 것으로서 일반적으로 넉동배기를 할 때는 돈을 걸고 내기를 한다.

9   갑장은 동갑을 의미한다. 제주도에서 갑장은 단순히 나이가 같은 사람을 의미하지는 않으며 같은 마을에서 태어나고 자라 어린 시절의 경험을 공유한 사람을 말한다. 갑장과 관련한 자세한 내용은 김창민(2018)을 참고할 것.

나도 망한다'는 이야기는 넉동배기에서 흔하게 나온다. 요컨대 궨당은 무조건적으로 지지해야 하는 사람이며 위기에 처하거나 어려움이 있을 때는 도와야 하는 사람이라는 의미를 가진다. 결국 궨당이 많은 사람일수록 사회생활을 더 잘 할 수 있는 기반이 마련된다.

한편 궨당관계의 핵심은 여자들 사이의 연대라고 할 수 있다. 여성 노동력이 필수적이었던 제주도에서 여성들 사이의 연대와 협력은 노동 과정에서 매우 중요하였다. 이런 맥락에서 자매가 같은 마을로 출가하여 같은 마을에 함께 거주하는 것은 매우 전략적인 선택이라고 할 수 있다. 남자들 사이의 관계가 정치적이고 제도적이라면 여자들 사이의 관계는 정서적인 측면이 강하다. 따라서 여성 노동력의 비중이 큰 제주도에서 여성들 사이의 정서적 연대는 수누름[10]을 비롯한 노동력 교환의 근거가 되었다. 또한 19세기는 인구 이동이 빈번한 시기였다. 거주지를 옮길 때 여성들 사이의 연대는 중요한 조건이었다. 토지가 부족한 가구가 다른 마을로 이주하여야 할 경우 노동력 동원을 쉽게 할 수 있는 마을이 우선적으로 고려되었을 것이고 이 경우 자매들의 연대는 이주의 중요한 조건이 될 수 있었다. 즉, 남자들 사이의 궨당관계는 사실상 자매들 사이의 연대라고 해석할 수 있다.

이런 여성들 사이의 연대는 앞의 [그림 23]에서도 나타난다. 강씨 자매는 각각 김씨(2-5), 현씨(2-2의 아버지)와 혼인함으로써 달밭마을에 함

---

10   수누름은 노동 교환을 하는 제주도 문화의 하나이다. 수누름은 '손(手)을 늘인다'는 의미를 가진 말로서 집중적인 노동력이 필요할 때 이웃의 도움을 받고, 그 이웃이 노동력을 필요로 할 때 가서 도와주는 방식으로 노동력 교환을 하는 것이다. 즉, 수누름은 집단적인 노동 교환이 아니라 두 사람 사이에 만들어지는 개인적인 노동 교환으로서 두 사람 사이의 관계가 중요하다.

께 거주하였다. 앞에서 언급한 정씨 6촌 자매는 각각 임씨인(3-2), 이씨인(2-3)의 아들과 혼인하여 두 사람을 궨당관계로 만들었으며 달밭마을에 함께 거주하였다. 자매관계는 아니지만 이씨인 고모와 질녀는 각각 고씨(3-5의 형), 김씨(1-5)와 혼인하였다. 달밭마을은 혈통을 매개로 한 사람들이 함께 거주하는 공간이기도 하였지만 결혼한 자매들이 함께 거주한 공간이기도 한 것이다. 이렇게 혈통을 매개로 한 사람과 혼인을 매개로 한 사람들이 함께 궨당관계를 이루었다. 궨당관계는 결혼한 자매들 사이의 연대가 핵심적인 내용이었던 것이다.

2) 궨당관계의 변화

제주도 마을에서 궨당관계는 사회관계의 핵심이다. 마을 단위에서 보면 혈통을 매개로 한 친족집단은 그 관계가 비교적 안정적이지만 궨당을 통한 사회적 연망은 고정된 것이 아니라 시간이 지남에 따라 지속적으로 변화하게 된다. 새로운 혼인관계가 만들어지면 새로운 궨당관계가 형성되며 이 새로운 궨당관계는 사회적 연망에도 영향을 미쳐 사회적 관계가 멀었던 사람을 가까운 사이로 변화시키기도 한다. 즉, 결혼을 통한 새로운 궨당관계의 형성은 마을의 사회구조를 변화시키는 핵심 요인이 된다.

달밭마을의 경우에도 개인의 궨당관계 변화는 마을의 사회적 연망의 변화를 초래하고 있다. 사회적 연망의 변화는 크게 두 가지 원인에 기인하고 있다. 하나는 결혼이다. 새로운 결혼은 새로운 궨당관계를 형성하기 때문에 연망을 새롭게 만들기도 하고 기존의 사회적 연망을 강화하기도 한다. 그리고 결혼은 개인과 개인 사이뿐 아니라 친족집단 사이에도 궨당관계를 형성하기 때문에 연망의 확장이 크게 일어난다. 두 번째 원인은 인구 이동이다. 기존의 궨당관계에 있던 사람이 외부로 이주하면 마을 구성원 사이의 연망 관계가 소멸하게 되며, 궨당관계를 가지고 있는 사람이 새롭게 마을로 이주하게 되면 사회적 연망을 형성하게 된다. 즉, 인구 이동은 사회적 연망을 변화시키는 중요한 요인이다. 혼인은 혼인 당사자의 궨당 모두에게 새로운 사회관계를 만들어 줌으로써 대규모로 연망의 변화를 초래하는 반면 이주는 가구 단위로 연망에 영향을 주게 된다. 그리고 혼인은 새로운 연망을 형성하는 계기가 되지만 이주는 기존의 사회적 관계가 마을 내에서 작동하는 효과를 가진다.

궨당관계의 변화로 인한 사회적 연망의 변화를 살펴보기 위하여 달밭마을의 1864년 호적중초와 1894년의 호적중초를 비교하고자 한다. 30년의 시간 간격을 두고 달밭마을에서 궨당관계가 어떻게 변화되었는가를 살펴보면 사회적 연망의 변화를 이해할 수 있을 것이라고 생각한다. 1894년 달밭마을에서 궨당관계를 맺고 있는 사람들을 그림으로 표시하면 [그림 25]와 같다.[11]

---

11 이 그림에서 (2-3)이라고 표시된 남자는 [그림 23]에서 표시된 호주와 동일한 인물이다. 1894년의 그림에도 같은 방법으로 호주를 표시할 경우 연도에서 혼란이 생길 것이므로 1894년의 호주는 A, B, C방식으로 표시하였다. 그리고 검은색 삼각형은 마을에 거주하고 있는 호주를 의미한다.

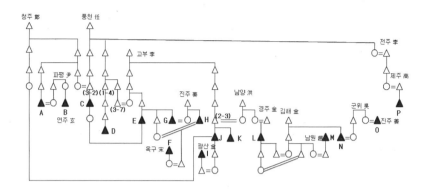

[그림 25] 1894년 달밭마을의 궨당관계

[그림 25]에 나타난 바와 같이 1894년에는 총 27가구 중 16가구가 궨당관계를 매개로 한 사회적 연망을 구성하고 있었다. B는 A의 처고종 사촌으로서 처궨당에 해당하며 A는 C의 외6촌으로서 외궨당에 해당한다. 그리고 C와 D는 같은 풍천 임씨이므로 성궨당이다. 같은 맥락에서 E 와 G, J, K는 같은 고부 이씨로서 성궨당이다. 한편 C와 D는 E와 G의 고모부 집안사람이므로 넓은 의미에서 궨당이라고 할 수 있다. H는 G의 처남이므로 처궨당에 해당하며 F는 H의 사돈이다. J의 손녀는 I의 아들과 혼인하여 둘은 사돈 관계에 있으며, J, K와 L은 이종사촌 간으로 서로 외궨당이다. 그리고 L의 아들과 N의 질녀가 결혼하였으므로 둘은 사돈 관계이며, M의 아들과 N의 질녀도 결혼하였기 때문에 둘은 사돈이다. O는 N의 처고모부로서 처궨당이며 C와 D는 넓은 의미에서 P의 외궨당에 해당한다고 할 수 있다.

1894년 달밭마을의 궨당관계에서 특징적인 현상은 겹사돈 관계가 나타나고 있고 특히 고부 이씨늘이 겹사논 관계를 가상 석극석으로 활용하고 있다는 점이다. 고부 이씨인 E는 풍천 임씨인 C의 딸과 결혼하였다. 그런데 E의 고모는 이미 풍천 임씨인 (3-7)과 결혼한 관계여서 결국 E는 고모부 8촌의 딸과 결혼한 셈이 되었다. 이 결혼은 누이 교환의 한 유형으로 보인다. 즉, 풍천임씨는 고부 이씨의 딸을 며느리로 받아들이고 다음 세대에서는 풍천 임씨의 딸을 고부 이씨에게 며느리로 보낸 것이다. 고부 이씨와 풍천 임씨는 서로 누이를 교환함으로써 궨당관계를 강화하였다. 혼인이 사회적 연망을 형성하는 중요한 수단이라면 겹사돈은 이런 사회적 연망을 강화하는 수단으로서 겹사돈 관계를 형성한 친족 사이에는 강한 사회적 결속력이 형성된다.

겹사돈 관계는 사회적 연망을 강화하는 수단이며 동시에 멀어진 사회적 관계를 가깝게 하는 효과도 가진다. 위의 사례에서 E는 (3-7)과는 고모부와 생질관계로서 가까운 관계이지만 C와는 사회적 거리가 멀었다. 굳이 관계를 표현하자면 E는 C의 8촌 동생의 사위였다. 그러나 E가 C의 딸과 결혼함으로써 두 사람은 장인-사위관계가 되었다. 멀게 맺어져 있던 관계가 새로운 혼인으로 가까운 관계가 된 것이다.

고부 이씨는 진주 강씨와도 겹사돈 관계를 형성함으로써 궨당관계를 강화하였다. [그림 25]에서 보는 바와 같이 G와 H가 겹사돈 관계를 맺음으로써 이씨와 강씨는 강력한 궨당관계를 형성하였다. 즉, G는 H의 누이와 결혼하였고 다시 H는 G의 질녀와 결혼하였다. 이는 한 세대 차이를 둔 누이 교환 방식의 결혼으로서 고부 이씨와 진주 강씨는 서로 여자를 주고 받았다. 고부 이씨는 중복된 혼인을 통하여 풍천 임씨 및 진주 강씨와 강력한 궨당관계를 형성하였으며 이는 친족집단 사이의 사회적 연망을 강화하는 성격을 가진다.

호적중초와 19세기 후반 제주도 마을의 사회구조

한편 1864년의 궨당관계를 보여주는 [그림 23]과 1894년의 궨당관계를 보여주는 [그림 25]는 달밭마을에서 궨당관계와 사회적 연망이 어떻게 변화되었는지를 보여준다. 우선 [그림 23]의 가구 중 (2-5)와 (2-2) 그리고 (1-3)과 (1-2) 그리고 (2-4)와 (1-5)는 [그림 25]에서 사라지고 대신 E, F, G, I, L, M, N, O는 새롭게 등장한다. 이는 인구 이동에 의한 결과라고 할 수 있다. 1864년 궨당관계에 있던 12가구 중 6가구가 호적 중초에서 사라지고 대신 8가구가 새롭게 등장하였다는 것은 30년 사이에 달밭마을에서는 상당한 규모의 인구 이동이 일어났음을 의미한다. 또한 (3-2) 대신 그 아들인 C와 (1-4) 대신 그의 증손자인 D, 그리고 (2-3) 대신 그의 아들인 J와 K, (3-5) 대신 그의 조카인 P가 [그림 25]에 나타난다. 이는 세대의 흐름에 따라 가구주가 바뀌면서 사회적 연망도 변화됨을 보여준다. 새롭게 등장한 가구주들은 본인 또는 자녀들이 새로운 혼인관계를 맺음으로써 궨당관계를 형성하고 사회적 연망을 변화시켰다. 결국 사회적 연망의 변화는 인구 이동과 세대의 흐름에 따른 새로운 혼인에 기인하고 있다.

[그림 23]과 [그림 25]를 비교하면 30년간의 사회적 연망 차이로 인하여 사회적 연망의 중심 세력도 변화하였음을 알 수 있다. [그림 26]과 [그림 27]은 각 성씨별로 여성의 흐름을 나타냄으로써 1864년과 1894년의 사회적 연망을 간략하게 도식화한 것이다.[12]

---

12   [그림 26]과 [그림 27]에서 화살표의 방향은 여성이 이동한 방향을 의미한다. 즉, '김해 김씨 → 진주 김씨'는 김해 김씨의 여기기 긴주 김씨의 남가아 결혼하였다는 것은 이미한다. 그리고 ( )로 표시된 성씨는 마을에 거주하지 않는 성씨임을 나타낸다.

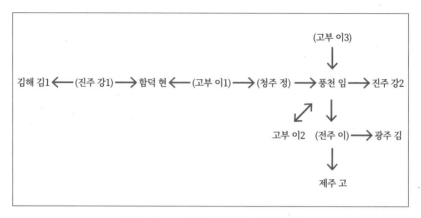

[그림 26] 1864년 달밭마을의 사회적 연망

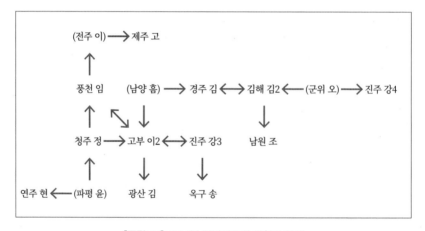

[그림 27] 1894년 달밭마을의 사회적 연망

[그림 26]은 달밭마을에서 풍천 임씨가 사회적 연망의 중심에 있었음을 보여준다. 달밭마을 풍천 임씨는 모두 궨당관계에 있으면서 고부 이씨3, 청주 정씨로부터 여자를 받고 다시 고부 이씨2와 전주 이씨 그리고 진주 강씨2에게 여자를 줌으로써 5개의 성씨와 혼인을 통한 궨당관

호적중초와 19세기 후반 제주도 마을의 사회구조

계를 형성하고 있었다. 이 중 청주 정씨와 고부 이씨3, 그리고 전주 이씨는 마을에 실제 거주하지 않는 가구여서 밀접한 사회관계를 만들기 어려웠지만 마을에 거주하는 고부 이씨2 및 진주 강씨2와는 밀접한 사회적 연망을 형성하였다. 또한 풍천 임씨로부터 여자를 받은 전주 이씨는 달밭마을에 거주하고 있었던 광주 김씨 및 제주 고씨에게 여자를 줌으로써 결국 풍천 임씨는 광주 김씨 및 제주 고씨와 부찌사돈 관계를 맺게 되었다. 반면 고부 이씨 중 마을에 거주하고 있던 고부 이씨2는 풍천 임씨와 여자를 주고받음으로써 겹사돈 관계를 형성하고 있었을 뿐 다른 성씨와는 궨당관계를 형성하지 못하였다. 그리고 진주 강씨2, 광주 김씨 등은 혼인 연망이 하나에 불과하여 사회적 연망의 주변부에 머물 수밖에 없었다.

[그림 26]의 사회적 연망은 30년 뒤에 [그림 27]로 변화되었다. [그림 27]은 풍천 임씨를 대신하여 고부 이씨2가 사회적 연망의 중심을 차지하게 되었음을 보여준다. 풍천 임씨는 [그림 26]에서 궨당관계를 맺고 있던 성씨 중 진주 강2가 마을을 떠남으로써 관계를 잃게 되었고 청주 정씨는 마을로 이주하여 실제 거주하는 성씨로는 고부 이씨2 및 청주 정씨와만 사회적 연망을 형성하고 있었다. 그러나 고부 이씨2는 풍천 임씨 외에도 마을에 거주하는 청주 정씨, 진주 강씨3 그리고 광산 김씨 등과 혼인관계를 통하여 궨당관계를 형성하였으며 마을에 거주하지 않고 있는 남양 홍씨로부터도 여자를 받아 궨당관계를 형성하였다. 특히 새롭게 마을에 이주하여 세력을 형성하기 시작한 진주 강씨3과 겹사돈 관계를 맺은 것은 고부 이씨들의 사회적 연망을 크게 강화하는 계기가 되었다. 뿐만 아니라 식섭 혼인관세를 냈시 않은 옥구 낭씨, 겡구 김씨 등

과는 부찌사돈 관계가 됨으로써 마을에 거주하고 있는 대부분의 가구와 궨당관계를 맺게 되었다.

30년 사이에 풍천 임씨는 궨당들이 마을을 떠나고 새로운 혼인관계 도 맺지 못하여 사회적 연망의 확장에 실패한 반면 고부 이씨는 혼인을 통하여 새로운 궨당관계를 적극적으로 형성하였으며 동시에 궨당관계 에 있는 사람들이 마을로 이주함으로써 사회적 연망의 중심을 차지할 수 있게 되었다. 이러한 연망의 변화는 마을의 중심 세력이 변화되었음 을 의미한다. 즉, 1864년까지 마을의 중심 세력이었던 풍천 임씨는 점차 그 영향력을 상실해 간 반면 풍천 임씨와의 궨당관계를 이용하여 마을 에 이주하였던 고부 이씨2는 궨당관계를 강화함으로써 마을의 새로운 중심 세력으로 부상하게 되었다. 그리고 이 변화는 현재까지도 이어지 고 있다. 즉, 현재 달밭마을의 중심 세력은 고부 이씨를 중심으로 형성된 궨당관계이다. 1864년 당시 가장 유력한 성씨였던 풍천 임씨는 현재 달 밭마을에서 3가구에 불과한 반면 고부 이씨들은 30여 호가 거주하면서 마을에서 가장 유력한 성씨로 자리 잡고 있다.

또한 고부 이씨들은 여러 성씨들과 혼인을 함으로써 폭넓은 궨당관 계를 형성하고 있다. 특히 마을 내 유력한 가구와 궨당관계를 유지한 것 은 특기할 만하다. 현재 고부 이씨들은 제주 고씨, 김해 김씨, 경주 김씨, 진주 강씨, 밀양 박씨 등 마을 내 유력 집안과 궨당관계를 형성하고 있으 며, 중첩된 혼인으로 이런 관계가 강화되어 있다. 이러한 차이는 풍천 임 씨들이 좁은 범위의 궨당관계를 형성한 반면 고부 이씨들은 매우 폭넓 은 궨당관계를 형성하였던 것에 기인한 것으로 보인다. 물론 특정 성씨 의 성쇠는 한 가지 원인으로만 설명할 수 없다. 특히 제주도의 경우 일제

호적중초와 19세기 후반 제주도 마을의 사회구조

강점기의 인구 이동, 4 · 3의 피해 상황과 그 영향, 1960년대 이후의 이촌 현상 등이 종합적으로 고려되어야 한다. 다만 궨당관계의 양과 질이 마을 내 세력의 기반이 되었고, 전술한 요인들과 더불어 성씨의 성쇠에 영향을 미치는 중요한 요인의 하나가 되었음은 부인할 수 없는 사실이다.

1864년과 1894년 사이의 사회적 연망의 변화는 궨당관계가 마을 내 정치과정에서 어떤 역할을 하는지 보여준다. 유력한 세력이었던 풍천 임씨는 궨당관계 확장에 실패하여 마을 내의 주도권을 상실한 반면 고부 이씨들은 마을 내 주도세력과 중첩된 혼인관계를 맺고 다른 성씨들과도 궨당관계를 확장함으로써 마을 내에서 주도권을 확보하게 되었다. 이렇게 폭넓은 궨당관계를 형성한 고부 이씨들은 마을 내에서 노동력 확보를 위한 유리한 입장에 설 수 있었고 정치적, 정서적 유대도 폭넓게 형성할 수 있었던 것이다. 이런 사실은 마을의 리더인 이장 선임을 통해서도 살펴볼 수 있다. 즉, 일제강점기 이후 달밭마을의 이장 선출 과정을 보면 고부 이씨들이 압도적으로 높은 비율을 점유하고 있다. 호적중초의 마지막 자료인 1909년의 경우 74가구 중 9가구가 고부 이씨였지만 1948년 이후 이장을 한 32명 중 8명이 고부 이씨였다. 이는 고부 이씨들이 가지고 있었던 위상을 나타내는 지표라고 할 수 있다. 인구에 비해 압도적으로 높은 이장 선출 비율은 이들의 정치적 역량을 나타내는 것이며 그 근거에는 폭넓은 궨당관계가 자리하고 있다.

뿐만 아니라 마을의 설촌 과정도 고부 이씨 중심으로 담론을 구성하였다. 호적중초를 통해서 보면 마을의 형성이 고부 이씨들만의 노력으로 이루어진 것이 아니라는 점을 알 수 있지만, 현재 마을에서는 고부 이씨들의 갑인년 설촌설이 정설로 구성되어 있다. 이는 마을의 중심 세력이 고부 이씨라는 것을 정당화하는 것이며 상징적 차원에서 자신들의 사회적 지위를 공인받는 것이라고 할 수 있다. 마을 설촌과 관련된 담론은 권력관계의 산물이다. 즉, 마을 설촌과 관련된 지배적 담론은 다양한 구전들이 경쟁하고 그 가운데 어떤 구전이 헤게모니를 장악하게 된다. 마을 구성원은 누구나 자신의 관점에서 마을의 설촌 과정을 설명하지만 지배적 담론의 지위를 가지는 것만 남게 된다. 갑인년 설촌설은 결국 고부 이씨들이 마을 내 권력 경쟁과 정치과정에서 최종 승자가 되었음을 의미한다. 고부 이씨들이 현재 가지고 있는 사회적 위상은 궨당관계를 적극적이고 전략적으로 활용한 결과라고 할 수 있으며 이런 맥락에서 궨당관계는 제주도의 지역 수준 정치과정에서 중요한 정치 자원으로 기능한다고 할 수 있다.

호적중초와 19세기 후반 제주도 마을의 사회구조

결론 :
달밭마을의 사회구조

인류학은 '민족지적 현재'의 입장에서 문화를 연구하였다. 인류학자가 글로 서술한 문화는 과거에 관찰한 것이기 때문에 과거의 사건으로 서술되어야 하지만 관찰된 시점으로 문화를 서술하고 설명하는 것이 문화의 현재성을 담보할 수 있다고 생각했기 때문이다. 이런 현재성에 대한 강조는 인류학의 방법론적 특성에 기인하고 있다. 즉, 인류학은 참여관찰이라는 고유한 방법론을 사용함으로써 연구자가 직접 눈으로 확인하고 몸으로 경험한 것을 분석의 대상으로 삼아왔다. 이는 연구자가 참여관찰한 시점의 문화에 대한 분석이 인류학의 주요 관심이었음을 의미하며 상대적으로 과거의 문화에 대한 관심은 부족하였음을 의미한다.

그러나 과거에도 사람은 살았고 그들도 문화를 가지고 있었다. 그리고 과거 문화를 이해하는 것은 현재 문화를 설명하는 중요한 근거가 되며 문화의 통시성이라는 관점에서도 필요한 일이다. 통상적으로 과거에 사람들이 이렇게 살았는가에 대한 관심은 역사학의 몫이라고 생각되어 왔다. 역사학은 과거를 유물이나 유적 그리고 문헌을 통하여 규명하였다. 역사학은 문자가 있는 시대에 대해서는 특히 기록물에 대한 의존도가 심하였다. 경험주의 역사학에서는 유물이나 유적이 가치중립적인 정보를 제공하는 것처럼 문헌에 기록된 내용도 가치중립적이며 객관적인 사실(facts)을 기록하고 있다고 생각했다. 그러나 모든 기록에는 기록하는 사람의 주관과 관점이 매개되어 있는 것처럼 역사적 기록물에도 관점과 사관이 매개되어 있다. 즉, 과거를 기록한 공식적 기록물이 주로 국가나 권력자에 의한 것이라는 점을 생각해 보면 역사학의 과거 연구는 지배자의 관점이라는 한계를 극복하기 어려웠다.

이런 맥락에서 과거 문화를 밑에서부터, 다시 말해 그 사회 구성원의 관점으로 이해하는 것은 인류학과 역사학이 만날 수 있는 지점이며 새로운 연구 영역이기도 하다. 이 새로운 영역은 역사적 기록물을 통하여 어떻게 사회 구성원의 행동과 생각을 파악해 낼 수 있느냐는 방법론적 문제를 제기한다. 사료가 지배자의 관점으로 서술된 것임을 인정하고 그런 관점을 배제하는 사료 비판이 선행되어야 할 것이며 사료의 행간에 담긴 사회 구성원의 행동과 생각을 파악해 내는 정교한 작업이 요구된다. 즉, 역사학과 인류학의 만남에는 새로운 방법의 사료 읽기가 요구된다.

이 새로운 사료 읽기에는 두 가지 가능성이 존재한다. 하나는 민간이 남긴, 즉 지배자의 관점이 배제된 사료를 이용하는 것이다. 민간이 남긴 일기나 개인 비망록 등이 여기에 해당한다. 이런 기록들은 권력을 가지지 못한 사회 구성원이 어떻게 행동했으며 어떤 생각을 가지고 있었는지를 파악할 수 있는 자료로 활용될 수 있다. 다른 하나의 가능성은 국가가 남긴 공적인 자료들을 사료 비판을 통하여 분석하는 것이다. 공적

호적중초와 19세기 후반 제주도 마을의 사회구조

인 기록에는 지배자의 관점이 내재되어 있기 때문에 이 자료를 이용하여 국가의 관점이 아니라 민간의 관점을 파악하기 위해서는 사료 비판을 통해 지배자의 관점을 제거하는 것이 필요하다.

이 연구는 국가가 남긴 공적 자료인 호적중초를 통하여 19세기 중엽 제주도 마을의 사회구조를 이해하는 것을 목적으로 하였다. 호적 자료의 하나인 호적중초는 한 마을의 호(戶)와 구(口)를 기록한 것으로서 국가가 국민을 관리하여 조세와 군역을 부과하기 위한 목적으로 작성하였다. 호적중초에는 호의 크기와 구성뿐 아니라 개인별 나이, 성, 혼인상태, 직역 등에 관한 다양한 정보가 담겨 있어서 호적중초가 작성된 시기의 마을 상황을 이해하는 중요한 자료가 된다. 이 공식 자료가 작성된 배경과 목적, 그리고 작성 방법 등을 비판적으로 검토하면 당시 사회의 실제상을 보다 객관적으로 이해할 수 있다. 그리고 국가의 지배에 대하여 주민들이 어떻게 대응하였는지를 파악할 수 있다.

19세기 조선 사회는 신분구조가 와해되던 시기였다. 국가는 호적 조사를 통하여 백성의 호구를 파악함으로써 신분에 부합한 군역과 조세의 의무를 부담시키고자 하였지만 백성은 이런 국가의 지배를 회피하고자 하였다. 조세와 군역은 장정(壯丁)을 대상으로 한 것이었기 때문에 호적 조사에서 빠지는 것이나 최소한 장정으로 등재되는 것을 피함으로써 백성들은 국가의 지배에 저항하고자 하였다. 한편 군역과 조세의 의무는 기본적으로 양인(良人)을 대상으로 한 것이었으며 천민은 이런 의무에서 자유로웠다. 그러나 천민은 사회적인 차별이 심하여 기회가 되면 천민 신분을 벗어나고자 하였으며 양인들도 평민이나 중인의 신분에 머무르기보다 양민의 신분을 가지고자 하였다. 국가 역시 백성들에게 과중하게 조세와 군역의 의무를 부담하게 되면 지방관리나 봉세관의 전횡이 심해지고 백성의 불만이 커질 것을 우려하여 호구조사에서 빠지는 것과 연령을 왜곡하는 것을 용인한 측면이 있다. 제주도의 호적중초에 나타난 실제 호구의 누락과 연령의 왜곡은 이런 사실에 기인하고 있다.

전통사회에서 국가의 지배를 당하는 농민은 국가의 지배에 순응하는 모습으로 이해된 경향이 있다. 농민들의 농업생산성은 낮았지만 국가는 농민들에게 과도한 조세를 부담시키기도 하고 전쟁에는 군인으로 동원하기도 하였으며 지역마다 나오는 특산물을 공물로 바치도록 요구하기도 하여 농민에 대한 지배는 강압적이었다. 그럼에도 불구하고 역사적으로 농민들의 반란이나 봉기는 아주 드물게 나타났다. 농민들의 적극적인 저항이 적었다는 점은 농민들이 국가의 지배에 순응한 것으로 이해되는 근거였다. 그러나 역사 기록에 농민의 적극적인 저항에 대한 기록이 적다고 하여 농민들이 국가의 지배에 순응하기만 한 것은 아니다. 그들은 아주 드물게 대규모의 반란이나 폭동과 같은 방법으로 저항하기도 하였지만 훨씬 더 빈번하게 일상적인 저항을 감행해 왔다. 상징과 의례적인 방법 또는 소극적 회피와 왜곡 등을 통한 일상적 저항은 역사 기록에 남지 않았을 뿐 농민들이 국가에 저항한 가장 전형적인 수법이었다. 이런 농민들의 저항은 '약자들의 무기(Scott 1985)'라는 개념으로 설명되기도 하였다.

농민들의 일상적인 저항은 반란이나 폭력적 저항과 달리 진압하는 수단이 마땅치 않다. 가시적 저항이 아니므로 공식적인 저항이라고 규정하기도 쉽지 않을 뿐 아니라 진압의 대상도 명료하지 않기 때문이다. 그들만의 수군거림, 소극적 회피, 의례 상황에서 보이는 저항적 몸짓이나 언술, 사실의 은근한 왜곡 등은 통제할 수단이 마땅치 않다. 따라서

호적중초와 19세기 후반 제주도 마을의 사회구조

국가는 통상 농민들의 이런 일상적 저항에 대하여 적당한 타협을 모색하였다. 호적 조사에서 엄격하게 실제 호구를 등재한 것이 아니라 관법을 사용하여 호구를 누락시킬 여지를 공식적으로 제공한 것이 그런 예이다. 실제 호구를 정확하게 등재할 경우 조세와 군역을 부담하기 어려운 사람들은 마을을 떠나 도망을 하거나 더 적극적인 저항의 길로 나아갈 수도 있을 것이었기 때문에 미리 피할 길을 준 것이다. 또한 연령의 왜곡에 대해서도 용인한 측면이 있다. 호적에 등재된 가구의 경우에도 조세와 군역의 부담을 경감하기 위하여 나이를 미성년자로 기록하거나 아니면 노인으로 기록하는 것이 폭넓게 용인되었다. 이런 사실은 백성의 일상적 저항을 국가가 관용함으로써 일상적 저항이 정당화될 수 있었으며 더 큰 반란이나 폭동으로 이어지지 못하게 하는 효과가 있었다는 것을 보여준다.

이런 국가와 백성의 타협은 결국 신분구조가 와해되는 중요한 원인이 되었다. 19세기 조선사회의 신분구조 와해는 국가의 지배력 약화와 백성의 일상적 저항 그리고 이 일상적 저항에 대한 국가의 타협이 결합하여 나타난 현상으로 이해되어야 한다. 국가의 지배에서 벗어나고자 하는 농민들의 일상적 저항은 결국 호구 조사라는 국가의 중요한 지배수단을 무력화시킴으로써 국가의 기본 체계인 신분구조를 와해시킨 것이다.

국가가 만든 신분구조가 위로부터 주어진 사회구조의 거시적 측면이라면 주민들이 형성한 아래로부터의 미시적 사회구조도 존재한다. 국가가 만든 거시적 사회구조는 인간관계와 행동을 규정하는 기본적 구조인 반면 주민들이 형성하는 미시적 사회구조는 일상적 수준에서 구체적인 인간관계의 행동을 규정하게 된다. 제주도에서는 이 미시적 사회구조의 핵심이 바로 궨당관계였다.

조선사회는 유교 이념에 근간을 두고 있었다. 유교 이념은 가족과 친족을 관통하는 효(孝)의 원리를 국가에도 적용하고자 하였으며 이 이념이 바로 충(忠)이었다. 따라서 국가에 대한 충을 강조하기 위해서라도 효에 근거한 가족 및 친족 이념이 중요하게 요구되었다. 따라서 조선사회의 가족과 친족은 유교 이념인 효를 구현하기 위하여 혈통에 근거를 둔 친족집단이 중요하게 작용하였다. 친족은 동일한 혈통을 가진 사람들로 구성된 상상의 공동체이며, 친족을 친족이 아닌 사람과 구별하는 기준은 혈통이었다. 따라서 친족은 배타적이다. 친족은 위세 경쟁, 권력 독점, 재산권 이용, 상징적 자원 이용의 사회적 단위로 기능한다. 타인과 차별적인 경제적, 정치적, 상징적 자원이 많아질수록 그것을 배타적으로 소유하기 위하여 친족집단은 하위집단으로 분지한다. 즉, 친족집단 중에서도 차별적인 자원을 가진 하위집단은 다른 친족 구성원들과 자신들을 구분하기 위하여 자신들만의 하위 친족집단을 구성하게 되고, 이것이 분파의 원리로 작용하였다.

제주도에서는 조선시대부터 친족집단이 발달하지 못하였다. 다른 사람과 차별할 수 있는 경제적, 정치적, 상징적 자원이 부족하였던 것이 가장 중요한 원인이었다. 조선사회의 주변부였다는 정치ㆍ지리적 조건과 함께 화산섬으로서 경작지 자체가 좁았을 뿐 아니라 토질마저 척박하여 경제적 차별화가 거의 불가능하였다는 점 등이 친족집단이 발달하기 어려운 조건이 되었다.

친족집단의 발달이 어려웠던 제주도에서는 혼인으로 맺어진 인척관계가 사회구조의 중요한 근간이 되었다. 혈통과 혼인으로 맺어진 모든 친척관계를 일컫는 말이 바로 궨당이다. 궨당은 인간관계를 확장하는 성격을 갖는다. 우선 혈통으로 맺어진 사람만 친척으로 간주하는 것이 아니라 혼인으로 맺어진 사람도 친척관계에 포함시킴으로써 관계의 범위가 넓어진다. 뿐만 아니라 혼인은 사회관계를 폭발적으로 확장시킨다. 하나의 혼인으로 두 친족집단이 연결될 뿐 아니라 이미 혼인으로 결합된 사람들까지 연결시킨다.

'부찌사돈'은 이런 면에서 제주도의 궨당관계를 이해하는 중요한 수단이다. 부찌사돈은 사돈의 사돈이란 말이다. 자녀를 결혼시킴으로써 특정한 사람과 사돈 관계를 맺게 되는 것은 사돈의 사돈까지 혼인관계망에 포함시킬 수 있다는 것을 의미한다. 혼인을 통한 궨당관계의 확장은 따라서 제주도의 사회관계를 이해하는 핵심이다.

궨당관계는 경제적, 정치적 자원이 많지 않았던 제주도에서 사회적 영향력과 위세를 획득하는 중요한 수단이었다. 달밭마을의 경우 마을의 형성 초기에 마을의 중심 세력이었던 사람은 궨당 관계망에서도 중심적인 인물이었다. 그러나 그는 이후 궨당 관계망의 확장에 실패함으로써 마을의 중심에서 멀어지게 되었다. 반면 그와 맺은 궨당관계를 근거로 마을에 이주해 온 고부 이씨는 처음에는 궨당관계의 주변에 위치하였지만 혼인관계를 확장함으로써 궨당관계의 중심적 위치를 차지하게 되었다. 결국 고부 이씨는 마을에서 일정한 지위를 가진 사람과는 겹사돈 관계를 맺음으로써 사회적 관계를 강화하고 또 궨당관계가 넓은 사람과는 부찌사돈 관계를 활용함으로써 궨당 관계망의 중심에 설 수 있었다. 그 결과 달밭마을에서 고부 이씨의 영향력은 지속적으로 강화되어 그 후손들은 지금까지 마을의 중심적 위치를 차지하고 있다.

조선시대에 양반과 상민이라는 신분구조는 사회 내에서 개인들의 위치를 규정하는 기본 구조였다. 그러나 제주도에서 신분은 규범적 차원에서만 기능하였고 실제 생활에서는 그리 중요하게 작용하지 못하였다. 빈번하게 나타난 신분외혼이 이를 방증한다. 오히려 제주도에서는 궨당관계가 사회구조의 중요한 측면을 이루고 있었다. 궨당관계는 사회구성원들 사이의 관계를 위계적으로 보는 것이 아니라 수평적으로 인식하는 것이다. 그리고 신분에 의해 혼인관계망을 제한하는 사람들의 사회적 위세는 점차 낮아지며 오히려 혼인관계망을 확장하는 사람의 사회적 위세는 점차 높아진다. 따라서 신분사회였던 조선시대에 제주도에서는 수평적인 인간관계가 더 중요하게 작용하였다고 할 수 있다.

친족집단은 본질적으로 친족집단 간 위세의 차이를 드러내고 그 차이를 재생산하는 기능을 가지고 있다. 반면 궨당은 구성원들 사이의 수평적 관계를 강조한다. 혼인을 하는 두 집단은 수평적 관계를 전제로 하는 것이며, 혼인으로 맺어진 관계는 궨당 아니면 사둔이 됨으로써 항렬이나 형제서열과 같은 수직적 관계가 아니다. 제주도에서 친족집단이 아니라 수평적 인간관계를 강조하는 궨당이 중요한 사회조직의 원리였다는 것은 제주도의 사회구조에서 평등성이 중요하게 작용하였음을 의미한다.

제주도의 수평적 인간관계가 비단 궨당에서만 나타나는 것은 아니다. 제주도 사회관계의 또 다른 중요한 축인 갑장관계도 수평적 관계를 강조한다(김창민 2018). 수평적 관계에 대한 강조가 제주도만의 특징인지 아니면 섬이라는 생태적 조건에서 나타나는 보편적 양상인지는 더 연구될 필요가 있지만, 궨당관계에서 나타난 수평적 관계에 대한 강조는 제주도 사람들의 행동과 생각을 이해하는 중요한 요소가 된다.

친족을 다시 생각한다

1988년 제주도에 인류학적 현지연구를 위하여 첫발을 내디뎠을 때 모든 것이 생소하고 신기하였다. 첫 번째 경험한 문화충격은 남성과 여성의 역할에 관한 것이었다. 마을 이장의 주선으로 나는 마을 서기의 집에 거처를 마련할 수 있었지만 방이 부족하여 마을 서기의 방에 함께 기거하였다. 밥도 마을 서기의 집에서 해결하였다. 12월이 되면서 밀감밭에 밀감이 익고 수확을 하는 계절이 되었다. 하루는 아침에 일어났더니 마을 서기의 아버지가 아침밥을 하고 있었다. 어머니는 밀감밭에 일당을 받고 일을 나갔다고 했다. 일당을 얼마 받을 수 있냐고 물었더니 만오천 원이라고 했다. 남자가 일을 나가면 얼마를 받느냐고 물었더니 삼만오천 원이라고 했다. 삼만오천 원을 받을 수 있는 남편은 집에서 밥을 하고 있고 만오천 원을 받을 수 있는 아내가 일을 나간 상황이 이해가 되지 않았다.

시간이 지나면서 이해할 수 없는 단어들이 들리기 시작했다. 그중의 하나가 '궨당'이란 단어였다. '궨당네 과수원이 일 간다'거나 '궨당 보러 간다'거나 '궨당과 사이가 나빠지게 되었다'는 등 하루에도 수차례나 궨당이란 단어를 들을 수 있었다. 궨당이 뭐냐고 물어보면 '그런 거 이수다'라고만 할 뿐 구체적인 대답노 해 주시 않았다.

하루는 내가 머무는 집으로 어떤 나이 드신 마을 주민이 '이 집에 우리 궨당이 산다면서…'라고 하면서 나를 만나러 오셨다. 그분은 나와 동성동본인 분이었다. 그분과의 대화를 통하여 궨당이 어렴풋이 친족이라고 생각했다. 그러나 궨당에 대한 나의 얕은 이해는 현지조사를 하는 과정에서 도전을 받게 되었다. 동성동본이 아닌 사람도 궨당이 될 수 있다는 것을 알게 되었고 각자 누구를 궨당이라고 생각하는지도 서로 다르다는 것을 알게 되었다.

친족을 혈통집단으로 생각해 왔던 필자에게 궨당은 이해하기 어려운 개념이었다. 친족은 영속적인 사회집단이므로 성원권이 분명하다고 생각했지만 궨당은 그렇지 않았다. 상황에 따라 궨당이라고 생각하는 사람들의 범주가 달라졌다. 넉동배기를 하는 과정에서 '왜 궨당에게 옆살*을 하지 않느냐'고 하면 '저 사람 내 궨당 아니야'라고 하여 궨당임을 부정하는 경우도 있었다.

궨당은 제주문화의 핵심 중 하나이다. 제주사람들은 사회관계의 기본을 궨당이라고 인식한다. 선거처럼 여러 사람의 도움과 지지가 필요할 때는 물론이고 농사에 노동력이 필요할 때, 개인의 경조사에 도움이 필요할 때, 심지어 식당 예약을 하거나 택시를 이용할 때에도 궨당이 활용된다. '궨당 없는 사람은 외롭다'거나 '알고 보면 모두 궨당'이라는 말 등은 제주도의 일상생활에서 궨당이 얼마나 중요한지를 말해준다.

그러나 제주사람들조차 궨당이 누구인지를 정확하게 설명하는 사람은 매우 드물다. 궨당이라는 단어를 일상적으로 사용하지만 사람마다 궨

---

* 넉동배기를 할 때 선수에게 돈을 거는 것을 '옆살 붙인다'라고 한다

　　　　　　　　　호적중초와 19세기 후반 제주도 마을의 사회구조

당에 대한 인식이 다르고 그 범위도 다르다. 그러나 분명한 것은 궨당이 한국사회에서 일반적으로 사용되는 친족이나 인척 또는 친척과는 다른 개념이라는 점이다. 한국사회에서 친족은 혈통집단을 의미한다. 문중이나 당내가 가장 대표적인 친족 또는 친족집단이다. 친족집단은 영속집단이어서 유·무형의 공유 재산을 가지며 시제(時祭)나 제사와 같은 조상숭배의례를 통하여 결속력을 강화한다. 인척은 혼인으로 맺어진 사람으로 집단이 아니라 관계이다. 대표적으로 외가와 진외가에 속한 사람들이 인척이지만 인척과는 집단을 구성하지 않는다. 친척은 친족과 인척을 총칭해서 이르는 말이며 관계가 중심이 되는 개념이다.

학문 공동체 내에서 친족에 대한 개념은 논쟁 중이다. 가장 핵심은 친족을 혈통집단만으로 한정해서 인식할 것인가 아니면 혼인관계까지 포함할 것인가에 관한 것이다. 학자에 따라 친족을 부계혈통집단에 한정해서 사용하기도 하고 모계나 배우자의 혈족까지 포함해서 사용하기도 한다. 전자의 입장은 친족의 배우자, 예를 들면 숙모나 형수를 친족에서 배제해야 하는 문제가 있고 후자의 인식은 친족을 집단으로 볼 수 없다는 문제를 가지고 있다. 이 문제는 결국 지금까지 친족을 남성 중심의 관점에서 이해하였기 때문에 생겨났다. 친족을 부계혈통집단으로 인식하면 혈통을 공유하지 않은 배우자들이 혈통집단에서 배제되지만 이 문제에 대한 심각한 인식이 없었다. 결국 배우자까지 포함한 집단을 혈통집단이라고 부르지 못하는 한계가 생긴 것이다.

필자는 궨당을 '혈통 또는 혼인으로 맺어진 사람으로서 개인이 인식하는 관계'로 인식하고 있다. 궨당은 혼인으로 맺어진 사람을 포함한다는 점에서 친족과 다르며, 개인이 인식하는 주관적인 관계라는 점에서 친척과 다르다. 제주도에서도 혈통집단인 '방상'은 가족공동묘지를 조성하거나 족보를 편찬하는 일을 하는 경우가 있지만 궨당이 공유재산을 조성하는 일은 없다. 궨당은 집단이 아니라 관계이기 때문이다.

궨당은 친족에 대한 전통적인 인식을 새롭게 조망할 수 있게 한다. 우선 친족을 집단의 관점에서만 볼 것이 아니라 관계의 관점에서도 접근하여야 한다는 시사점을 준다. 궨당은 관계의 범주일 뿐 영속집단이 아니다. 영속집단이 아님에도 궨당은 제주도에서 사람들 사이의 관계와 의무관계 그리고 역할을 부여한다. 궨당들이 공유하는 물적 재산이나 상징적 자원이 없고 공동의 종교적 의례가 없음에도 불구하고 궨당은 사회적 실재로서 기능한다.

관계이기 때문에 궨당은 사회관계에서 더 적응적이다. 필요에 따라 궨당의 범위는 더 넓어지기도 하고 좁아지기도 한다. 혈통과 혼인으로 연결된 사람이 적을 경우에는 궨당의 범위를 넓게 인식하여 필요한 관계망을 확보하고 그런 사람이 많을 경우에는 의무나 역할을 일정 수준으로 조절하기 위하여 궨당의 범주를 좁게 인식한다. 마을에서 친족이 적은 사람은 동성동본만 되어도 궨당이라고 하지만 친족이 많은 사람은 친족간 거리가 가까운 사람만 궨당으로 인식한다. 친족의 범위를 법률로 정하여도 실제 생활에서 국민이 생각하는 친족의 범주는 이와 다르다. 또 부부라 하더라도 남편과 아내가 생각하는 친족의 범주가 다르다. 남편은 자신의 혈통집단을 아내보다 더 넓게 친족으로 인식하며 아내의 경우에는 자신의 친정과 관련된 사람들을 남편보다 더 넓게 친족으로 인식한다. 이런 유연성과 가변성으로 궨당은 더 적응적일 수 있다.

친족에 대한 전통적인 인식에 궨당이 주는 두 번째 함의는 친족을 혈통 중심으로 생각하는 것에 대한 재고이다. 고전적인 친족 연구는 출계율이 가장 중요하였다. 출계율은 혈통을 따지는 것이다. 혈통은 모계 또는 부계로 이어지거나 필요에 따라 선택되며 한 사회가 가진 출계의 원칙은 고정되어 있다고 생각되어졌다. 출계율 중심의 생각으로 혼인관계가 친족에 미치는 영향은 간과되었다. 그러나 궨당의 예에서 보듯 사람들의 일상생활은 혈통뿐 아니라 혼인관계에 의해서도 영향을 받는다. 조선시대에도 처가의 재산을 상속받은 사례나 처가의 세거지에서 새롭게 친족집단을 형성한 예가 무수히 많았다. 제주도에서는 전통적으로 딸에게도 상속을 하였다. 딸이 상속을 받으면 사위의 경제적 부가 증가되는 것이기 때문에 혼인관계는 부의 형성에서도 중요한 요인이 되었다.

혼인관계의 중요성을 강조하는 것은 결국 친족에서 여성들 간의 관계를 새롭게 인식하는 것이다. 혈통집단으로 친족을 인식할 때 친족은 남성 중심의 집단으로 이해되지만 궨당으로 인식하면 여성들의 관계가 중요해진다. 결혼 후에도 한 마을에서 생활하는 어머니와 딸, 또는 자매들은 일상생활에서 밀접한 관계를 유지하게 된다. 마을 내 사회관계는 이런 여성들 사이의 관계를 중심으로 구성된다.

마지막으로 궨당은 자원의 관점에서 친족을 새롭게 인식하는 계기를 제공한다. 친족집단은 혈통으로 맺어진 사람들의 연대로서 한정된 경제적·상징적 자원을 배타적으로 소유하고자 하였다. 혈통집단은 자신들의 우월한 지위를 과시하기 위하여 족보를 편찬하기도 하며 사당을 만들기도 하였다. 자신들의 선조 중 이름난 사람이 있으면 무덤을 크게 조성하기도 하고 거대한 비석을 세우기도 하며 특별하게 제사를 지내기도 하였다. 같은 친족집단이라도 자신늘이 나른 친족집단 구성원보다 디

우월한 지위를 가졌다고 생각하면 분지(分枝)를 하여 새로운 친족집단을 구성하기도 한다. 이런 행위는 자신들이 다른 사람들과 구별되는 특별한 존재라는 것을 과시하는 것으로서 구별짓기(Bourdieu 1984)의 한 전형이었다. 친족집단은 경제적 · 상징적 자원은 한정되어 있다는 생각을 바탕으로 그런 자원을 배타적으로 소유하고자 한 것이다.

그러나 궨당은 포괄적으로 사회관계를 인식하는 개념이다. 궨당은 자신과 타인을 구별하는 것이 아니라 어떻게든 관계를 맺으려는 생각에 바탕을 두고 있다. 궨당은 많을수록 좋은 것이며 한번 맺은 궨당 관계도 중첩되는 것을 더 바람직하다고 생각한다. 궨당은 한정된 자원을 배타적으로 가지려는 것이 아니라 분산된 자원을 모은다는 정신에 바탕을 두고 있다. 이런 면에서 친족은 우월한 지위를 과시하고 구별짓기를 하는 성격도 있지만 포괄적으로 관계를 확장하려는 측면도 있다.

친족은 사회관계의 기본이며 사회적 행동의 준거이다. 개인은 기본적으로 친족 성원이라는 관점에서 판단하고 행동한다. 따라서 누구를 친족이라고 생각하는가에 따라 개인의 사회생활은 달라진다. 지금까지 한국 친족은 부계혈통집단을 기준으로 이해되어 왔다. 부계혈통집단은 개인이 가진 권리와 의무의 가장 중요한 준거였으며 이는 남성 중심 문화와 밀접히 연관된 결과물이었다. 상대적으로 외가와 처가에 대한 권리 주장이나 의무감은 약하였다.

그러나 현대 사회의 변화된 친족관계는 이런 인식이 전환될 것을 요구하고 있다. 양성평등의 관념으로 친가와 처가에 대한 차별이 약해지고 있으며 이는 자녀 세대의 입장에서는 친가와 외가에 대한 차별이 약화되는 것을 의미한다. 성원권이 분명한 집단으로서의 친족에 대한 관

호적중초와 19세기 후반 제주도 마을의 사회구조

념은 점차 약화되는 반면 관계로서의 친족에 대한 인식이 강화되고 있는 것이다.

이런 맥락에서 제주도의 궨당은 새로운 친족관계를 보여주는 시금석이라고 할 수 있다. 조선시대부터 이어져 온 궨당 개념은 친가와 외가 그리고 처가를 차별하지 않는 친족관계이며 남성 중심이 아니라 여성 중심의 사회관계이다. 그리고 생득적으로 주어진 관계가 아니라 개인이 구성하는 관계로서 권리와 의무관계가 자발적이다. 이 구성적인 친족관계가 우리 친족의 미래 모습일지도 모른다. 한 사회 안에서도 친족 개념은 다양성을 가지고 있으며 지속적으로 변화하고 있다.

고석규(1998), "지방사 연구의 새로운 모색", 『지방사와 지방문화』 1집, 역사문화학회.

고창훈(1988), "4·3민중운동을 보는 시각과 연구과제", 『실천문학』 10집, 실천문학사.

구버트(1971), "지방사란 무엇인가", 신상용 역(1998), 『지방사와 지방문화』 1집, 역사문화학회.

권내현(2001), "조선후기 호적의 작성과정에 대한 분석", 『대동문화연구』 제39집, 성균관대학교 대동문화연구원.

권오정(2003), "19세기 제주도 촌락의 촌락내혼율과 촌락내 혼인관계 연구", 『제주도연구』 23집, 제주학회.

김동전(1991), "조선시대 제주도의 군현구조와 지배체제", 『제주도사연구』 창간호, 제주도사연구회.

_____(1995), "18·19세기 제주도의 신분구조 연구", 단국대학교 대학원 박사학위논문.

김상호(1963), "제주도의 자연지리", 『대한지리학회지』 1집, 대한지리학회.

김성례(1991). "제주무속 : 폭력의 역사적 담론", 『종교·신학 연구』 4:9-28, 서강대학교 종교·신학연구소.

김창민(1992), "범주로서의 친족 : 제주도의 궨당", 『한국문화인류학』 22집, 한국문화인류학회.

_____(1995), 『환금작물과 제주농민문화』, 집문당.

_____(2002), "법정사 항일운동 가담자와 운동의 성격", 『제주도연구』 22집, 제주도연구회.

_____(2003), "재일교포 사회와 제주 마을간의 관계 변화 : 1930~2000", 『비교문화연구』 제9집 2호, 서울대학교 비교문화연구소.

_____(2004), "법정사 항일운동과 지역 주민의 참여", 『제주도연구』 25집, 제주도연구회.

_____(2010), "호적중초를 통해서 본 19~20세기 제주도 마을의 궨당 관계", 『비교문화연구』 16집 1호, pp.195-214, 서울대학교 비교문화연구소.

_____(2010), "호적중초에 나타난 19세기 제주도 가족과 가구의 성격", 『지방사와 지방문화』 제13권 2호, 역사문화학회.

_____(2011), "제주도 마을의 호적중초에 나타난 괸당 관계의 변화", 『한국문화인류학』 제44권 3호, 한국문화인류학회.

_____(2018), "연령집단과 평등이념 : 제주도의 갑장", 『비교문화연구』 제24집 2호, 서울 대학교 비교문화연구소.

김혜숙(1993), "제주도 가정의 혼인 연구", 성신여대 박사학위논문.

_____(1999), 『제주도 가족과 괸당』, 제주대학교출판부.

백광렬(2017), "조선 후기 '양반지배네트워크'의 성격과 구조변동 : 상층 양반의 친족연결 망을 중심으로", 서울대학교 사회학과 박사학위논문.

손병구(2007), 『호적』, 휴머니스트.

송양섭(2005), "조선 후기 신분, 직역 연구와 '직역체계'의 인식", 『조선시대사학보』 34집, 조선시대사학회.

양영웅 외(1990), "한국문화 속의 제주문화의 특수성과 발전 방향", 『사회발전연구』 6집, 제주대학교 사회발전연구소.

양진석(1992), "해제", 『제주하원리호적중초』, 서울대규장각.

양한권(1988), "제주도 4·3폭동의 배경에 관한 연구", 『제주도연구』 5집, 제주도연구회.

유철인, 송도영, 김은희, 오면석, 윤택림, 윤형숙, 한경구, 함한희(2004), 『인류학과 지방의 역사 : 서산사람들의 삶과 역사인식』, 아카넷.

윤택림(2008), "인류학과 역사의 만남", 『문화인류학 반세기』, 한국문화인류학회 역, 소화.

이광규(1998), 『한국문화의 역사인류학』, 집문당.

이동일(2017), "마을 연구와 일상생활 이론의 적용", 『마을연구와 로컬리티』, 부산대학교 한국민족문화연구소, 소명출판.

이범직(1994), "신분의 구분", 『한국사 25 : 조선 초기의 사회와 신분구조』, 국사편찬위 원회.

이정덕(2014), "한국에서의 일기 연구와 근대성", 『동아시아 일기 연구와 근대의 재구성』, 논형.

이정덕, 소순열, 남춘호, 문만용, 안승택, 이성호, 김희숙, 김민영(2014), 『압축 근대와 농 촌사회』, 전북대학교 출판문화원.

이창기(1999), 『제주도의 인구와 가족』, 영남대학교출판부.

전경수(1983), "서평 : 제주도의 친족조직", 『진단학보』 5, pp.209-217, 진단학회.

전경수, 한상복(1999), 『제주 농어촌의 지역개발』, 서울대학교출판부.

정수환(2003), "19세기 가솔의 성격과 제주사회", 『제주도연구』 23집, 제주학회.

호적중초와 19세기 후반 제주도 마을의 사회구조

조성윤(1986), "1898년 제주도 민란의 구조와 성격 - 남학당의 활동과 관련하여", 『한국전통사회의 구조와 변동』, 한국사회사연구회.

최재석(1979), 『제주도의 친족조직』, 일지사.

카아(1985), 『역사란 무엇인가』, 곽복희 역, 청년사.

한상복(1984), "제주도종합학술조사(1959)개요", 『제주도연구』1집, 제주도연구회.

허원영(2003), "19세기 제주도 호적에 나타난 직역변동과 부세운영", 『제주도연구』23집, 제주학회.

Bourdieu P. (1984) *Distinction L.A Social Critique of the Tudgement of Taste*, Harvard Univ. Press.

Carr, E. H. (1990), *What is History?*, Peguin Press, 곽복희 역, 『역사란 무엇인가』, 청년사.

Dülmen(2000), *Historische Anthropologie : Entwicklung, Probleme, Aufgaben, Böhlau*, 최용찬 역, 『역사인류학이란 무엇인가』, 푸른역사.

Geertz, C. (1998), *The Interpretation of Culture*, 문옥표 역, 『문화의 해석』, 까치.

Levi-Strauss, C. (1969), *The Elementary Structures of Kinship*, Beacon Press.

Scott, J. (1985), *Weapons of the Week : Everyday forms of Peasant Resistance*, Yale Univ. Press.

Wolf, E. (1982) *Europe and The People Without History*, Univ. of California Press.

찾아보기

호적중초와 19세기 후반 제주도 마을의 사회구조

ㄷ

ㄹ

ㅁ

호적중초와 19세기 후반 제주도 마을의 사회구조

ㅈ

호적중초와 19세기 후반 제주도 마을의 사회구조

저자 **김창민**

1994년 서울대학교 인류학과에서 제주농민문화를 주제로 박사학위를 취득하였으며 LG전자 커뮤니
카토피아연구소, 목포대학교 도서문화연구원, 경기문화재단을 거쳐 2002년부터 전주대학교 교수로
재직 중이다. 제주도에서 장기간 현지연구를 했으며, 흑산도, 진도, 위도 등 한국의 서남해 도서 지
역과 오키나와를 대상으로 섬의 문화 연구에 집중하고 있다. 연구주제는 친족조직, 공동체 의례를
중심으로 문화적 정체성을 파악하는 것이다. 저서로는 『환금작물과 제주농민문화』가 있으며, 논문
으로는 「국가의 정책 결정에 대한 지역 주민의 대응 : 부안군 위도의 방폐장 논쟁을 중심으로」(『비
교문화연구』 2007), 「마을의 사회조직과 통합성 : 충청남도 원산도, 의항리, 외암마을의 비교」(『사회
과학연구』 2011), 「오키나와 시사와 문화적 정체성 만들기」(『동아시아문화연구』 2016), 「연령집단과
평등 이념 : 제주도의 갑장」(『비교문화연구』 2018) 등이 있다.

호적중초와 19세기 후반 제주도 마을의 사회구조

초판1쇄 인쇄 2020년 2월 20일
초판1쇄 발행 2020년 2월 28일

지은이   김창민
펴낸이   이대현
책임편집   백초혜
편집   이태곤 권분옥 문선희
디자인   안혜진 최선주 김주화
마케팅   박태훈 안현진

펴낸곳   도서출판 역락
출판등록   1999년 4월19일 제03-2002-000014호
주소   서울시 서초구 동광로 46길 6-6 문창빌딩 2층 (우06589)
전화   02-3409-2060
팩스   02-3409-2059
홈페이지   www.youkrackbooks.com
이메일   youkrack@hanmail.net

ISBN 979-11-6244-501-3 93380

「이 도서의 국립중앙도서관 출판예정도서목록(CIP)은 서지정보유통지원시스템 홈페이지(http://seoji.nl.go.kr)와 국가자료공동목록시스템
(http://www.nl.go.kr/kolisnet)에서 이용하실 수 있습니다. (CIP제어번호: CIP2020008898)」